中外竞技体育发展方式及政府职能研究：管理体制、政策与投资

吴贻刚　辜德宏　浦义俊 著

上海人民出版社

中国特色社会主义体育强国建设研究中心资助出版项目
（ZX2018-ZK03）

上海体育学院文化系列丛书资助出版项目
（TYWHCS201817）

国家哲学社会科学基金项目
（12BTY006）

体育文化系列丛书编委会

总　　序

欣闻上海体育学院“085 工程”内涵建设重要项目——上海体育学院体育文化系列丛书出版，我首先对这一成果的面世表示祝贺！

党的十八大报告指出：“文化是民族的血脉，是人民的精神家园。全面建成小康社会，实现中华民族伟大复兴，必须推动社会主义文化大发展大繁荣，兴起社会主义文化建设新高潮，提高国家文化软实力，发挥文化引领风尚、教育人民、服务社会、推动发展的作用。”体育是文化的重要组成部分，它既是一种文化形态——体育本身就是人类文化和历史文明的生动体现，不但与其他文化形态相伴而生、同步而行，还与经济社会发展相辅相成、互促互进；又是一种文化载体——体育还集多种文化形态、艺术形态于一身，是世界不同文明之间的共通语言，是人类不同文化之间的交流方式。可以说，体育集政治影响力、经济生产力、文化传播力、社会亲和力于一体，具有独特的文化价值和文化作用，是建设社会主义先进文化的重要内容。建设中国特色社会主义体育文化，是增强国家文化软实力、进一步推动社会主义文化强国建设的重要途径。

正是基于这样的考量，上海体育学院主动对接教育强国、文化强国和体育强国建设的国家战略，充分发挥自身体育特色和科研优势，自2012 年开始，将“体育文化系列丛书”的编著工作纳入学校内涵建设的中心工作之中，纳入学校文化建设的六大工程（学校文化传承工程、体育学术精品工程、大学文化育人工程、校风学风提升工程、文化环境营造工程、文化传播服务工程）之中，每年安排专项经费，资助体育文化理论研究，开展体育文化专项研究课题立项工作和体育文化系列丛书编撰工作。经过两年多的孵化与培育，该项目已经初显成效——丛书第一辑由上海人民出版社推出，是目前国内第一套系统研究体育文化的系列丛书。

该丛书以邓小平理论、"三个代表"重要思想、科学发展观为指导,深入贯彻落实习近平总书记系列重要讲话精神,以社会主义核心价值观为统领,以形成一批具有时代感、富有创新性、体现特色性的有质量、有影响的系列学术研究成果为目标定位,坚持国际视野、中国视阈、上海视角和体育视点,关注体育文化建设的理论前沿,努力回答体育强国、文化强国、上海国际文化大都市建设以及体育事业发展中具有根本性和战略性的体育文化基础问题,对于发挥体育文化研究的思想引领、价值导向和智力支撑作用,进一步提升体育文化在体育强国建设和文化强国建设中的贡献度,具有重要的理论价值和现实意义。

系列丛书在选题和研究过程中,体现了"三个结合"。一是对接政策精神与体现学术价值相结合。丛书的编著,既回应了党的十八大、十八届三中全会、十八届四中全会和习近平总书记系列重要讲话尤其是关于教育、文化、体育等讲话的精神要求,以及上海建设国际文化大都市的总体部署,也体现了体育文化研究的理论价值和学术价值。二是本土研究与比较研究相结合。体育文化既是一种本土文化,也是一种世界文化。全球现代化视野下的体育文化具有国际共性,而各国家、各民族发展起来的体育文化又具有独特性、多样性的特点。该丛书既具有国际视野,又将本土化研究与比较性研究结合了起来,很好地体现了中国特色。三是分类研究与分项研究相结合。该丛书既按照体育文化的类别展开研究,也兼顾了相关专项性体育项目的文化研究,形成了纵横交叉的研究体系。

该丛书的出版得到了上海体育学院"085 工程"内涵建设经费的资助,既是学校学科专业建设的重要成果,也是学校大学文化建设的重要内容,对于进一步推动社会主义核心价值观"三落"(落实、落细、落小)和"三进"(进课堂、进教材、进头脑)工作,推进"学科德育"建设,进一步增强学校创新驱动、转型发展的文化动力,提升学校学科建设和专业发展的文化底蕴,都将产生重要而深远的影响。

丛书的出版得到了上海市委宣传部、上海世纪出版集团以及上海人民出版社等单位领导的大力支持和帮助,在此,表示衷心的感谢!

当今世界，体育竞争不仅仅是一种技术性、技能性或技艺性竞争，更是一种体育价值观的竞争，是一种体育文化发展模式的竞争。一流的体育，不但要有一流的体育竞技，更要有一流的文化研究。该丛书的出版，相信必定能在这一方面开个好头，为我国建设文化强国和体育强国提供文化支撑。

是为序。

上海体育学院院长 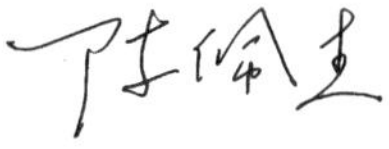

2015 年 3 月 3 日

自　序

竞技体育作为体育发展的重要组成部分，一直以来受到各国的高度重视。我国更是将其视为为国争光的核心事业之一。新中国成立以来，在党和国家的热切关怀与支持下，我国竞技体育取得了举世瞩目的发展成就，对促进我国经济社会的建设与发展发挥了重要作用。当前，我国经济社会发展进入新时代，党和国家提出了进一步加强体育强国建设的体育发展总目标。无疑，新时代我国竞技体育的发展亟待进一步总结国际经验，审视自身发展不足，修正自我发展战略，优化自身发展方式，提升发展的综合实力和国际竞争力。

告别2016年里约奥运会，即将迎来2020年东京奥运会，在2020年东京奥运会中，我国将面临美国、俄罗斯、英国、日本等国更加强力的挑战。竞技争光作为竞技体育发展的重要功能之一，一直以来备受世界诸多国家重视，我国也不例外。2011年我国出台的《2011—2020年奥运争光计划纲要》明确指出："2020年夏季奥运会，继续保持金牌和奖牌数领先……竞技体育综合实力进入世界竞技体育强国行列。"2016年国家出台的《竞技体育"十三五"规划》提出："2020年东京第三十二届夏季奥运会，继续保持排名前列，在亚洲保持领先地位……坚持改革创新，有效转变竞技体育发展方式，进一步提高发展质量和效益……竞技体育综合实力和国际竞争力显著增强。"值此深化改革的"十三五"发展时期，我们面临其他竞技体育强国的强力挑战及祖国人民的殷切期盼，为此亟须深入剖析我国竞技体育政策在国际竞技体育领域的位置，以利于我国竞技体育尤其是奥运会成绩继续保持在世界前列。

对竞技体育发展方式及其政府职能的比较研究，是比较体育学科与公共管理学科交叉融合的全新尝试，既涉及管理改革的内容，又涉及比较体育的内容。即将"政府管理的价值定位与目标导向视为影响竞技体育发展方式构成要素选择的关键因素”来进行横向不同国家间及纵向不同发展时期的比较分析。本书研究思路与视角的独特性还表现在以下两个方面：一是从政府管理机构，社会组织等管理实体要素的视角进行制度方面的比较研究；二是从教育、社会发展、体育参与等社会功能要素视角进行功能性分析。

竞技体育体制与政策是国家意志和利益的直接体现。表面上，许多国家竞技体育的发展是由社会组织来运营和管理，看上去与政府或国家毫无关系。但实际上，其在发展中都会有形或无形地受到政府作用的影响或干预。进一步仔细分析发现，任何一个国家的竞技体育体制与政策都有很深的社会历史或文化传统的烙印。几乎每一个国家的竞技体育政策都能从该国的社会历史或文化传统中找到理论根据和源泉。不能不说这是非常有趣的现象。同时这也给了我们很好的启示，即在研究一国竞技体育的时候，如果抛弃其社会背景、历史及文化传统，单纯研究竞技体育政策和事务的话，很难抓住其本质的东西。因此，研究竞技体育体制和政策，就需要深入了解影响一国拟定竞技体育发展政策的社会环境、条件、历史变迁及文化传统等，这样才有可能在日趋复杂的国际环境中有的放矢地调整和优化竞技体育的体制和政策，进而为我国更好地进行竞技体育发展方式变革提供一定参考。这是本书的写作目的之一。

在本书研究过程中，以国家为个体单位，以竞技体育发展中的政府职能为研究视角，比较分析了中外竞技体育的发展方式及各自政府的作用，并且将所选择国家的竞技体育发展方式要素、管理体制、政策和投资与中国进行对比，总结出中国与其他国家的相同和相异之处，探究这些异同的社会原因和历史线索。通过对不同国家竞技体育发展方式及发展过程中政府职能的比较，厘清了不同国家竞技体育发展方式的特点、政府的作用方式和管理特点，并在此基础上构想了我国竞技体育发展方式及政府职能改革与创新的思路。

自 1896 年顾拜旦复兴了奥林匹克运动会，以奥运会为标志的竞技体育迅速在全球发展起来。竞技体育的发展过程伴随了全球化的发展过程，竞技体育的全球化发展拉近了国家和地区间的交流合作和人文往来。竞技体育与一国的教育、社会、政治和文化发展等密切关联，因而全球化背景下各国竞技体育的发展离不开与其他国家发展文明的碰撞、借鉴与吸收，只有在对自身发展现状有一个明确分析与定位的基础上，放眼世界，学习其他国家的经验，吸取其他国家发展过程中的教训，才能做到与时俱进，跟上时代前进的脚步。全球有200多个国家，竞技体育发展中政府职能和社会治理方式复杂多样。本书选择了在世界奥林匹克运动发展中作出重要贡献，具有代表性的八个国家进行比较，即中国、美国、俄罗斯、德国、英国、法国、澳大利亚、日本。以新中国成立以来竞技体育发展过程中政府职能发展与发展方式改革路线作为比较分析的主线，在对其他七国竞技体育发展中的政府职能及发展方式进行系统分析和中外比较的基础上，探索中国未来竞技体育发展方式变革的方向和策略。

从全书的内容来看，关于各国竞技体育发展方式及政府职能的比较研究，还有较大的提升空间。例如本研究主要集中在各国竞技体育发展过程的简述，竞技体育发展方式要素，并集中于讨论各国竞技体育发展方式形成与转变中的政府作用，今后的研究范围还可以再扩大一些，对于竞技体育发展方式形成的文化传统、社会因素等影响竞技体育发展方式的深层次因素可以再进行挖掘。这样可以对中国竞技体育发展方式转变提供更有价值的启示。

总之，鉴于竞技体育发展所处社会政治、历史、文化、教育环境的复杂性，本研究有着一定的现实意义和理论价值。但是，由于笔者的能力、视野有限，我们在书所提出的一些想法还很粗浅，希望通过我们的研究，能够引发国内外专家学者对于中国竞技体育发展方式转变的进一步关注，从而为我国竞技体育在新时代的发展作出更多的贡献。

吴贻刚、辜德宏、浦义俊

目 录
contents

第一章　绪论

新中国成立以来，我国竞技体育取得了辉煌的成绩，完成了相应的历史使命。然而，我国竞技体育是在赶超发展战略的指引下，根据当时所处的历史条件与环境，所采取的一种集中优势突出重点的跨越式发展。虽然，竞技体育取得了巨大的成就，但同时也显现出了很多问题。比如：竞技体育发展的巨大资源耗费、运动员退役后的困境、化解学训矛盾的无力、发展结构的失衡等。这些问题反映了我国竞技体育发展走的是一条以依靠投入和规模为主，非全面性、非常规化的粗放型发展道路。可以说，以往的竞技体育发展方式存在较多的缺陷，并越来越严重地制约着我国竞技体育的可持续发展。随着社会的发展与进步，我国竞技体育发展所处的现实条件、社会环境发生了巨大变化，竞技体育步入了新的发展时期，具有了新的使命。在我国经济社会发展的新时代，我国竞技体育发展方式亟须重新审视，并开拓符合国际潮流，且不失自身特色的发展道路。发展我国的竞技体育事业，不能闭关自守，而要立足本国，放眼世界，用比较分析的方法去研究各国竞技体育发展的优缺点，从中汲取适用的经验。由此视角放眼全球，对国内外竞技体育发展方式的认识与对中国竞技体育未来发展趋向的探讨成为需要首先解决的课题。面对新时代广大人民群众对于竞技体育发展需求的变化，面对竞技体育发展环境和条件的变化，竞技体育亟须厘清相关理论问题，转变自身发展方式。

最近十年来，中国、德国、挪威、芬兰、英国、加拿大等国家针对竞技体育发展活动制定的公共政策都有显著的增加。在许多国家，尽管政府对于竞技体育不断增长的兴趣都指向各自不同的道路，竞技体育与政府总是不可避免地被各种各样的政策联系在一起，比如：健康、社会融入、社区发展、教育以及竞技体育的成果。在竞技体育中，政府干预有着范围广的属性：不断增多的监管活动（例如：颁发教练证书、颁发体育俱乐部许可证、兴奋剂管控以及控制体育赛事转播权），更多的拨款，竞选夏季奥运会主办权城市的增多，还有对世界反兴奋剂机构更有力的支持。

在这个竞技体育发展活动拥有更大政治偏向性的背景下，本书有三个主要的写作目的。第一个目的是介绍中国与世界竞技体育强国的竞技体育发展政策方向的细节信息，这些国家的政治、文化和体育背景各不相同。（我们着重关注国家层面的政策发展，准确地说是政府部门与国家体育组织的关系。）第二个目的是对这些国家的竞技体育管理体制、政策方向进行描述性的分析。因为，国家的竞技体育发展政策总会表现出本土化的结果。于是，本书的第三个目的是对各国采取不同“政策道路”的潜在结果提出一些推测。

更通俗地来讲，本书所要讨论的是：是否一个国家特有的政治文化体系在很大程度上会决定不同部门政策发展的方向？或者，从另一方面来说，是否竞技体育，或者竞技体育发展的政策制定没有考虑本国政治文化的大背景？从目前世界各国竞技体育形势来看，有更多的证据表明，尽管不同的国家在对天才运动员的挖掘、支持和发展方式上有着很大程度上的同质性，但是，不同国家都有着或多或少的差别，而这些差别或许正是决定一个国家竞技体育实力差异不可忽视的因素。

第一节　竞技体育与竞技体育发展

一、竞技体育的概念

我国明确提出竞技体育的概念是在 20 世纪 70 年代末期。“1979 年 2 月 23 日，《体育报》刊登了谷世权、过家兴的文章《体育是一门综合科学》，文章提出：体育要划分为大众体育和竞技体育。并指出竞技体育是研究如何加强运动训练的科学性，探索运动训练的客观规律，不断提高各项运动技术水平和成绩，攀登世界运动技术高峰，创造世界纪录，夺取比赛优胜的一个体育分支。随后的6月20日，《体育报》刊登了金禾的文章《关于Sport的概念》，文内也将Sport译为“竞技体育”①。

从现代竞技体育的发源来看，它是依托一个个运动项目的诞生、发展、成熟而形成的一种体育形态。学习和掌握一定的专项体能或技能是参与竞技体育的基本条件。同时，决定各运动项目能否进入奥运会的一个基本条件就是项目的普及度。显然，竞技体育虽然具有发展体能或技能的特点，但它并不是专门针对高水平竞技选手的体育形态。另外，以项目为基础进行的运动竞赛，至少是2人的参与形式，要实现不同个体或团队间的公平和有序竞争，就会按照一定的规则进行，并进行相应的活动组织与安排。因此，具有一定的活动规则，具有一定的组织形式也是参与竞技体育的基本条件。

从现代竞技体育的标志性运动——奥林匹克运动来看，“其宗旨是通过开展没有任何形式的歧视并按照奥林匹克精神——以互相理解、友谊、团结和公平比赛精神的体育活动来教育青年，从而为建立一个和平而更美好的世界作出贡献”②。现代奥林匹克运动的创始人顾拜旦也提出：“体育运动绝非少数人的特权，应该属于社会各阶层，应该属于全人类。”③由此可知，竞技体育是针对大众的体育形态，具有多样化的组织与参与形式，其参与的目的不仅仅是争夺比赛成绩，而是具有更为宽广的目的、意义，核心是通过运动和竞赛促进人与社会的全面发展。

二、竞技体育发展的概念

竞技体育发展方式就是由决定竞技体育发展的各种要素的结合而

① 颜天民.竞技体育的意义——价值理论研究探微[M]. 北京：北京体育大学出版社，2003：30—31.

② 熊斗寅.论奥林匹克理想[J]. 北京联合大学学报(人文社会科学版).2007，5(2)：50—53.

③ 熊斗寅.顾拜旦论大众体育及其他——顾拜旦体育思想研究系列之六[J]. 体育与科学，2004，25(3)：22—23.

产生的推进竞技体育发展的手段、行为方式、发展道路、发展形态的集合。主要指涉及发展什么、为谁发展、怎样发展这三个方面。

竞技体育的发展除了涉及发展什么、为谁发展、怎样发展①这三个核心问题外，还需要明确谁来发展，②再加上竞技体育的发展最终会表现出相应的发展形态，即发展怎样。③因此，本书认为竞技体育的发展方式主要由五大类要素构成。发展什么的问题，表明的是发展的目标、内容、理念等的选择，即发展的方向问题；为谁发展的问题，表明的是发展为何种主体服务及服务什么，即发展的服务对象问题；怎么发展的问题，表明的是发展的动力、发展的资源配置手段、发展的道路等的选择，即发展的路径问题。综上所述，竞技体育发展方式的五大类要素为：竞技体育的发展主体、竞技体育的发展方向、竞技体育发展的服务对象、竞技体育的发展路径、竞技体育的发展形态。

第一，竞技体育的发展主体。当今世界上竞技体育的发展主体主要分为三大类：政府、市场、社会。政府作为竞技体育的发展主体，从广义上来看，是所有政府体育主管部门的统称，包括以国家体育总局为最高领导的体育系统内的各级政府体育主管部门，及以教育部体育卫生与艺术教育司为最高领导的教育系统内的各级政府体育主管部门。从狭义上来看，专指体育系统内的各级政府体育主管部门。市场作为竞技体育的发展主体，是指以谋取经济利益为目的而参与竞技体育发展的各种市场力量，主要有俱乐部、企业、盈利性培训机构等。社会作为竞技体育的发展主体，是指以公益性为目的而参与竞技体育发展的各种社会力量，主要有学校、志愿者、非营利的民间社团、协会等。虽然有些机构在运营中会收取适当费用，但主要用于维持自身的正常运营，而并不是以盈利为目的，所以仍然将之视为社会力量。

---

① 简新华，李延东.中国经济发展方式根本转变的目标模式、困难和途径[J]. 学术月刊，2010(42)8：67.

② 杨桦，任海.转变体育发展方式由“赶超型”走向“可持续发展型”[J]. 北京体育大学学报，2013，36(1)：2.

③ 鲍明晓，李元伟.转变我国竞技体育发展方式的对策研究[J]. 北京体育大学学报，2014，37(1)：13—14.

第二，竞技体育的发展方向。它主要由竞技体育发展的目标、内容、理念等组成。竞技体育发展的目标，是发展主体对竞技体育的功能和价值追求的一种体现，发展目标的设定将呈现出不同的价值取向。功利性价值取向和人本性价值取向是竞技体育发展目标的两种典型价值取向。前者主要将竞技体育作为一种实现发展主体某些特定需求的工具。比如：在不同级别运动会要拿到多少金牌的量化发展目标。后者则是竞技体育的发展立足于服务于人和社会发展的需求。比如：竞技服务于青少年成长的教育发展目标。竞技体育发展的内容主要是指其构成单元：运动项目发展的结构性和整体性状况。目前各国依据不同的标准对运动项目进行了分类。比如：奥运项目和非奥运项目、夏奥项目和冬奥项目、基础性项目、世界影响力大项目、群众喜爱性项目等。各国根据自身发展需求和特点来确定不同类别运动项目的发展策略。竞技体育发展的理念是对发展目标的核心精神的提炼。比如：竞技争光的发展理念。竞技体育发展的要求是落实发展目标和理念的实践标准或准则。比如：注重运动员全面发展的要求。

第三，竞技体育发展的服务对象。竞技体育作为人类社会的发展产物，其存在和发展主要服务于人和社会的发展。从服务于人这个方面来看，它主要通过提供竞技体育产品或服务，服务于人在身体和精神层面的发展需求。从服务于社会这个方面来看，它主要通过提供竞技体育产品或服务，服务于经济社会在经济、社会、政治、文化、生态等领域的发展需求。与此同时，由于国家、集体和个人是一个国家或社会的三类组成主体，是抽象出来的人和社会的具体存在形态。所以，竞技体育的发展更直观地体现到服务于这三类不同主体的需求上。

第四，竞技体育的发展路径。它主要由竞技体育发展的动力、手段、道路等组成。竞技体育发展的动力，主要是指推动竞技体育发展的作用力。由于竞技体育的发展主要由发展主体来推动。因此，竞技体育发展的动力主要来源于政府、社会和市场三大发展主体。并且表现为自上而下与自下而上两种作用形式。前者指政府推动竞技体育的发展，后者指市场和社会推动竞技体育的发展。竞技体育发展的手段，主要是指竞技体育发展的资源配置方式。世界各国进行资源配置的方式主要为三种：计划型配置方式、市场型配置方式和混合型配置方式。各国根据自身的体制特点和国情，选取不同的资源配置方式。竞技体育领域内的资源配置方式与之一致。竞技体育发展的道路，主要是指竞技体育发展所采取的发展途径。从各国竞技体育发展途径的特点来看，主要有“内生式”①和“外生式”两种发展道路。前者指竞技体育的发展是随自身发展条件逐渐成熟孕育而生的发展。后者指竞技体育的发展是在外在因素或力量推动下产生的发展。

第五，竞技体育的发展形态。它主要由竞技体育发展的质量、成本、效益等组成。竞技体育发展的质量主要是指竞技体育发展的优劣程度。它主要包括整体竞技水平、后备人才厚度、大赛成绩等，是反映竞技体育发展的综合实力和国际影响力的外显指标。竞技体育发展的成本主要是指用于竞技体育发展的资源总和或总价值。它主要包括财力、人力、物力三种资源成本。其中财力和物力资源主要为体育经费、体育场地、体育器材、体育设备等。人力资源主要为教练员、管理人员、科研人员等。竞技体育发展的效益主要是指竞技体育发展所发挥出的有效作用。它主要依据竞技体育发展的投入与产出情况来权衡。与此同时，它需要通过对竞技体育发展创造的经济效益、社会效益、政治效益、文化效益、生态效益等来进行综合考量。

第二节 竞技体育发展方式

一、竞技体育发展方式的分类

发展方式按照不同的标准可以划分为不同的类别，这也决定了存在认识发展方式的多元视角。一般来说，事物的发展是发展主体依据自身需求对客体事物所进行的改造。这种改造在发展动力的驱动下最终会

---

① 杨桦，任海.转变体育发展方式由“赶超型”走向“可持续发展型”[J].北京体育大学学报，2013，36(1)：1—9.

形成一种发展结果。因此，可以把握发展主体、发展客体、发展需求、发展动力、发展效果这几个方面的特点作出如下分类：

（一）根据竞技体育发展主体作用大小的不同划分

可以划分为政府主导型发展方式、市场主导型发展方式、社会主导型发展方式、结合型发展方式。

（二）根据竞技体育发展是否体现了自身的本真划分

可以划分为内生式发展方式和外生式发展方式。前者指竞技体育的发展是随自身发展条件逐渐成熟孕育而生的发展，是一种遵循自身内在发展要求和发展规律的发展。后者指竞技体育的发展是在外在因素或力量推动下产生的发展，是一种一定程度上与自身内在发展要求和发展规律不符的发展。

（三）根据竞技体育发展动力来源渠道的不同划分

可以划分为自上而下驱动型和自下而上驱动型。前者是指竞技体育的发展动力来自政府，属于外在动力驱动发展。后者是指竞技体育的发展动力来自市场和社会，属于内在动力驱动发展。

（四）根据竞技体育发展主体需求追求方式的不同划分

可以划分为文明发展方式和“野蛮”发展方式。①前者指竞技体育发展主体在文明发展理念指导下，以文明的方式发展竞技体育以获取自身发展需求。它是一种关注竞技体育发展的全面性、协调性、可持续性的发展方式，是一种倡导人文理念的发展方式。后者指竞技体育发展主体以不顾代价的方式发展竞技体育以获取自身发展需求。它是一种为了追求自身利益而忽视其他人利益的发展方式，是一种为了追求短期利益而忽视长期利益的发展方式，是一种非全面、非科学、不可持续的发展方式，是一种崇尚金牌至上的物化的发展方式，是一种锦标主义的发展方式。

（五）根据竞技体育发展效果的数量与质量关系划分

可以划分为外延粗放型发展方式和内涵集约型发展方式。②前者是指竞技体育的发展主要依靠资源投入和发展规模而产生的发展，是一种

---

① 郭强主编.新发展方式研究[M]. 北京：中国时代经济出版社，2010：24.

② 朱建清.试论科学发展观与体育发展方式的转变[J]. 体育科学，2010，30(7)：68.

主要体现在“量”上的发展。后者是指竞技体育的发展主要依靠科技创新和科学管理而产生的发展，是一种追求“质”和“量”的发展。

应当注意的是，竞技体育发展方式的分类还存在不同的视角和划分标准。而且，上述竞技体育发展方式的分类仅仅是一种理论上的划分，是为了利于研究者从不同视角审视竞技体育发展方式而进行的划分①。然而，在发展实践中不同类型的竞技体育发展方式往往相互交叉、相互融合在一起。

二、竞技体育发展方式的评价标准

竞技体育发展方式的评价是一种过程性和结果性相结合的评价。竞技体育发展方式主要指涉竞技体育的发展过程，无疑过程性评价是竞技体育发展方式评价的主要方面。过程性评价是一种对发展的状态、性质的评价，可以从发展的全面性、科学性、可持续性、文明性等方面来衡量。发展的全面性可以从奥运项目和非奥项目，基础大项、优势项目、冷门项目，冬奥项目和夏奥项目等的投入的均衡程度、政策保障的兼顾程度、监督考核的同一程度等方面来衡量；发展的科学性可以从竞技体育发展与科学技术发展的同步程度，与先进训练理念、手段、方法的同步程度，与先进恢复及疗伤手段、方法的同步程度，与先进管理理念、手段、方法的同步程度等方面来衡量；发展的可持续性可以从竞技体育发展与人民群众体育需求的吻合程度、与经济社会发展需要的适应程度、与自然环境之间的协调程度、与市场和社会作为内生动力的有效程度等方面来衡量；发展的文明性可以从体育竞赛的公平与正义程度、运动训练的规范与有序程度、管理的民主与法治程度、后备人才培养的人文与保障程度、教练员与运动员权利保障的有效程度等方面来衡量。

与此同时，竞技体育发展方式还将表现出一定的发展形态，因而结果性评价对于竞技体育发展方式评价来说也是不可或缺的构成部分。

---

① 辜德宏，刘云朝，谢明.“体育强国”辨义及相关问题探讨[J]. 西安体育学院学报，2010，27(5)：536—539.

结果性评价是一种对发展的程度、效果的评价，可以从发展的水平、发展的速度、发展的影响力等方面来衡量。发展的水平可以从国际大赛的金牌和奖牌排名、世界纪录的拥有数、技术动作的命名数、健将级运动员人数、国内职业联赛的入座率、国内体育赛事转播的收视率、大型赛事后体育场馆的利用率、体育俱乐部公益活动的多少、教练员与运动员职业道德素养的高低等方面来衡量；发展的速度可以从奥运会排名与GDP排名的同步程度、优势项目竞赛成绩的领先程度、弱势项目竞赛成绩的进步程度、竞技体育公共服务与人民群众公共体育需求的匹配程度、体育产业对国民经济的贡献程度、职业体育发展的成熟程度、学校竞技体育发展的成功程度等方面来衡量；发展的影响力可以从田径、游泳、三大球的竞赛成绩，我国产生的国际知名运动员人数，国外聘请的运动员人数，国外执教的教练员人数，国际级裁判人数，大型国际赛事的承办次数，国内联赛的国际运动员人数等方面来衡量。

三、竞技体育发展方式的比较研究

（一）比较研究的方法

著名华裔文化学者吴森（1988）在其论著《比较哲学与文化》中曾总结了五种比较研究的形式，它们分别是：通关式比较、局部式比较、衬托式比较、批评式比较、融会式比较。在他看来，局部式或专题式比较是目前大行其道的，因为它较易入手，又能取得明显的成果。由于直至目前，国内外比较体育方法论的研究尚未取得令人满意的结果。而德国的Herbert Haag (1988)指出，比较体育研究的一般方法论应以哲学为基础。因此本书即是采用上述论著中提出的专题式比较研究方法对中国和国外竞技体育发展方式进行分析①。

（二）比较对象的选取

本书以中外竞技体育的发展方式及政府职能的比较为论题，从近

① Haag, H. (1988). Concerning the importance of research methodology in comparative education for sport pedagogy. *Comparative Physical Education and Sport*, 6.

3 届奥运会奖牌榜排名前 10 的国家中选取了美国、俄罗斯、德国、英国、法国、澳大利亚、日本 7 个国家与中国进行比较研究(日本虽然 2012 年奥运会位列奖牌榜第 11 名,但其 2004、2008、2016 年的奥运会分别为第 5、8、6 名),以从事政策法规、监督及竞技体育管理工作的政府体育官员,部分高校研究竞技体育、政府职能、体育发展战略方面的专家、专业人士为对象进行访谈和调查。通过对他们的访谈和调查,结合相关文献资料来研究中外竞技体育发展方式及政府职能的特征。

(三) 比较的内容

1.“我国竞技体育发展方式及政府职能的历史变迁与特点”部分

主要介绍计划经济时期、转轨时期、进一步发展完善社会主义市场经济时期,我国竞技体育发展方式与政府职能的演变及特征。主要涉及不同阶段竞技体育发展的方向、服务对象、路径,发展方式的阶段性和整体性特征。竞技体育发展中的政府职能,政府对竞技体育发展方式构成要素的影响及影响方式,两者的关系及存在的问题,影响两者关系的因素等内容。

2.“部分西方国家竞技体育发展方式及政府职能的历史变迁与特点”部分

主要介绍美国、俄罗斯、德国、英国、法国、澳大利亚、日本七国竞技体育发展方式及政府职能的演变及特征,七国政府对竞技体育发展方式的干预方式,七国政府与竞技体育发展方式之间的关系及发展经验等内容。

3.“中外竞技体育发展方式构成要素的比较分析”部分

主要从发展主体、发展方向、发展服务对象、发展路径、发展形态 5 个方面,分析中国、美国、俄罗斯、德国、英国、法国、澳大利亚、日本竞技体育发展方式各构成要素的发展特征。

4.“中外竞技体育发展中政府作用的比较分析”部分

主要从管理机构设置、管理政策法规、资源配置方式、管理主体关系 4 个方面,分析中国、美国、俄罗斯、德国、英国、法国、澳大利亚、日本竞技体育发展中政府作用的特征。

第二章　我国竞技体育发展方式及政府职能的历史变迁与特点

第一节　新中国成立以来竞技体育发展方式的演变及特点

一、从经济发展的不同阶段看竞技体育发展方式的演变

(一) 计划经济时期(1949年10月—1978年11月)

新中国成立之初,我国采用了计划经济的经济发展方式。政府通过行政指令性计划来规划与组织经济社会的建设发展,政府通过行政手段调控资源,组织不同部门进行生产与建设。竞技体育作为国家发展的一个组成部分,相应地也采取了与计划经济相一致的发展方式。竞技体育发展所需的资源由政府行政指令予以配置,政府成为竞技体育发展的直接和唯一投资主体,"1980年前,我国体育事业经费中社会投入的资助为零"。①②

部门和单位虽然在50年代初参与了竞技体育的发展,但它们作为计划经济中的社会力量,其发展资源主要源自政府的行政划拨,其发展责任主要源于政府的行政计划及指令;作为竞技体育的发展主体,它们是在使用政府分配的资源来发展竞技体育,是出于首要完成行政任务的考

① 李艳翎.经济体制转轨时期中国竞技体育运行的研究[D].北京:北京大学博士学位论文,2000:20.

② 国家体委计划财务司编.体育事业统计年鉴[Z].北京:国家体委内部资料,1994:102.

虑。政府对竞技体育的发展占据着绝对的主导作用,竞技体育发展的国家利益至上,发展需求的满足聚焦在为国争光的政治需求上。竞技体育围绕提高竞技水平,摆脱落后地位这一核心目标,形成了以政治利益为核心的发展方式。

从此阶段内国家对竞技体育发展定位的变化来看,以 1951 年为节点,竞技体育发展的价值取向发生了变化,尤其 1952 年后更是产生了明显的差异。1951 年国家成立了解放军体工大队及中央体训班,开始专业化培养高水平运动员。1952 年设置了专门的体验行政管理机构——国家体委,并最终形成了国家体委、中华全国体育总会、中国奥委会三块牌子、一套班子的管理局面。其变化的显著性特征就是,竞技体育逐步演变为了以争优取胜为目的的小众精英竞技体育,发展的核心价值追求变为了为国争光,并以项目的非均衡发展来寻求错位竞争优势。这虽然符合当时我国的国情和当时发展的政治需求,但始终还是与竞技体育发展服务于国家、社会、民众等多元价值主体,竞技体育发展结构的协调均衡等内在要求不符。

(二) 经济转轨时期(1978 年 12 月—2002 年 10 月)

1978 年 12 月,党的十一届三中全会确定了“对内改革、对外开放”的国家发展战略。我国开始进行经济体制改革,采用一种渐进的改革方式,逐步从计划经济体制向社会主义市场经济体制过渡。在此经济转轨时期,政府利用行政手段与市场手段来配置资源、组织经济及其他社会领域的生产与发展。

竞技体育在此发展背景下,相应地也做出了发展方式的调整,开始摸索市场化发展的道路,政府虽然仍对竞技体育的发展起着主导作用,但它不再是竞技体育发展的唯一投资主体,市场力量开始成为发展竞技体育的补充力量。竞技体育在进一步巩固发展其政治效应的基础上,开始挖掘其发展的经济效应。

不同主体的利益诉求逐步受到重视,各主体追求利益的意识与能力加强,竞技体育发展的利益开始分化,竞技体育发展的政治利益与经济利益分化,国家利益、地方利益、集团利益、个人利益分化。但由于政府仍然对竞技体育的发展起着主导作用,社会和市场力量只起到发展的补充作用。因此,竞技体育发展的政治利益和国家利益仍然占据主导。

从此阶段国家对竞技体育的发展定位来看,竞技体育发展目标重精英竞技及竞赛成绩的总体状况没变,但是从 1984 年开始又重新强调促进提高与普及的协调发展。竞技体育发展内容的突出重点战略优势凸显,项目发展结构的非均衡态势进一步强化。2000 年悉尼奥运会后,国家逐步意识到这一问题,并开始着力于发展田径、游泳和水上运动项目。但鉴于相关调整在此阶段末期,且调整效应的产生会有一个时间阶段。因此,我们将这一变化划归于下一阶段。竞技体育发展的理念始终围绕为国争光没变,只是逐渐将目光聚焦于奥运争光层面。总的来说,此阶段竞技体育发展的核心目标、发展结构和价值取向相对固化,竞技体育的发展高度集中于服务于国家政治利益和需求。

(三) 进一步发展完善社会主义市场经济时期(2002 年 11 月至今)

2002 年 11 月,党的十六大宣告我国社会主义市场经济体制初步建立,改革开放进入全面发展完善社会主义市场经济阶段。①经济体制改革和政府职能转变进一步深化,市场和社会作用机制在经济社会发展中的作用日益扩大。

竞技体育发展的社会化和市场化进程也得以进一步发展,社会和市场力量参与竞技体育发展的形式日趋多样化,家庭、俱乐部、学校等民间力量在竞技体育发展中的作用加大。虽然它们仍然无法超越政府在竞技体育发展中的作用,但它们开始以显著的发展成就,来展示自身作为竞技体育发展主体的活力。竞技体育围绕为国争光,确保领先地位,全面发挥竞技体育的政治、经济、社会效益等,而调整自身的发展方式。

由于此阶段内,竞技体育发展的利益虽然进一步分化,但政治利益和国家利益仍然占据主导,只是政府对于竞技体育发展利益的垄断逐渐式微,竞技体育的发展开始逐步回归本源。

---

① 改革发展研究院编. 30 位著名经济学家会诊中国经济发展方式[M]. 中国(海南)2010:372.

从此阶段国家对竞技体育的发展定位来看，竞技体育发展目标仍以精英竞技为主并开始强调保持竞赛成绩的世界前列。与此同时，国家也开始大力促进竞技体育的全面、协调、可持续发展。竞技体育的发展内容在继续突出重点的基础上，开始加强发展基础大项、三大球项目、部分冬季项目等，竞技体育发展的结构性问题虽然依然明显，但国家开始强调和推进各类项目的协调发展，项目发展的非均衡态势有所缓解。“奥运争光”的发展理念依旧，但是它的层次和要求更高。总的来说，此阶段竞技体育发展的目标、内容和理念都有所调整，尤其以 2008 年北京奥运会为转折点，竞技体育的发展在并未减弱其政治功能的基础上，开始注重其多元功能和价值的发挥。

二、经济发展不同阶段下竞技体育发展方式的特征

（一）计划经济时期竞技体育发展方式的特征

1. 发展的投资主体单一

中央政府和地方政府是此阶段竞技体育发展的唯一投资主体。中央财政投入绝大多数资金，地方政府投入部分资金，两者构成了此阶段竞技体育发展的全部资金来源。

2. 发展的资源配置手段单一

此阶段总体来看，采取的是以政府行政手段配置资源的方式。计划经济条件下，政府垄断了竞技体育发展所需的资源，并按照国家需求分配着发展的资源。并在此阶段内形成了竞技体育举国体制的雏形。

3. 发展的动员方式以政治动员为主

由于当时物质生活条件相对匮乏，人们的生活水平相对偏低，人们相互之间生活物质水平相差不大，再加上体育领域工作者的待遇得到了政府较好的保障，及人们当时强烈的甩掉落后帽子的使命感，此阶段内以教练员、运动员、管理者为核心的体育工作者，具有高昂的政治热情和工作热情。政府主要采取政治动员的方式，激发人们的荣誉感和奉献精神，刺激人们的工作热情。

4. 发展的组织与管理方式单一

此阶段内竞技体育发展的组织管理机构主要是各级体育行政管理部门，各级体委完全掌控着竞技体育的发展。组织形式就是专业队体制，国家队—省体工大队—市体校代表队为代表的三级训练网络成为“生产”高水平运动员的有效途径。为了保证这种长期集训的组织方式的效果，其采取的是封闭式军事化管理方式。

5. 发展的利益高度集中

由于此阶段内政府是竞技体育发展的唯一投资主体，所以政府支配着发展竞技体育的利益。再加上其他利益主体与政府相比，表达与追求利益的力量相对薄弱，利益追求与博弈的能力相对缺失，造成竞技体育发展国家利益至上，发展需求的满足聚焦在为国争光的政治需求上。

6. 发展的效益不高且追求的效益单一

此阶段内政府体育主管部门是竞技体育发展的唯一投资主体，大部分时间还成了负责其发展运行的执行主体，这种单一主体的管理与运营方式，一定程度上降低了发展效率，缩减了发展效益。同时，计划经济体制下，国家统得过多，管得过死，降低了资源利用的效率。再加上体育科学研究在当时也处于起步阶段，理论界和实践界都处于摸索阶段。这也造成了运动训练相对粗放，导致运动员成材率低、伤病多等问题。另外，从 1951 年实行专业队开始，竞技体育的政治效益不断强化，其他效益逐渐弱化。

7. 发展的结构不均衡

此阶段内，为了迅速摆脱我国竞技体育的落后地位，我国实行了差异化发展，重点突破局部项目的赶超发展。这在造就了我国优势项目的同时，也造成了我国运动项目发展的非均衡。

总的来看，此阶段内政府完全主导着竞技体育的发展，由于投资主体的单一，政府强势干预着竞技体育发展的作用和功能，竞技体育发展的政治功能和作用凸显，竞技体育发展的内在功能和作用在一定程度上被遮盖。当然我们不能否认在当时我国社会发展的历史条件下，发挥竞技体育的政治功能所取得的巨大社会效应。但客观理性审视这种发展方式，我们也不能否认它存在一些不合理的要素，我们应该认识到其中存在的诸如发展简单化、单一化、粗放化等问题。

（二）经济转轨时期竞技体育发展方式的特征

1. 政府不再是发展竞技体育的唯一主体，社会和市场力量开始关注和投资竞技体育的发展

虽然政府投资仍然占据竞技体育发展所需资金的绝大部分比例，但社会和市场力量已然开始分担竞技体育发展的一部分资金，并且其不同的组织与参与形式，有效增添了竞技体育发展的活力。

2. 市场手段与行政手段一起成了竞技体育发展的资源配置手段

由于此阶段市场开始成为竞技体育发展的主体，政府行政手段就不再是竞技体育发展的唯一配置资源方式，虽然政府仍掌控着各种发展资源，行政手段也仍为资源配置的主要手段，但市场手段开始发挥配置资源的作用，并起着越来越重要的作用，竞技体育举国体制与市场化的职业体制共存。

3. 利益引导与政治动员一起成为竞技体育发展的动员方式

在向社会主义市场经济体制转轨的阶段内，利益诉求逐渐成为人们市场活动或行为的源动力，人们必须获取一定经济基础来保障市场经济条件下的生活质量。因此，单纯的精神动员已难以完全调动各方人员的动力。政府逐渐加大对于人们的物质奖励，再结合政治动员，来充分调动人们的工作热情。

4. 发展的组织与管理方式趋于多元

此阶段内竞技体育发展的组织形式开始多元化发展，专业队三级训练网、高校高水平代表队、职业俱乐部共同组成了“生产”高水平运动员的途径。国家队建制采取了集中、集中与分散结合、分散三种模式，过去的那种完全封闭式的军事化管理方式逐步改变，而且此阶段内相继成立了 20 个项目管理中心，开始实施竞技体育发展中的政事分离。

5. 发展的利益出现分化

由于此阶段内政府不再是竞技体育发展的唯一投资主体，而市场经济体制条件下，不同主体的利益诉求逐步受到重视，各主体追求利益的意识与能力加强，竞技体育发展的利益开始分化，竞技体育发展的政治

利益与经济利益分化，国家利益、地方利益、集团利益、个人利益分化。

6. 发展的效益有所提高且开始大力挖掘经济效益

此阶段内，我国体育科学研究水平迅速发展，形成了诸多体育科技成果。运动训练科学化水平有所提高，科学选材、科学训练、科学监控、科学恢复水平逐步提高。我国竞技体育从 1984 年获得奥运第一金到 2000 年名列金牌榜第三，取得了一系列优异成绩，运动员成材和伤病问题有所缓解。另外，此阶段开始对体育场馆、大型体育赛事进行商业开发，同时大力推进体育职业化、体育彩票等，竞技体育在并未弱化其政治效益的基础上，大力挖掘其经济效益。

7. 发展结构的不均衡进一步强化

此阶段内，为了加速提高我国运动技术的整体水平，力争在以奥运会为代表的国际赛场上取得优异成绩，提高我国的国际地位，国家围绕有利于获取奥运金牌的目标，进行了一系列项目发展布局的战略调整，建立了重点项目的分类投资机制。奥运与非奥项目、优势与非优势项目的非均衡发展等结构性问题在政策导向下受到强化。

总的来看，此阶段内竞技体育发展方式虽然有了多元发展主体，但政府仍然对竞技体育的发展起着主导作用，社会和市场力量只起到发展的补充作用。发展的利益虽然开始分化，但政治利益和国家利益仍然占据主导。竞技体育在此阶段的改革取得了一定成效，但仍然存在诸如发展的价值取向存有偏颇、内在动力相对匮乏、科技和管理创新有待进一步提高等问题。

(三) 进一步发展完善时期竞技体育发展方式的特征

1. 社会和市场力量参与竞技体育发展的形式多样

学校参与高水平竞技体育发展，有典型的“南体模式”和“清华模式”。社会参与高水平竞技体育发展，有典型的丁俊晖模式、李娜模式、彭帅模式。再加上体育彩票的发行，社会和市场力量承担了竞技体育发展的一部分资金，分担了政府的负担。

2. 市场手段在竞技体育发展中的作用扩大

此阶段市场作用机制发挥越来越大的作用，高水平体育赛事的市场化活动增多，高水平教练员、运动员、科技人员的市场化流动特点明显。行政手段配置资源的作用范围在不断压缩，更多的是在专业体育领域和大型体育基础场地设施建设方面发挥主导作用。虽然行政手段仍然对竞技体育发展的各种资源配置产生干扰，但市场机制的作用越来显现，行政手段、市场手段的作用范围和强度之间的差距缩小。

3. 利益引导逐渐成为竞技体育发展的主要动员方式

利益诉求是人们在市场经济条件下从事一切活动或行为的源动力，随着社会主义市场经济体制的不断成熟，人们参与竞技体育发展的利益诉求逐渐得到重视，人们对于物质层面的追求越来越显现，精神动员对人们来说越来越虚幻，只有在优先满足人们对物质条件的合理追求的基础上，再辅以精神动员才能真正调动人们工作的积极性。

4. 发展的组织与管理方式更加多元

此阶段内专业队体制、俱乐部体制、家庭、个人投资机制、学校培养机制等共同构筑了竞技体育发展的组织形式。专业队三级训练网、小学—中学—大学一条龙培养模式、职业俱乐部、家庭、个人等多种形式共同“生产”高水平运动员。国家队开始征召其他民间形式发展起来的高水平运动员代表国家参赛，开放、民主、互动的管理方式受到大力推崇，运动员的文化教育和开放式发展环境进一步受到重视。

5. 发展的利益进一步分化

由于此阶段内发展主体日益多元，而不同主体之间的核心利益存在区分，它们参与竞技体育的发展必然导致发展利益的分化。随着民间力量的发展，各主体追求自身利益的能力增强，国家利益、地方利益、集团利益、个人利益之间的分化程度逐渐加大。再加上人们对于竞技体育的需求走向多元化发展，竞技体育发展的政治、经济、文化、社会利益不断分化，政府对于竞技体育发展利益的垄断逐渐式微。

6. 发展的效益进一步提高且走向多元

此阶段内，体育领域的科研意识和水平进一步发展，研究者大量借鉴吸收国外的先进理论，结合运动训练实践进行科学研究，提出了一元训练理论、竞技能力双子模型，围绕竞技能力、竞技状态、训练分期等问题进行了诸多研讨。同时不同学科人员组成了科技攻关团队，为各运动队服务，运动训练的科学化和专项化水平进一步提高，运动员成材和伤病问题得到进一步改进，训练成绩明显提高，尤其田径和游泳的部分项目取得了一些突破，产生了一系列优异成绩。另外，北京奥运会后，国家领导人又强调发挥体育对人的全面发展、对经济社会发展的重要作用。竞技体育开始重视发挥其多元功能，追求政治、经济、社会、文化、生态效益的协调发展。

7. 发展结构的不均衡有所缓解

由于此阶段仍然执行“奥运争光计划”，奥运项目与非奥项目、夏奥与冬奥项目、优势与落后项目的发展仍然不均衡。但国家开始强调和推进各类项目的协调发展。“2004 年雅典奥运会获得金牌的项目达到 13 个大项，获奖牌扩大到 18 个大项、55 个小项。2008 年北京奥运获金牌项目达到 15 个大项，获奖牌扩大到 20 个大项、85 个小项。”①2012 年伦敦奥运会获金牌项目为 11 个大项，获奖牌项目为 17 个大项、73 个小项，在 8 个项目上首次获得奥运金牌，在 17 个项目上首次获得奥运奖牌。②竞技体育发展的结构性问题虽然依然明显，但已开始受到重视并向好发展。

总的来看，此阶段内政府仍然主导着竞技体育的发展，社会和市场的作用虽然加大，但仍然只作为了发展的补充。发展的利益虽然进一步分化，但政治利益和国家利益仍然占据主导。竞技体育在此阶段虽然取得了辉煌的成绩，但发展的价值取向、内在动力、科技和管理创新等问题依然突出。

三、对我国竞技体育发展方式演变的反思

（一）总体性特征

新中国成立以来，竞技体育的发展方式随着外部发展环境和条件的

①②　国家体育总局.改革开放 30 年的中国体育[M]. 北京：人民体育出版社，2008：98、101.

变化,进行了相应的调整与转变,不仅表现出了相应的阶段性发展特征,而且具有一定的总体性特征。

1. 三个阶段的发展具有 3 个相同点:(1)政府为主要投资者和发展者,(2)以政治利益为核心,(3)小众竞技的特点明显。

2. 三个阶段的发展具有 3 个不同点:(1)三个阶段发展的资源配置手段、动员方式、组织与管理方式从最初的封闭单一走向了开放多元,(2)三个阶段的发展效益逐步提高且日趋多元,(3)三个阶段的发展主体逐渐多元。政府的作用方式在不断调整与转变。发展的利益在分化中走向博弈均衡。发展的结构经历了不同程度的非均衡发展后趋于缓和。

(二) 历史贡献

新中国成立以来,竞技体育的发展方式具有以下历史贡献:(1)选准项目,局部突破,快速提升了我国竞技体育的竞技水平,调整与优化项目的布局布点,以点带面,分阶推进,实现了我国竞技体育的跨越式发展。(2)构建了专业化的训练、竞赛、保障体系等,形成了与大国地位相符合的竞技体育发展格局,为促进我国的国际交往、扩大我国的国际影响力做出了卓越的贡献。(3)以竞技体育为先导,带动了群众体育和学校体育的发展,促进了体育事业的整体发展①。

(三) 存在的不足

新中国成立以来,竞技体育的发展方式存在如下一些不足:(1)竞技体育发展的主体、功能、结构等非均衡现象,一定程度反映了,竞技体育发展方式构成要素间的内在逻辑受到人为的干扰。竞技体育虽然取得了骄人的发展成绩,但伴随的发展问题也同样明显。(2)发展方向和服务对象的相对固化,使得竞技体育的发展路径难以有效调整。尤其是发展目标、发展理念、发展服务对象的相对固化,对竞技体育发展道路的选择带来较大困难。(3)集中专门群体,进行专业化发展的路径长期锁定,造成了人们意识上的固化,竞技体育被等同为与大众绝缘的精英竞技。

① 鲍明晓,李元伟.转变我国竞技体育发展方式的对策研究[J].北京体育大学学报,2014,37(1):11—12.

这不仅阻碍了竞技体育的大众化发展，弱化了竞技体育的教育功能①，而且使得普及与提高之间的传导机制产生阻滞②。

(四) 演变轨迹与经验

新中国成立以来，竞技体育的发展方式表现出了一定的发展演变轨迹及发展经验。

1. 三个阶段发展方式调整与转变的轨迹

发展方式随着国家经济社会发展环境和条件的变化，而进行了相应的调整与转变。这种调整与转变，是由于三大发展主体在作用大小和方式上的调整与转变，而引发的竞技体育的发展要素在价值取向和空间选择上的调整与转变。

2. 三个阶段发展方式调整与转变的经验

三个阶段的发展在保持了发展效益的前提下，针对相应的经济社会发展环境与条件的变化，通过对部分发展要素的局部的调整与转变，促使竞技体育的发展方式更加科学、更加完善。

第二节　新中国成立以来竞技体育发展中政府职能的演变及特点

一、从经济发展的不同阶段看竞技体育发展中政府职能的演变

(一) 计划经济时期(1949 年 10 月—1978 年 11 月)

1949 年 10 月 1 日，中华人民共和国成立。新中国成立之初，我国采用了计划经济的经济发展方式。政府通过行政指令性计划来规划与组织经济社会的建设发展，政府通过行政手段调控资源，组织不同部门进行生产与建设。受制于计划经济体制的发展背景和特点，竞技体育在此

① 任海."竞技运动"还是"精英运动"？——对我国"竞技运动"概念的质疑[J]. 南京体育学院学报(社会科学版)，2011，25(6)：1—6.

② 鲍明晓，李元伟.转变我国竞技体育发展方式的对策研究[J]. 北京体育大学学报，2014，37(1)：11—12.

阶段是作为纯公益性事业来发展,根本就未考虑开发其经济功能。再加上,现代竞技体育在当时已经是一种国际性的大型活动,国际影响力大,甚至被视为一种隐性的政治符号,影射着政治意识形态间的较量。同时,竞技体育具有独特的外交功能,在对外交往中可以传达某种政治信息,而当时我国竞技体育水平严重落后,在对外交往中有失颜面。因此,此阶段内政府管理竞技体育是以其政治职能为核心,挖掘其政治效益的最大化。

总的来说,此阶段内,政府扮演的是一种全能型政府角色,政府作用无所不在,政府对于竞技体育发展的干预之强,令社会和市场力量无法正常成长,很大程度上束缚了竞技体育发展的活力,政府职能出现缺位、错位、越位。竞技体育在此阶段虽然取得了很好的成绩,但政府管理的成本巨大,管理追求的效益相对单一,竞技体育发展的内生动力和能力受到制约。

(二) 经济转轨时期(1978 年 12 月—2002 年 10 月)

1978 年 12 月,党的十一届三中全会确定了“对内改革、对外开放”的国家发展战略。我国开始进行经济体制改革,采用一种渐进的改革方式,逐步从计划经济体制向社会主义市场经济体制过渡。在此经济转轨时期,政府利用行政手段与市场手段来配置资源,组织经济及其他社会领域的生产与发展。会议还指出,国家的发展重心必须回到社会主义现代化建设上,政府职能的重心要从政治职能转向经济职能。政府为此进行了一系列改革,“1980 年国务院颁布了《关于经济改革的初步意见》,明确提出要把单一的计划调节改为计划指导下的市场调节。随后政府于 1982年、1988 年、1993 年、1998 年进行了 4 次机构改革以调整政府职能”①。

此阶段内,为了适应经济体制转轨的要求与特点,我国进行了开发体育产业的初步探索,鼓励体育系统内的事业单位扩大服务范围,合理利用自身资源开发经济效益,比如:经营体育场馆,提供专业体育服务等,增收节支,减轻财政负担。同时积极吸引社会资金,以赞助和联办的

① 何颖.中国政府机构改革 30 年回顾与反思[J]. 中国行政管理,2008(12):21—27.

形式，资助体育竞赛和高水平运动队。为了更好地挖掘竞技体育的经济功能，我国开始尝试发展职业体育。1992 年 6 月在北京红山口召开了全国足球工作会议，确定了将足球职业化改革作为我国竞技体育职业化改革试点的突破口。1994 年 4 月“万宝路”全国足球甲级联赛揭幕，竞技体育的职业化改革正式拉开序幕①②。

在从计划经济向社会主义市场经济转轨的过程中，体育在国民经济中的分类也发生了变化。1994 年国家发布了《国民经济行业分类与代码》，体育被列入 L：卫生、体育和社会福利业的大类中。2002 年 5 月，国家又发布了新的《国民经济行业分类》，把体育列入 R：文化、体育和娱乐业门类中。体育归属为了为人们的精神、文化生活消费服务的行业③。从这种分类的变化可以看出，国家对体育事业的性质有了新的认识，体育主要为人们的精神、文化生活服务，体育可以成为拉动人们消费的行业。体育的经济功能受到官方的认可和重视。因此，此阶段内竞技体育政府职能开始重视经济职能，政府管理竞技体育在并未弱化其政治职能的基础上，开始挖掘竞技体育的经济功能。

总的来说，此阶段内，政府逐渐向有限型政府转变，政府发展竞技体育不再是无所不包，社会力量开始参与竞技体育的发展，市场作用机制开始发挥作用。政府虽然只是将竞技体育发展的一小块划拨了出去，而且政府对于竞技体育发展的领导依然强势，但政府的部分管理权限开始下放，政府的管理范围开始收缩，政府职能开始实行管办分离，政府从全能型政府向有限型政府进行了转变。社会和市场力量开始拥有生长空间，市场作用机制得以成长，竞技体育发展的内生动力和能力开始生发，竞技体育发展开始富有更好的生机和活力。

（三）进一步发展完善社会主义市场经济时期（2002 年 11 月至今）

2002 年 11 月，党的十六大报告指出，社会主义市场经济体制初步建

① 高雪峰，徐伟宏.改革开放 30 年中国竞技体育发展之路[J]. 武汉体育学院学报，2009，43(2)：5—12.

② 刘玉.新中国 60 年体育发展观的演进[J]. 上海体育学院学报(社会科学版)，2011，35(4)：16—21.

③ 韩丹.谈本世纪前期我国体育大变革的趋向[J]. 体育与科学，2005，26(1)：11—12.

立，改革开放进入全面发展完善社会主义市场经济阶段。①经济体制改革和政府职能改革进一步深化，市场和社会作用机制在经济社会发展中的作用日益扩大。此阶段内国家的发展重心为全面建设小康社会，促进经济社会的科学、和谐发展。政府工作不再唯 GDP 论成败，政府职能从偏重于经济职能转向更重视社会管理和公共服务职能，强调协调发挥经济调节、市场监管、社会管理和公共服务职能。

2003 年 2 月，党的十六届二中全会审议通过《关于深化行政管理体制和机构改革的意见》，2003 年下半年进行政府机构改革，以加强社会管理与公共服务职能。2007 年 10 月，党的十七大提出："深化行政体制改革，建设服务型政府。"2008 年 2 月，七届二中全会审议通过《关于深化行政管理体制改革的意见》《国务院机构改革方案》。2008 年 3 月再次进行政府机构改革，建立大部制，强化宏观调控职能。②2012 年 7 月 11 日，国务院颁布《国家基本公共服务体系"十二五"规划》。我国开始加强政府的公共服务职能建设，并将之作为深化行政管理体制改革的首要目标。2013 年 3 月，我国再次进行了国务院机构与职能改革，立足于加强和改善政府的宏观调控职能，加强政府的社会管理和公共服务职能，着力保障和改善民生。政府进一步深化行政管理体制改革，积极调整政府职能的重心，逐步转向服务型政府管理模式。

《2001—2010 年体育改革与发展纲要》指出："国家正从直接、微观管理体育事业向间接、宏观管理转变。各级体育部门需要对体育事业发展机制进行积极探索。"③2002 年，中共中央、国务院联合发布《关于进一步加强和改进新时期体育工作的意见》，提出"体育行政部门要把工作重点转移到贯彻国家方针、政策，研究制定体育行业政策、发展规划，依法加

① 改革发展研究院编.30 位著名经济学家会诊中国经济发展方式[M]. 中国(海南)2010：372.

② 何颖.中国政府机构改革 30 年回顾与反思[J]. 中国行政管理，2008(12)：21—27.

③ 国家体育总局. 2001—2010 年体育改革与发展纲要[EB/OL]. http://www.sport.gov.cn/n16/n1092/n16864/1434629.html[2010-02-03].

强行业管理、提供服务上来”①。此阶段内，体育行政主管部门进一步转变自身管理职能，进一步深化对政企分开、政事分开的改革，积极挖掘市场在资源配置中的基础性作用，重视竞技体育的政治、经济、社会、文化、生态功能的协调发展，正视自身在公共服务职能上的缺失。

总的来说，此阶段内，政府在进一步推进自身有限型政府角色转化的基础上，不断强化自身的服务型政府角色。政府对竞技体育的发展在更大范围内进行了简政放权，社会力量参与竞技体育发展的空间更大，参与形式更加灵活多样，个人、家庭、中介机构、俱乐部等社会力量进一步成长，市场作用机制发挥的作用逐渐加大。政府虽然仍然主导着竞技体育的发展，但政府的管理职能进一步转化，政府管理的重心逐步上移，逐步落实间接管理、宏观调控、服务行政等管理理念。竞技体育发展的内生动力和能力稳步激发，竞技体育的发展富有更好的生机和活力，竞技体育的发展具有更美好的憧憬。

二、经济发展不同阶段下竞技体育发展中政府职能的特征

（一）计划经济时期竞技体育发展中政府职能的特征

1. 政府对竞技体育发展的目标定位政治取向明显

新中国成立之初，毛泽东和朱德先后提出，新中国的体育事业要为人民服务，要为国防和生产建设服务。虽说，增强人民体质体现了体育的本质，但让体育为生产建设和国防建设服务的目标定位，也多少带有一定的政治色彩。其后，由于部分西方资本主义国家对我国实行孤立与封锁，我国竞技体育开始承担特殊的外交使命。政府根据当时的发展形势和政治需要，着眼于提高运动水平，摆脱国际交往中的落后地位，彰显我国制度的优越性。竞技体育的发展战略烙有明显的国家意志与政治意图，竞技体育的政治功能凸显，发展的价值取向集中在为祖国争夺

① 苗治文，秦椿林，黄今等.新时期我国体育政府管理职能的界定及其转变[J]. 北京体育大学学报，2007，30(10)：1303—1305.

荣誉。

2. 政府管理竞技体育的权限高度集中

新中国成立之初，党中央委托青年团管理包括竞技体育在内的体育工作，同时成立了中华全国体育总会筹委会。1952 年 6 月，中华全国体育总会于北京正式成立。政府授权这个全国性的民间机构统一管理竞技体育，实施集权式的间接管理。①虽然此段时间内，政府并未直接管理竞技体育，但通过安排部分领导干部进入体育战线担任相关领导工作的做法，实际上并未弱化政府对竞技体育发展的掌控。1952 年 11 月 15 日，中央人民政府体育运动委员会成立，贺龙将军被任命为第一任中央体委主任(1956 年后改称为国家体委)，到 1957 年我国从中央到地方的政府体育行政体系建设基本完成。②③竞技体育的发展形成了以国家体委为最高行政领导的行政管理机构，对竞技体育的资金投入、政策法规制定、参赛资格审核、考核评价等的管理权限集中在各级体委手中。④

3. 政府对竞技体育的资源配置手段高度行政化

计划经济条件下，政府垄断着竞技体育发展所需的所有资源，各社会体育组织也基本是按行政主管部门意图和要求来组织相关活动。而且竞技体育活动的开展主要依靠政治动员和各级财政拨款。竞技体育的发展与政治动员、行政审批、财政拨付等资源配置手段密切相关。在成立了中央体委后，竞技体育的发展具有了相应的体育行政主管部门，政府通过指令性计划，制定各种“生产任务”，再分配给各级政府体育主管部门执行。由于这些行政指令的完成情况直接与自身的资源分配、考核升降、奖励惩罚等密切相关，各级政府体育主管部门主动地上传下达这些行政指令，积极完成这些政治任务。这种行政指令性的资源配置手段将各级政府体育主管部门紧密联系在一起，目标高度统一，行动一致，用力集中。

---

① 颜绍泸主编.竞技体育史[M]. 北京：人民体育出版社，2006：46.

② 刘青主编.政府体育事业职能界定[M]. 成都：电子科技大学出版社，2004：115.

③④ 熊晓正，夏思永，唐炎等.我国竞技体育发展模式的研究[M]. 北京：人民体育出版社，2008：5, 17.

4. 政府既管又办竞技体育

虽然，在20世纪50年代初期形成了以体委为主管领导，以中华全国体育总会进行具体操作，以教育部、中华全国总工会等部门系统相互协作的竞技体育组织管理模式①。但其后随着发展形势的变化，竞技体育逐步形成了高度集中的体育行政管理体制。国家体委组织与管理竞技体育发展的各项事宜，各行业体育协会、社会体育组织逐渐失去了组织管理竞技体育的职能作用。②最终，中华全国体育总会、中国奥委会、国家体委三块牌子一个机构，国家体委行使着竞技体育发展的管理权、经营权、决定权。各级政府体育行政部门总揽了竞技体育发展的一切事务，既是发展的管理者，又是发展的经营者，管办一体。

5. 政府垄断了竞技体育发展的利益

由于此阶段内政府是竞技体育发展的唯一投资主体，所以它很自然地成了竞技体育发展的最大利益主体。再加上政府拥有强大的话语权，它强势地挤压着其他主体对于竞技体育发展的需求或利益空间。竞技体育的发展主要服务于国家，主要满足国家发展的政治需求，竞技体育发展的政治利益和国家利益至上，经济利益、社会利益、个人利益等受到一定程度的挤压。

6. 政府管理竞技体育单纯地依靠财政拨款

根据体育事业统计年鉴公布的数据，1980年前，我国体育事业经费中社会投入的资助为零。③中央和地方财政资金支撑着当时竞技体育的运行与发展。政府通过整合全国的资源来保障竞技体育的发展，不仅要负担运动员的吃、穿、住、行，而且要解决运动员的补助、退役后的出路等问题。从当时国家发展竞技体育的指导思想、实际做法来看，竞技体育举国体制的基本思想，在此阶段内基本明确④。政府利用行政作用机制

---

①② 熊晓正，夏思永，唐炎等.我国竞技体育发展模式的研究[M]. 北京：人民体育出版社，2008：9，17.

③ 国家体委计划财务司编.体育事业统计年鉴[Z]. 北京：国家体委内部资料，1994：102.

④ 梁晓龙，鲍明晓，张林.举国体制[M]. 北京：人民体育出版社，2006：22.

将有限的资源集中在竞技体育的尖端，尤其对国家集训队所需的训练场地、器材、设备、参赛、补助、奖励等资金予以了大力保障。

（二）经济转轨时期竞技体育发展中政府职能的特征

1. 政府强化了竞技体育发展的政治目标取向，同时逐步开发其经济功能

1979 年 11 月 26 日中国奥委会恢复了在国际奥委会中的合法地位①。我国竞技体育参加奥运会的任务摆在了眼前，为迅速提高当时的竞技水平，在 1980 年的全国体育工作会议上，确立了竞技体育适度超前发展的战略方针，围绕在奥运会上获得好成绩的目标，参照奥运会的项目设置与金牌分布，确定了重点项目的发展布局，调整了全运会的设项，并于 1995 年颁布奥运争光计划，竞技体育的发展目标指向奥运金牌。②此阶段内，竞技体育举国体制形成，并针对国家经济社会的发展变化进行了相应的调整与完善。③

与此同时，竞技体育不断摸索市场化的发展道路，引导民间力量参与竞技体育的发展，打破单纯依靠国家拨款的格局。1993 年，全国体委主任会议上制定了《培育体育市场，加快体育产业化进程的意见》，提出体育事业要"面向市场，走向市场，以产业化为方向"的基本思路。1996 年，国家体委下发了《体育产业发展纲要》，同年全国人民代表大会第八届四次会议通过的《国民经济和社会发展"九五"计划和 2010 年远景目标纲要》进一步明确了体育要走"社会化、产业化的道路"④。

2. 政府管理竞技体育的权限依然集中，但给社会力量下放了部分权力

为贯彻好竞技体育适度超前发展的战略，政府多次调整了竞技体育的组织管理机构。1988 年增设了负责综合管理全国优秀运动队的"训练

①② 熊晓正，夏思永，唐炎等.我国竞技体育发展模式的研究[M]. 北京：人民体育出版社，2008：18，19—20.

③ 梁晓龙，鲍明晓，张林.举国体制[M]. 北京：人民体育出版社，2006：25.

④ 熊晓正，夏思永，唐炎等.我国竞技体育发展模式的研究[M]. 北京：人民体育出版社，2008：174，176.

竞赛综合司”，1997年将训练竞赛一、二、三司和综合司撤并成立竞技体育司，1998年，国家体育运动委员会改组为国家体育总局，纳入国务院直属机构系列，内设机构减少到9个，人员编制由381人减少为180人。①管理竞技体育的组织机构仍然为政府体育行政部门，政府的管理依然强势。但各级体委开始重新审视自身与体育社会组织之间的关系，开始逐步实行管办分离、政事分离，开始将一些事务性工作交给项目协会，开始逐步向领导、协调和监督的管办结合转变。②虽然，此阶段内各级体委仍然集中拥有管理竞技体育的权限，但其原有的无所不包的权限开始进行分割，项目协会、社会团体等社会力量参与竞技体育的发展拥有了一定的自主权和决定权。

3. 政府对竞技体育的资源配置手段开始实行双轨制

即行政手段和市场手段同时对竞技体育的发展发挥资源配置作用。在这种双轨制中，行政手段收缩了给配的范围，将有限的资源主要配置给具有较高竞技水平、拿牌可能性大的项目。当时国家设定了13个重点项目，并在全国不同的省、市、自治区体委，解放军和体育院校，进行了重点项目发展的布局布点，国家财政和地方财政提供资金和技术支持。③与此同时，政府对非奥项目、非重点项目开始试点社会化发展的道路，鼓励各种社会力量办高水平运动队，对一些不会影响国家争金夺银大局的项目试点协会化改革。④企业、学校等社会力量开始参与竞技体育的发展，市场作用机制和手段开始在局部范围内发挥作用。

4. 政府开始改革竞技体育的管理体制，政府职能开始逐步实行管办分离

1986年4月15日，《国家体委关于体育体制改革的决定(草案)》指出：“要进一步完善体委对体育事业的领导、协调、监督作用，积极探索体育社会化发展的道路，充分发挥体育总会、项目协会的作用，有些协会可

---

① 熊晓正，夏思永，唐炎等.我国竞技体育发展模式的研究[M].北京：人民体育出版社，2008：23.

②③④ 国家体育总局.改革开放30年的中国体育[M].北京：人民体育出版社，2008：142，6，138.

试办成半权力半咨询机构。”①②1988 年，国家体委选择足球等 12 个运动协会进行实体化改革试点，开始实施管办分离、政事分离，开始将一些事务性工作交给项目协会，开始逐步由包办体育向领导、协调和监督的管办结合转变，竞技体育举国体制开始进行适应市场经济的调整。③

1993 年 5 月 24 日，《国家体委关于深化体育改革的意见》提出：“加快单项运动协会实体化步伐……选择一定数量的奥运会重点项目进行试点，以便全面推广与总结经验。”同年原国家体委训练竞赛五司与首都体育馆合并，成立了“冬季运动项目办公室”。1994 年所有的项目办公室改为项目管理中心，至 1997 年全国共成立了 20 个项目管理中心，管理着 41 个单项运动协会和 56 个运动项目。以政事分开、管办分离为目标的运动项目管理体制改革取得了阶段性成果，体育社团和行业体育协会开始发挥对竞技体育的组织与管理作用。

5. 政府不再是竞技体育的唯一发展主体，政府开始应对其他利益主体的多元利益诉求

此阶段内企业、学校、社会团体等民间力量开始成为竞技体育的发展主体，政府虽然仍是竞技体育发展的最大利益主体，也依然在最大化追求发展的政治利益。但与此同时，竞技体育其他发展主体开始表达和追寻自身的利益，所以政府已无法再垄断发展利益，政府在谋取发展的政治利益的同时，开始需要关照发展的经济利益，开始需要关照某些集体、集团和个人的合理利益诉求。

6. 政府在持续加大财政资金投入的基础上，不断摸索社会筹资的路子

从我国体育事业经费的投入来看，1978—2001 年各级财政对全国体育系统共投入资金 3 298 479.6 万元。④与此同时，国家开始试行体育彩票来筹集社会资金。1984 年 10 月 10 日，北京为举办第 4 届国际马拉松

---

① 国家体育总局.改革开放 30 年的中国体育[M]. 北京：人民体育出版社，2008：142.

② “国家体委关于体育体制改革的决定（草案）”，《体育运动文件汇编》（1982—1986 年），国家体委政策研究室，1986：68.

③④ 国家体育总局.改革开放 30 年的中国体育[M]. 北京：人民体育出版社，2008：142，235，236.

赛发行了新中国的第一张体育彩票:"发展体育奖"彩票。①1985 年,广东建立全国第一个体育彩票发行管理机构,并组织发行了第 6 届全运会体育基金奖券。1989 年 5 月初,国务院总理办公会议批准了亚运会奖券的发售计划,我国首次在全国范围内发行体育彩票。1994 年 4 月 5 日,国家体委成立体育彩票管理中心,体育奖券更名为体育彩票,由国家体委统一印制、统一发行、统一管理。2001 年 10 月中国足球彩票正式上市。至此,体育彩票发展成为我国体育事业的一个重要支柱,为各项体育事业的发展提供了大量资金。

（三）进一步发展完善时期竞技体育发展中政府职能的特征

1. 政府在固守竞技体育发展的政治目标基础上,开始注重竞技体育经济、文化、社会、生态功能的协调发展

2001 年 7 月 13 日北京赢得了第 29 届夏季奥运会的举办权,实现了中华民族的百年夙愿。在北京奥运会上夺取优异成绩,展示祖国雄风成为全国各界人民的殷切期望。为此,2002 年 7 月 22 日,中共中央、国务院指出:筹备和举办北京奥运会有利于进一步提高我国在国际体坛的地位和声望。新时期的奥运争光计划要以我国在奥运会等重大国际比赛中取得优异成绩为核心目标②。同年国家体育总局制定了《2001—2010 年奥运争光计划纲要》,指出:新世纪世界各国更加重视奥运会的成绩和排名,……我们要强化奥运战略,……集中力量攀登世界竞技体育高峰。……与此同时,我们要充分发挥竞技体育的多元功能。《2011—2020 年奥运争光计划纲要》,指出:我们要……坚持和完善举国体制,继续实施奥运战略,继续在奥运会等国际大赛上取得优异成绩,为国争光,并充分发挥体育在构建和谐社会中的特殊作用。

2. 政府管理竞技体育的组织机构基本固定,政府依然掌握着最高管理权限,但管理具体事务的权限进一步下放

竞技体育形成了以国家体育总局为最高领导的稳定的组织管理机

①②　国家体育总局.改革开放 30 年的中国体育[M].北京:人民体育出版社,2008:238,139.

构。国家体育总局为顶层的决策领导层，负责竞技体育相关政策、活动的制定和传达，国家体育总局下属的竞技体育司负责各运动项目的宏观管理。各运动项目管理中心、直属部门、单项协会为中间的管理层，负责管理各运动项目的训练和竞赛、对外交流、市场运作开发、后勤保障等，由于各单项运动协会没有专职干部编制，在经济上也不独立核算，与运动项目管理中心是一套人马、两块牌子，所以实际上是运动项目管理中心在实施管理，而项目管理中心虽然是事业单位，但其受总局领导，开展工作是以接收、传达和执行总局的各项指令为中心，实质上政府管理竞技体育的权限依然高度集中。各中间管理层的下属业务处室、运动队、各省市相关部门构成了底端的执行层，负责政策、任务的具体执行，协调、管理区域竞技体育的发展①。

此阶段内政府进一步转变自身的管理职能，不断缩减自身对竞技体育微观管理的范围，加大自身间接、宏观管理、提供服务的力度，社会组织、社会力量参与竞技体育发展的空间更大。至 2005 年共成立了 23 个运动项目管理中心，以政事分开、管办分离为目标的运动项目管理体制改革全部到位。项目管理中心、项目协会也拥有了更多的自主权和决定权，它们在管理过程中通过公平竞争机制引入不同行业、不同团体等社会力量参与发展，竞技体育发展的运行机制更加符合市场规律和要求，竞技体育的发展更加公平、公正、公开、透明。

3. 进一步完善了政府主导下的混合型资源配置方式，逐步加大了市场配置资源的基础性作用

2002 年 7 月 22 日，中共中央、国务院提出："要想方设法调动中央、地方及社会各界各方面的积极性，充分发挥竞争机制，更好地整合全国的体育资源"。与此同时，体育行政主管部门对社会力量参与发展竞技体育更加放开，个人、家庭、俱乐部、学校等社会力量以越来越多元的方式参与竞技体育的发展，这些发展主体在谋取自身经济利益的同时，也一定程度上在推动着我国竞技体育的发展。

① 张晓琳. 中美竞技体育管理体制与运行机制的比较研究[D]. 北京：北京体育大学博士学位论文. 2011：57—59.

另外，在经济利益的驱动下，高水平体育赛事的市场化、商业化活动不断增多，体育中介机构大量涌现，高水平教练员、运动员、科技人员的市场化流动更为频繁。市场作用机制和手段开始在更大范围内发挥作用，行政手段和机制的作用范围在不断压缩，更多的是保障那些具有拿牌优势或有潜力的高、精、尖项目和人才对于发展资源的需求上，以及在大型体育基础场地设施建设方面的主导作用机制。虽然行政手段仍然对竞技体育发展的各种资源配置产生干扰，但市场机制的作用越发显现，行政手段、市场手段的作用范围和强度之间的差距有所缩减。

4. 政府进一步推进管办分离，政府职能转变的重心落在了增强公共服务能力上

国家体育总局已不再是负责直接操控各运动项目发展的管理机构，各运动项目管理中心成了直接负责各项目发展的业务指导机构。国家体育总局为行政机关，项目管理中心是事业单位，政府的管理职能转移到了事业单位，总局负责政策、活动的制定和传达，项目中心负责具体的运作，政府和社会事业单位的事权有了明确的划分。与此同时，体育行政主管部门进一步转变了自身管理职能，重视竞技体育政治、经济、社会、文化、生态功能的协调发展，正视自身在公共服务职能上的缺失，不断提高自身提供公共服务的能力。

5. 与其他利益主体间的矛盾常态化、复杂化，政府需要在利益博弈中找寻自身追求政治利益的平衡点

随着体育市场化、社会化进程的持续推进，政府之外的其他社会力量逐步发展壮大，它们参与竞技体育发展的逐利性意识越来越强，追求自身发展权益的意识越来越强烈，与政府最大化追求政治利益之间的矛盾加大、加深，个人、家庭、俱乐部、学校等利益主体在更加明确地表达和追求自身利益的同时，开始或明或暗地抵触政府体育主管部门的指令或要求。比如：2003 年王治郅为留在 NBA 发展而拒绝回国出赛，2004 年 7 家中超俱乐部的罢赛，2005 年清华大学跳水队与家长对簿公堂，2013 年李娜拒绝出赛全运会等。社会主义市场经济条件下主体合理利益追求的合法性，加上现代媒体的监督作用，政府不得不更为小心翼翼

地协调这些矛盾，甚至在某种程度上要对一些利益集团或主体进行妥协，以缓解因一次利益矛盾而可能导致的长久发展矛盾。

6. 政府逐年增加财政投入的同时，通过完善体育彩票募集更多的社会发展资金

中央和地方财政仍然是竞技体育发展的主要资金来源渠道，各级财政随着经济水平的发展逐年增加着财政投入资金，保障了竞技体育的有序运转。“2002年起，中央政府和地方政府对体育事业投入的经费总额陡然上升，在2002—2006年的5年期间，中央和地方财政共投入体育事业经费866.743 84亿元。”①

2000年之后，中国体育彩票进入快速发展期。1994—2007年，体育彩票累计贡献公益金639.86亿元，1994—1995年发行体育彩票筹集的公益金主要用于补充大型体育赛事举办经费和各地区全民健身活动经费。1996年后，用途扩大到落实全民健身计划和奥运争光计划的实施，在比例上侧重全民健身活动以及建设向社会公众开放的体育活动场所、设施等。截至2006年底，全国实际安排使用体育彩票公益金241.2亿元，其中用于奥运争光计划101亿元，占41.87%；用于全民健身工程140.2亿元，占58.13%。

三、对我国竞技体育发展中政府职能演变的反思

（一）总体性特征

竞技体育发展中的政府职能，反映出管理的价值取向固化，管理的权限集中，管理的手段单一等总体性特征。(1)政府管理竞技体育，始终以“为国争光”为核心目标，政治职能凌驾于其他职能之上。(2)竞技体育发展中政府拥有最高管理权限，社会和市场仍需在行政力量的隐性约束下寻找自身的发展空间。社会和市场的“生长发育”存在行政阻力，难以与体制内力量实现有序竞争，政府、社会、市场三者仍然为非均衡的发展态势。(3)政府管理竞技体育，以“竞技体育举国体制”为主要资源配

① 国家体育总局.改革开放30年的中国体育[M]. 北京：人民体育出版社，2008：236，237.

置方式,行政作用机制在竞技体育领域占据绝对的主导地位。

(二) 历史贡献

竞技体育发展中的政府职能,具有以下一些不可忽视的历史贡献:(1)构建了符合当时我国国情的竞技体育组织管理模式,形成了具有中国特色的竞技体育发展模式,打造了我国竞技体育发展的竞争优势。(2)有效推进我国竞技体育在短时间内实现了跨越式发展,不仅迅速改变了我国竞技水平落后的历史,而且充分发挥了竞技体育的外交功能,为我国在国际交往中争取国际认同、彰显大国实力、扩大国际影响力等发挥了重要作用。(3)保证了竞技体育发展的地位,形成了竞技体育有序发展的框架。政府从法规制度、资金投入、机构设置等方面充分肯定了竞技体育发展的重要性,并形成了运动员等级评定标准、运动竞赛制度、退役安置制度等一系列规章制度,为我国竞技体育的有序发展打下了基础。

(三) 存在的问题

竞技体育发展中的政府职能存在如下问题:(1)忽略了竞技体育产品属性的多元性,不仅抑制了竞技体育发展的活力和动力,而且影响了国家在体育事业中投入与产出的效益,甚至一定程度上造成了公共财政的浪费。(2)强化了国家的发展需求,压抑了其他主体的多元化体育需求,国家成为竞技体育发展的主要服务对象,国家的政治需求成为竞技体育生产与供给的关键,其他主体的多元化体育需求受到一定程度的挤压,不仅造成竞技体育的发展一定程度上偏移了其核心价值主体,而且造成了发展需求偏离了竞技体育发展的内在要求。(3)放大了竞技体育的政治功能,弱化了竞技体育的其他社会功能,不仅使竞技体育发展的工具化色彩明显,而且使竞技体育发展的价值取向存在偏颇。

(四) 演变轨迹与经验

竞技体育发展中的政府职能表现出了一定的发展演变轨迹及发展经验:(1)政府体育主管部门根据国家发展战略及重心的变化,不断调整自身管理竞技体育的价值取向、职能重心。(2)国家行政机构及职能的调整与改革,引领着竞技体育发展中政府主管部门和职能的调整与改革。政府管理竞技体育的权限、范畴、手段、方式等也进行着相应的调整。(3)随着国家的发展与进步,在国内外发展条件和环境的交互作用下,政府不断修正自身的竞技体育管理职能。政府越来越重视竞技体育的多元功能和价值,越来越重视满足多元主体的多元化体育需求。

第三节 我国政府对竞技体育发展方式的干预方式

一、政府对竞技体育发展方向选择的影响

(一) 政府通过强化国家需求来影响发展的目标取向

新中国成立以来我国竞技体育的发展历程,体现出了三种不同的发展目标取向:提高运动技术水平—奥运争光—进一步加强竞技体育强国建设。对应的可以将其划分为三个发展阶段:1949—1984 年、1984—2008 年、2008 年至今。

第一阶段(1949—1984 年),从 1949 年新中国成立到 1984 年中国在第 23 届奥运会上实现金牌“零的突破”。此阶段的目标取向表现为迅速提高我国运动技术水平,缩小与世界先进国家运动水平的差距,消解我国竞技体育在国际交往中的尴尬境况。虽然在此阶段内,我国取得过多次世界冠军,打破过多项世界纪录,但直到我们在奥运赛场上获得第一枚金牌,并以 15 枚金牌的总数,名列该届奥运会金牌榜第四名,才算真正完成了这一目标任务。

第二阶段(1984—2008 年),从 1984 年我国获得奥运会第一枚金牌到 2008 年我国荣获奥运金牌榜第一的位置。此阶段的目标取向表现为加速提高我国运动技术的整体水平,力争在奥运赛场上取得更好的成绩,为国争光,提高中国的国际地位。此阶段内,我国从奥运金牌榜第二集团(4 至 12 名),上升到第一集团(1 至 3 名)①,并于 2008 年北京奥运会占据奥运金牌榜第一的位置。我国竞技体育成功到达奥运争光的顶峰。

---

① 国家体育总局.改革开放 30 年的中国体育[M]. 北京:人民体育出版社,2008:93.

第三阶段(2008年至今),从2008年北京奥运会我国获得奥运金牌榜第一的位置到今天。此阶段的目标取向表现为,进一步提升我国竞技体育的综合实力和国际竞争力,保持我国在奥运会和其他重大国际赛事的领先地位,进一步加强竞技体育强国建设。2008年奥运之后,我国竞技体育朝向协调、均衡、可持续发展的竞技体育强国目标迈进。

我国竞技体育的三个发展目标取向带有浓厚的政治任务色彩,竞技体育满足国家发展需求的特征明显。虽然竞技体育在不同时期有不同的发展重心,但是它始终将满足国家需求放在核心位置。政府通过强化大局意识,将人民的体育需求同构在国家的体育需求之内,实现人民需求与国家需求的统一,为我国竞技体育发展目标取向服务于国家需求奠定基础。

(二) 政府通过划分重要程度来影响发展的内容序列

"20世纪50年代初,政府成立了'中央体训班',篮球和排球(1951年)首先成立国家队,其后又相继成立了田径(1953年)、乒乓球、游泳、羽毛球(1954年)、体操(1955年)等项目的国家队。按照普及与提高相结合的方针,全面提高各运动项目的发展水平。"①

"20世纪50年代末和60年代初,我国按照缩短战线,保证重点的策略,将运动项目区分为重点与非重点项目,优先发展重点项目。将田径、体操、游泳、足球、排球、篮球、乒乓球、射击、举重、速度滑冰等10个优势和影响较大的项目作为发展重点。1979年,根据我国恢复在国际奥委会合法席位后的新形势,将乒乓球、羽毛球、田径、游泳、跳水、体操、举重、足球、篮球、排球、射击、射箭、速度滑冰等13个项目列为重点。"②

"20世纪80年代确立了'奥运争光计划'为龙头的竞技体育发展战略,将奥运项目与非奥项目区别对待进行发展布局。20世纪90年代,按照项群理论和中国传统优势项目的特点等,将运动项目划分为优势项目、潜优势项目、一般项目、基础项目、集体项目,重点支持优势项目,积

①② 熊晓正,夏思永,唐炎等.我国竞技体育发展模式的研究[M]. 北京:人民体育出版社,2008:5—6, 7.

极发展潜优势项目。2000年悉尼奥运会结束后,又开始实行基础项目的‘119项目工程’,大力发展田径、游泳和水上运动项目。”①

通过对我国竞技体育项目发展历程的简要回顾,可以看到我国竞技体育的发展内容呈现出一种主观划分重要程度,人为排定先后发展次序的特点。政府根据不同阶段国家发展需求的紧迫性和重要性,估量不同发展内容的重要程度,进而排定竞技体育发展内容的先后次序。同时,政府通过制度设计和财政扶持来引导竞技体育发展的内容指向预期。

(三)政府通过控制考核评价标准来影响发展的理念要求

长期以来,我国竞技体育工作考核评价的核心标准就是竞赛成绩。重大赛事的金牌、奖牌数、排名成为衡量各级主管部门和官员工作实效的重要标准甚至是唯一标准。奥运会、全运会、省运会等不同层面的赛事成绩决定着不同层级运动员、教练员、体育官员的经费、奖金、职称、待遇、地位等。

而且,现行有效的体育法律法规中,有诸多政策法规直接体现了政府对于竞技体育的考核评价导向:“《运动员突出贡献津贴实施办法》(1996)、《关于运动员比赛成绩与运动员成绩津贴挂钩问题的通知》(2007)、《关于进一步做好全国优秀运动员保障工作的意见》(2007)。”②政府通过制订这些相应的政策法规,引导各主体追求优异竞赛成绩,实现“为国争光”的发展目标。与此同时,这些法规制度又反过来将“为国争光”固化为不同时期竞技体育发展的理念要求。另外,20世纪80年代以来,随着竞技运动水平的提升,我国竞技体育需要在更高层次上实现“为国争光”,为此政府强化了奥运战略,从1995年开始颁布“奥运争光计划”,项目为金牌而设、资金为金牌而用、人力为金牌所趋,③金牌战略不断受到强化,最终演变成了“金牌至上”的理念要求。正如研究者所说:“中国体育形成了以金牌为体育发展的终极目标,追求数量的数

① 国家体育总局.改革开放30年的中国体育[M].北京:人民体育出版社,2008:145.

② 国家体育总局官网.现行有效体育法律法规目录[EB/OL]. http://www.sport.gov.cn/n16/n1092/n789910/1764475_2.html.2011-01-05.

③ 熊晓正,夏思永,唐炎等.我国竞技体育发展模式的研究[M].北京:人民体育出版社,2008:104.

字崇拜体系。”①

二、政府对竞技体育发展服务对象选择的影响

（一）政府通过区分不同层级主体位次来影响服务对象的主次

国家、集体、个人是一个国家或社会的组成主体，体育发展的实质就是满足这三个不同层次主体的需求，提供它们各自所需的体育产品和服务。通常一个国家都是先有国家利益，然后才能满足集体利益和个人利益。虽说国家利益和人民利益是一致的，但政府在处理问题的实践中，又往往会区分不同主体的层级地位以选择决策方案。我国的传统文化及体制特点更是强化了人们的主次观念，人们潜移默化地接受着这三种层次主体需求的位次。国家利益高于集体利益和个人利益，集体利益高于个人利益。在这种观念的影响下，我国竞技体育发展的服务对象也就对应地产生了主次。竞技体育发展的服务对象主要为国家，集体和个人只能居于从属地位。

1949 年新中国成立之初，中央人民政府就确立了“要把体育普及到千百万劳动人民中去”的目标。最初，新中国体育事业设定的服务对象无疑是广大人民群众。然而，由于当时竞技体育水平低，中国在国际交往中处于非常尴尬的地位。为此，国家采取了一系列手段措施以扶持竞技体育的发展，实现为国争光的目标。1951 年国家成立“中央体训班”，组建了不同项目的国家队。1955 年对体育竞赛活动提出的要求是：“加强竞赛活动……在普及的基础上发现、培养优秀运动员，提高运动技术水平，并逐步走向制度化。”②1958 年提出了：“在体育运动广泛开展的基础上，提高技术水平，不断创造新纪录。”1959 年提出了：“普及与提高相结合的发展方针，强调开展群众性业余体育与培养少数优秀运动队伍相

---

① 倪京帅，肖焕禹.中国体育数字崇拜的嬗变：由工具理性转向价值理性[J]. 武汉体育学院学报，2012，46(12)：24—28.

② 熊晓正，夏思永，唐炎等.我国竞技体育发展模式的研究[M]. 北京：人民体育出版社，2008：6.

结合”。“1960年确立了缩短战线,保证重点的发展方针。重点调整、巩固竞技体育发展成果”。1979年我国恢复在国际奥委会的合法地位后,“奥运争光”成为竞技体育发展的主要目标。

回顾历史,可以看到我国竞技体育的发展逐步从服务于人民群众转向服务于国家。竞技体育发展的出发点聚焦在国家层面,竞技体育演变为国家体育,服务于国家利益。正如学者所说:“我国竞技体育发展成了一种精英体育,一种小众体育。”①竞技体育发展的服务对象以国家为主,体现了一种小众体育或精英体育的特征。

(二) 政府通过把握国家的阶段性需求特征来影响服务内容的向度

竞技体育的发展不仅会选择其服务对象的位次,而且会选择提供给服务对象的服务内容的方向和强度。我国的国情和历史背景使国家成了竞技体育发展的主要服务对象,国家的阶段性需求特征就成了确定竞技体育发展服务内容的关键。

在计划经济阶段,甩掉竞技体育落后的帽子是当时发展的迫切需求,政府以竞赛成绩为核心,统包统揽给予全方位的支持。此阶段竞技体育发展服务内容的重心全然落在生产或提供高竞技水平和竞赛成绩上。进入社会主义市场经济转型阶段,在巩固提高竞技体育成绩的基础上,实现竞技体育的多元化发展成为适应市场化改革的紧要需求,竞技体育实行社会化、市场化发展,政府围绕竞技体育的社会化和市场化进程提供政策、组织机构等支持,竞技体育部分项目实行职业化发展,开始提供高水平赛事产品或服务。此阶段竞技体育发展逐步实现双轨制,服务内容的重心也转向了以生产或提供高竞技水平和竞赛成绩为主,生产和开发高水平赛事产品或服务并重。当前进入社会主义市场经济进一步发展完善阶段,提高竞技体育的综合实力和国际影响力成为加强体育强国建设的首要要求,政府从调整与优化竞技体育发展结构出发,将发展服务内容的重心放在了协调生产或提供高竞技水平和竞赛成绩、高水平赛事、先进体育文化等多元化体育需求。

---

① 任海.“竞技运动”还是“精英运动”? ——对我国“竞技运动”概念的质疑[J]. 南京体育学院学报(社会科学版),2011, 25(6):1—6.

总的来看，我国竞技体育在不同发展阶段，提供给不同主体的服务内容具有一个高度同质化的特点，即生产或提供以“为国争光”为核心的服务产品或内容，表现为在追求高竞技水平与高竞赛成绩的过程中，凝聚国人的民族意识和自豪感，提升国家民族的国际地位和影响力，实现大国和强国体育的梦想。它呈现了一种追求优异竞赛成绩，满足人们荣誉需求为导向的服务特点。

三、政府对竞技体育发展路径选择的影响

（一）政府通过干预其他发展主体的发育来影响发展的动力来源

通观世界竞技体育发展的历史，政府、社会、市场是竞技体育发展的三大主体。不同国家的发展主体间具有不同的关系，形成了政府主导型、社会主导型和结合型三种竞技体育发展模式。我国是一种典型的政府主导型发展模式，政府一直是竞技体育最大最直接的发展主体，其“发育”程度远高于社会和市场。

计划经济时代，政府几乎就是发展竞技体育的唯一主体。20 世纪 60 年代的体育形成了国家体委、全国体总、国防体协分工协作的组织管理体系，但它们都是政府行政管制下的管理机构，都在政府计划管制下行使管理职能，且国家体委主要负责竞技体育工作。因此，政府还是推动竞技体育发展的绝对主导力量。1986 年的体育体制改革，提出各系统各行业建立各自的体育联合会或体育协会，充分发挥体育总会和体育协会的作用，开始正式推行项目协会实体化改革。但由于它同时又强调加强各级体委的领导作用，体育协会只是体育行政部门的附庸，体育的社会化进程没有实质性进展。竞技体育发展的动力仍主要来源于政府。

进入社会主义市场经济时代，社会和市场力量有所发展，但政府、社会、市场三者的成长呈现非均衡的发展态势。1993 年的体育体制改革，提出了运动项目事业性的协会实体管理和纯社团性协会实体管理的改革目标，认定了项目协会具有依法从事经营活动的职权。但后来由于行

政权力的介入,1998 年项目管理中心建立,项目协会与管理中心合二为一,使得协会实体化再次流于形式。竞技体育发展的动力仍然主要来源于政府。1992 年,确定了将足球职业化改革作为我国职业化改革试点的突破口。1994 年 4 月"万宝路"全国足球甲级联赛揭幕,我国竞技体育职业化改革正式拉开序幕。职业化改革的前期,职业体育取得了一些成绩。然而,后来由于"职业体育的产权关系、市场地位、法制建设这三个方面的问题突出",职业体育滋生了假球黑哨、地下赌球、行贿受贿等一系列问题,致使观众大量流失,众多职业俱乐部经营亏损,部分职业体育未能有效提高项目整体竞技水平,竞技体育的市场化进程阻滞。

总的来看,竞技体育的社会化和市场化改革是由政府推动的自上而下的改革,政府设计着改革的思路,主导着改革的进程,加之体制性改革相对滞后,政府仍拥有资源配置的绝对主导权,政府通过控制行政审批权、设置准入门槛等手段,使自身具有垄断竞争能力。政府的非正常竞争和排他性竞争特征明显,市场和社会的生存空间遭受一定挤压,发育能力相对弱小,发育程度不完全,竞技体育的市场化和社会化程度相对偏低,无法超越政府发挥主导作用。

(二) 政府通过调控资源配置方式来影响发展手段的特质

世界各国进行资源配置的方式主要为三种:计划型配置方式、市场型配置方式和混合型配置方式。各国根据自身的体制特点和国情,选取不同的资源配置方式。体育领域的资源配置方式与之一致。"我国的体育资源配置方式经历了完全政府计划配置(1949—1978 年)、政府计划配置为主与市场调节为辅(1979—1992 年)、向市场化方向发展的混合型配置(1992 年至今)三个阶段。"我国竞技体育资源配置方式演变的历史,明显表现出了一种以行政手段为主来优化配置资源,以促进竞技体育的发展的特点。

这种行政指令性为主的资源配置方式,给我国竞技体育的发展手段烙下了深深的行政发展手段的印子,并通过管理、训练和竞赛这三个方面集中表现出来。在管理方面,我国形成了"竞技体育举国体制"。它是政府集中配置全国体育资源的管理体制和手段,"具有决策阻力小、组织能力强、集中资金快、经营环节少等特点”,[1]有效解决了在资源相对不足的条件下,实现竞技体育跨越式发展的使命。在训练方面,我国形成了以国家队—省队—基层业余体校,三种层次专业体工队长期集训为主体的三级训练网体制。在竞赛方面,我国形成了以“全运会”为核心,以奥运会为最高目标追求的多元竞赛体系。

总的来说,我国竞技体育的发展手段,具有浓厚的行政化色彩或特质。表现为政府通过行政命令和指令性计划,整合与调配竞技体育发展所需的资源,使组织、制度、人力、物力、财力等各种资源以国家动员的强制形式,不计成本地投入以支持竞技体育的跨越式发展。与世界竞技体育发展的主流来比,它是一种典型的非常规的竞技体育发展手段。

(三) 政府通过干预自然发展逻辑来影响发展道路的选择

“世界各国的现代化发展道路分为‘先发内生型’和‘后发外生型’两种。前者是在社会自身孕育的基础上逐渐发展起来的,发展动力主要来自社会内部。后者是在外部压力和刺激下被动发展而成的现代化,发展动力主要来自政府和社会上层精英而非民间,而且许多制度文化要素都采借于外部社会。”[2]近代中国的体育事业就是追求体育现代化的发展过程,走的就是一种典型的后发外生型发展道路。竞技体育的后发外生型特点更为明显:其一,现代竞技体育是西方发达国家的产物,而且我国一直是在赶超西方发达国家的竞技体育,将我国竞技体育概括为一种后发式的发展方式毋庸置疑。其二,我国竞技体育的发展超越了当时竞技体育发展的内在需求和实际条件,是在民族形象、地位等外在压力影响下的超越现实发展水平的非常规发展。最初竞技体育的发展大量参照了苏联的训练经验和模式,不仅借鉴了许多先进的训练理念和方法,而且形成了集中力量办体育的举国体制。同时,再加上我国竞技体育的发展动力主要来自国家和政府,将我国竞技体育概括为一种外生性的发展也能够成立。

---

① 熊晓正,夏思永,唐炎等.我国竞技体育发展模式的研究[M]. 北京:人民体育出版社,2008:67.

② 张琢.发展社会学[M]. 北京:中国社会科学出版社,2007:135—136.

“在外生的现代化中,民间现代性因素缺乏,政府人为干预并打破现代化发展的各要素之间的自然逻辑,凭借行政权力集中国力推进现代化,使现代化得以在较短时间内展开。伴随而来,它将引发一些发展的不平衡、冲突和错位问题。”①在我国竞技体育的后发外生型发展中,政府通过政策引导、组织管理、国家投入等措施干扰了竞技体育自身内在发展的各要素之间的自然逻辑,使竞技体育较快赶超了部分西方发达国家,实现了跨越式发展。从政策引导方面来看,政府拟定了不同的发展战略:普及与提高相结合—缩短战线保证重点—竞技体育适度超前发展—奥运争光,调控了不同时期竞技体育发展的战略重点,干预了其自然发展的逻辑序列。从组织管理方面来看,竞技体育经历了分工负责制—体委集中制—集中双轨制,从由体委领导、各行业协会(部门)实施,到体委集中统一管理,再到体育总局集中领导管理,政府不同程度地干预了竞技体育发展的体制机制,影响了其内生机制的形成。从国家投入方面来看,中央财政和地方财政承担了不同层级专业运动队的运转费用,政府干预了竞技体育的自我发展能力,影响了其内生能力的发展。

这种后发外生型发展带给我国竞技体育一些相应的发展问题,主要表现为发展结构的不均衡、发展成本的投入高、发展的可持续性差。从发展结构来看,奥运项目与非奥运项目、夏奥项目与冬奥项目、优势项目与潜优势、一般项目结构发展失衡。东部和西部竞技体育发展水平也存在较大差异。从发展成本来看,新中国成立初期至 1977 年,国家对体育事业的财政投入为 22.8 亿元,1978—2006 年,各级财政对全国体育系统共投入资金 1 196.6 亿元。②备战 2008 年奥运会,国家的专项资金拨款为 40 亿元。③从发展的可持续性来看,在美国参加课余训练的学生总数是 730.23 万,占全国人口总数的 4.3%;苏联为 1 000 万占 4.4%;德国

① 张琢.发展社会学[M]. 北京:中国社会科学出版社,2007:135—136.

② 国家体育总局.改革开放 30 年的中国体育[M]. 北京:人民体育出版社,2008:235.

③ 王大超.中国奥运金牌成本的经济学研究.2008 年北京奥运会的理论与实践[M]. 北京:人民体育出版社,2005:10.

175 万占 10.4%，而我国只有 470 万占 0.39%。①另据相关统计，“2001 年我国在训总人数为 419 048 人，2004 年为 398 439 人，减少了 20 609 人。而且，大多数项目的人才成才率偏低：1980 年是 11%，1985 年是 7.4%，1990 年是 2.8%”。②

总的来说，政府按照国家发展需求，重塑了竞技体育的发展逻辑，使竞技体育走上了一条外生式的发展道路。在政府的干预下，我国竞技体育虽然实现了跨越式的赶超发展，但也造成了竞技体育的发展具有一定的人文缺陷和粗放发展的特点。竞技体育发展对于运动员的人文关怀尚需加强，竞技体育的教育价值亟待重视。竞技体育发展亟须改变主要靠扩大规模，依靠政策和保障等要素驱动的粗放外生型发展，转向主要依靠科技创新和管理创新驱动的内生集约型发展。

第四节　我国政府与竞技体育发展方式之间的关系及存在的问题

一、两者之间的关系

(一) 政府与我国竞技体育发展方式之间具有直接关联

中国奥委会、中华全国体育总会与国家体育总局三块牌子一个机构，国家体育总局是政府行政机关，中国奥委会和中华全国体育总会是两个民间团体组织，三者同构在一起，由国家体育总局担任我国竞技体育发展的最高领导机构，行使最高管理职能，政府与我国竞技体育发展方式之间产生了直接关联。计划经济时期原国家体委直接承担了运动员的选材、训练、竞赛、退役后的出路安排等各项工作。转轨时期和社会主义市场经济进一步发展完善时期，由于体育行政部门仍然是各项目管

① 卢元镇，张新萍，周传志.2008 年后中国体育改革与发展的理论准备[J]. 体育学刊，2008，15(2)：1—6.

② 邹月辉，于文谦.对我国竞技体育发展中非均衡现象的分析[J]. 武汉体育学院学报，2007，41(5)：13—16.

理中心的直接领导机构，并直接掌控着各项目管理中心所需的各种资源，所以，政府实质上仍然在干预竞技体育的发展运营。

（二）政府与我国竞技体育发展方式之间的关联度高

从前面的研究可以看到，在三个不同的发展时期，政府始终主导着我国竞技体育的发展。在计划经济时期，政府涉足了竞技体育发展的所有方面，并承担了各个方面发展所需的一切资金。在经济转轨时期和进一步发展完善社会主义市场经济时期，虽然政府不断缩减管理竞技体育的范围，分割管理权限，转变管理职能，也通过多种途径发挥了社会和市场的力量来减轻财政负担，但是政府的财政投入仍然为我国竞技体育发展的主导资金。

（三）政府与我国竞技体育发展方式之间是影响与被影响的关系

这种影响与被影响的关系首先表现为一种单向性的影响。政府作为国家行政机关本身具有权威性和强制力，在我国，政府始终是竞技体育发展的最高领导机构，国家行政的权威性和强制力贯穿我国竞技体育发展的始终，产生着一种自上而下的单向影响关系。其次，这种影响与被影响的关系是一种具有决定性意义的影响。纵观我国竞技体育发展及政府职能转变的历程，我们不难发现政府的机构调整、政策修订、职能转变等对我国竞技体育的发展方式产生了至关重要的影响。政府角色和作用的调整决定了竞技体育发展方式转变的方向和空间。在访谈中，也有多位专家表达了此观点："我国竞技体育采取什么样的发展方式完全取决于政府，过去是这样，今后还会是这样，这由我们的体制所决定。"

（四）政府影响我国竞技体育发展方式的选择

发展方式由不同的发展要素构成，各发展要素具有多种发展可能性，政府根据国家的意识形态、经济基础、发展阶段、发展需求等来影响发展方式构成要素的发展取向，进而使发展方式呈现出不同的价值取向和形态特征。而发展方式主要指涉及"发展什么？为谁发展？怎样发展？"这三个结构性方面的因素。所以，政府影响竞技体育发展方式的选择，主要就是影响竞技体育发展的方向、服务对象、路径的选择。政府体育主管部门通过制订政策法规、确定财政资金投入导向、确立考核评价标准等来影响这些发展要素。

二、两者之间关系存在的问题

实际上，政府与竞技体育发展之间是一种发展责任上的关联，并不必然表现为发展运营上的关联。政府肩负有发展竞技体育的责任，需要选择一定的方式来保障与促进竞技体育的发展。但这并不意味政府必然要成为发展竞技体育的直接运营者。而且，竞技体育作为文化产品，具有公益性、准公益性和私益性之分，私益性质的产品，政府一般不参与其生产与运营，工作的重点就是保障良好的发展环境。公益性和准公益性的产品，政府可以直接参与，也可以采用外包、租赁、购买等形式，动员其他社会主体参与，自身履行监督、审计的责任，最终实现发展竞技体育的责任。

政府与竞技体育发展之间的关联还是一种可以区分关联方式与程度的关联，并不必然产生直接关联及高关联度。政府需要针对竞技体育的产品属性，来确定自身与竞技体育发展之间的关联方式及程度。两者在某些方面会产生直接关联，且关联的紧密度高，比如体育场馆的投资。在某些方面产生间接关联，且为较弱的关联，比如职业联赛的运转。政府通常是根据国家的发展需求和战略来确定两者的关联方式，政策导向和资金投入力度反映两者关联的紧密度。当然，不同国家根据自身的发展实情来选择关联方式，具有合理性，但只有区分不同竞技体育产品属性的差异，进行区别对待才能更好地保证发展效益。而且随着国家的不断发展，需要及时对原有的一些做法进行调整。鉴于上述认识，本研究认为我国政府与竞技体育发展方式之间的关系存在如下问题：

（一）忽略了竞技体育产品属性的多元性，不仅抑制了竞技体育发展的活力和动力，而且影响了国家在体育事业中投入与产出的效益，甚至一定程度上造成了公共财政的浪费

竞技体育逐渐发展成了一种专业体育，其专业化程度高、成长周期长、风险大、投入大，培育了一批自愿以此为职业的专业人群，形成了一

个特殊的利益集团。利益集团强势地维护着自身的集团利益，致使很多改革措施难以完全实施到位，一定程度上抑制了竞技体育发展的活力和内生动力。与此同时，国家财政大量投入在少数精英运动员身上，仅仅为了夺取奥运金牌，保障国家发展的政治需求，近年来更是饱受多方争议。

（二）过于强调了国家的发展需求，压抑了其他主体的多元化体育需求，不仅造成竞技体育的发展偏移了其核心价值主体，而且造成了发展需求偏离了竞技体育发展的内在要求

现代竞技体育运动的国际影响力越来越大，尤其奥运会这种大型体育赛事的竞赛成绩已经和民族荣誉感密不可分。在这样的背景下，中华民族期望通过竞技体育的强大而向世界宣告羸弱的结束和强大的开始。1995年，“奥运争光计划”出台，在奥运会等重大国际赛场上，为国家争取荣誉得以制度化表达。国家成为竞技体育发展的主要服务对象，国家需求成为竞技体育生产与供给的关键，其他主体的多元化体育需求受到一定程度的挤压。

（三）放大了竞技体育的政治功能，弱化了竞技体育的其他社会功能，不仅使竞技体育发展的工具化色彩明显，而且使竞技体育发展的价值取向存在偏颇

竞技体育具有多元功能，只有全面、协调发挥竞技体育的多元功能，才能更好地发挥竞技体育的积极作用，才能使竞技体育发展的价值取向更加科学。但在我国竞技体育的发展过程中，其政治功能不断放大，竞技体育的发展长期唯竞赛成绩论成效，竞技体育“为国争光”的政治功能固化为了一种至高无上的发展理念，影响了竞技体育发展的价值取向，干扰了其他社会功能的发挥。

第三章　美国竞技体育发展方式及政府职能的历史变迁与特点

第一节　美国竞技体育发展方式的演变及特点

一、二战前美国竞技体育发展方式的自然演化

南北战争至19世纪末是美国竞技体育萌芽阶段。南北战争前，即1848年，欧洲体操随着欧洲移民热潮登陆美国，随后各种体育形式逐渐进入美国的教育体系。而1852年哈佛大学和耶鲁大学间的赛艇比赛则开创了美国大学校际竞技体育比赛的先河。南北战争结束后，体操在美国的盛行逐渐带动了新兴体育项目的产生与流行，如康涅狄格州哈特福德女子神学院的凯瑟琳·比彻基于女性教育需求，构造设计了比体操更为轻盈的健美操，1870年到1880年期间，棒球、赛艇、游泳、保龄球等项目作为青少年教育手段逐渐被推广，随着美国现代竞技体育项目的逐渐多样化和体系化，竞技比赛逐渐在美国校园和公园等场所兴起，而其中基督教青年会体育部为美国体育教育运动和校园体育竞赛发展提供了重要组织支持。

20世纪上半叶是美国竞技体育基本发展方式形成的重要时期，其中高校竞技体育主导了美国竞技体育发展的命脉。进入20世纪以后，受到杜威的实用主义体育思想理念影响，竞技教育的实际价值及其理念更加深入美国高校教育理念，各高校校长和管理人员承担起了推行竞技体育发展的职责，到1905年已有114所高校修建了体育馆和成立体育系(部)。几

乎80%的大学开设了面向全体学生的必修体育课,校级竞技体育赛事已经颇成气候。1918年,美国大学体育协会(NCAA)通过了一项决议,号召所有的学校和大学要为学生参加身体锻炼和竞技体育活动提供足够的时间。NCAA和NCPE紧密配合,推动了竞技运动在学校的开展。①

此后美国高校加大了运动队教练、体育教师等师资力量在业务、学术和职业培训方面的投入,对高校竞技体育给予了更多政策和资金保障,逐渐推动了高校竞技体育的规范化发展。1917—1939年,校外机构资助培养青少年运动员也逐渐流行起来,促使美国竞技体育运动员培养方式逐渐拓展,形成校内外相互补充的多样化发展格局。20世纪40年代宾夕法尼亚大学首次通过电视转播了本校橄榄球比赛,开创了美国高校竞技体育市场化运作先河。可以说,二战之前美国大学竞技体育已经形成了体系化、市场化和标准化的运作机制,竞技体育水平已经达到了世界领先地位。

如果说1896年至1912年奥运会上美国竞技体育获得的成绩还未能让世人信服,那么1920年至1948年期间6届奥运会5次获得金牌数第一则充分显现了美国竞技体育世界领先的实力,而在职业运动员未被允许参加奥运会的时代,美国大学生运动员一直是美国奥林匹克代表团的主力军,因此美国竞技体育早期的成就很大程度上得益于其高校竞技体育在第一次世界大战以后的突破性发展。换言之,美国高校竞技体育是美国率先领跑现代奥林匹克运动会的第一动力,需要指出的是,当时包括美国在内的各国奥林匹克会员之间的竞争甚少有政府浓厚干预的背景,在运动员培养、选拔、组织、后勤等方面,欧美国家运动代表团的参赛还普遍带有自发性、民间性和社会性,各国在奥运会上展示的竞技体育实力更多的是各国经济实力、教育水平、体育发展基础等方面的自然反映,几乎不存在竞技体育实力脱离国家体育发展基础的现象。因此,当时美国竞技体育的发展方式是高校竞技体育普及化、体系化、标准化、市场化、高度竞争化的自然演化之结果,没有政治力量的干扰,基本遵循了

① 邹月辉,马颖竹.美国大学运动队的发展阶段及基本特征[J].北京体育大学学报,2011,34(10):99—103.

达尔文式的事物自然演化发展方式规律。

二、冷战期间美国竞技体育发展方式的异化矫正

第二次世界大战结束以后，以苏联为首的东欧社会主义阵营逐渐对欧美资本主义力量造成了政治和军事上的巨大威胁。美国为了遏制苏联，相继推出了“杜鲁门主义”“马歇尔计划”和北大西洋公约组织三根支柱，从政治、经济和军事上开展孤立、封锁和打击。竞技体育领域也成为两股力量间对抗的重要擂台。从1952年赫尔辛基奥运会开始，苏联竞技体育的实力逐渐呈现上升态势，美国的霸主地位岌岌可危，在此后的多届奥运会上，苏联代表团多次获得金牌数第一，从而成为美国竞技体育最可畏的对手。此时美国的竞技体育发展方式在内忧外患之际也遭遇了异化危机。

（一）美国国内社会矛盾对竞技体育发展造成牵制

美国作为一个多民族移民国家，种族歧视问题由来已久，美国竞技体育领域的种族歧视问题也颇为严重，20世纪50年代之前，美国竞技体育组织、运动队和竞赛向黑人、拉丁美洲人、土著美洲人和亚裔美国人等非白人群体的开放度还很低。比如黑人在20世纪50年代参与的体育项目就较为稀少，射箭、羽毛球、赛艇、自行车、跳水、马术等诸多项目都难觅黑人踪影。1956年和1960年两届奥运会中，苏联代表团均力压美国称雄世界竞技体育舞台，这极大地震惊了美国社会，各种媒体几乎众口一词地对准了美国学校教育的失败。

当时，为了争取平等权利，1954—1968年期间，美国爆发了大规模的民权运动，以马丁·路德·金为典型代表的民权运动领袖强烈要求消除学校种族歧视，这场巨大的民权风暴被著名的美国历史学家迈耶·温伯特认为是美国历史上第二大教育改革，称其为平等改革运动。1964年美国国会通过《民权法案》，要求全面结束因种族、肤色、宗教、性别和血缘的不同而形成的歧视和偏见。①此后，美国竞技体育领域开始改善对黑人

① 李佐惠，孙细英.民权运动对美国体育发展的影响[J].体育文化导刊，2008(12)：99—102.

运动员的歧视,黑人运动员逐渐被更多的竞技体育项目所接受。然而民权运动风暴并未因此停息而是持续酝酿。1972 年,《教育法修正案》获得国会通过,美国女性学生的体育权利获得保护,这为美国进一步提高女子竞技体育实力提供了重要的法律平台,也对美国男女竞技体育平衡发展产生了积极影响。但女子竞技体育受到大力保护的进程中是以牺牲一定程度的男子竞技体育发展为代价的,为了平衡男女项目发展,很多大学取消了男子奥运项目,如 1981—1999 年间,各大学共取消了 171 支男子摔跤队、84 支网球队和 56 支体操队。①但无论是黑人群体还是女性群体,这些原本弱势的社会群体经过广泛持续的民权运动获得了更多参与竞技体育发展的机会,遏制了美国鲜明的白人至上和男性至上的竞技体育发展异化现象,姑且不论在当时对美国竞技体育实力的影响,从长远来看,对美国竞技体育健康稳定发展是具有积极促进意义的。

(二) 美国竞技体育管理方式遭遇混乱危机

自冷战以来,苏联依靠高度集权的竞技体育管理体制成为一部高效运转的运动员培养机器。而 20 世纪 70 年代的美国政府机构则变得效率低下,官僚主义的作风严重,对美国业余体育领域,即大学竞技体育等非职业竞技体育造成了管理上的混乱和低效,对当时体育组织及运动员的发展产生了巨大的消极影响。当时 NCAA 与全美业余体育联盟(AAU)在参赛方面矛盾尖锐,1972 年 NCAA 甚至宣布退出美国奥委会,1973 年还阻止学生运动员参加 AAU 组织的美苏田径对抗赛。而作为美国业余竞技体育的重要领导机构,美国奥委会则出现了机构臃肿,人员配置和组织结构不合理,办事效率不足的弊病,引发了美国在内忧外患背景下竞技体育管理制度层面自上而下的管理混乱危机。

1972 年慕尼黑奥运会上,美国队医竟然将含违禁成分的药物给运动员服用,教练员竟然弄错了运动员参赛时间,各种管理问题不断发生。1975 年福特总统成立"总统奥委会",其经过调研后发现,没有统一的法案指导和规范美国业余体育发展导致了管理上一盘散沙、缺乏协作、运

① Green M. Elite sport development: policy learning[M]. New York: T&F Press, 2005:154.

动员归属不明等问题，因此经过论证和调研后1978年美国《业余体育法》颁布①，其出台不仅逐渐理顺了各组织间的相关关系，保护了各方组织的法律地位，更是形成了由美国奥委会为主导，国内单项体育联合为下级组织的新型垂直管理体制。这为美国业余竞技体育系统的管理法制化、规范化和效率化提供了有力领导，虽然也存在诸多资金分配不合理、年轻运动员受益较少等问题，但却客观上提高了美国高校竞技体育运动员的培养效益及其参加奥运会和世锦赛等大赛的组织管理效率，更为美国在与苏联争霸竞技体育领先地位的对决中扭转不利局面提供了先机。

三、苏联解体后美国竞技体育发展方式的内生式发展

所谓内生式发展是表示一个国家合理开发与利用其内部力量和资源从而进行具有"自我导向"的发展形式，是一种激发内部生长能力的，自下而上的，依靠基层力量推动的发展模式。②1991年苏维埃社会主义共和国联盟宣告解体，标志着美苏争霸的两极格局结束。苏联的解体在很大程度上释放了长期压制美国竞技体育发展的国际政治压力，脱离政治缠斗的美国竞技体育发展获得了更为宽松的国际环境，同时美国体育产业发展随后迎来了信息化、全球化和网络化的黄金时代，这成为美国竞技体育迈向内生式发展方式的重要转折点，无论是美国职业体育还是高校竞技体育的发展都更加依赖内部动力。

（一）美国职业体育自20世纪90年代来不断成为美国竞技体育可持续发展的重要驱动力

虽然早在1980年，国际奥委会在《奥林匹克宪章》中删除了有关"业余原则"的规定，但关于职业运动员参加奥林匹克运动会的争议从未中断，诸如有违奥运精神、玷污奥运会的纯洁性等批评声，但随着奥林匹克运动与商业经济合作双赢、竞技体育职业化的不可逆性以及竞技体育全

---

① 金涛，王永顺等.美国《业余体育法》解读与启示[J].体育学刊，2014，21(2)：56—60.

② 张环宙，黄超超，周永广.内生式发展模式研究综述[J].浙江大学学报（人文社科版），2007，37(2)：62—65.

球化发展的趋势，各国已难保证其运动员的纯业余性质。因此，奥林匹克运动只有将职业运动员纳入其发展体系之内才具有不断深化发展的可能，否则难免走向故步自封的历史泥潭。从1988年汉城奥运会中以职业网球运动员参赛为开端，此后篮球、足球、自行车、棒球等项目的欧美各国职业运动员纷纷踏上奥运会的赛场，美国凭借高度发展的职业竞技体育系统，将一批批职业体育明星送上了奥运领奖台，诸如美国网球明星阿加西、篮球梦之队等具有世界绝对领先实力的运动员或团队在奥运舞台上展现了令人痴迷的竞技技艺，赢得了世界广泛的认可和由衷的赞誉，同时也让世界将更多的目光投到了美国职业体育联盟的运作模式及其理念上。①

虽然职业体育在欧美国家普遍盛行，但与欧洲不同，美国职业体育具有强烈的美国文化个性和独树一帜的产业效应，而且对国际外部市场的依赖性并不高。在美国，橄榄球和棒球因具有模拟战争的国民教育价值广受美国民众推崇，美国人中27.9%是橄榄球NFL的球迷，12.9%是职业棒球MLB的球迷，9.6%是篮球NBA的球迷，这三种球类运动被称为“美国的三大球”，在此引领下美国的体育产业效应独占世界鳌头，2011年根据美国研究机构(PRE)的调查结果，当年美国体育产业总值达到了4 220亿美元，年度体育广告278亿美元；职业体育联盟中，NFL总收入为90亿美元，MLB为72亿美元，NBA为41亿美元，NHL为30亿美元；体育装备销售收入742亿美元；NCAA收入7.57亿美元。美国独特的体育产业格局不仅带动了国民经济的巨大发展，而且开拓了巨大的体育就业市场。美国政府2010年5月的劳动力统计显示，职业运动员共有12 660人，教练员及相关人员184 280人，裁判员和官员15 250人，大约150万美国人从事体育及娱乐行业，44 100人从事体育商品批发贸易，235 300人从事体育商品零售业。可以说，美国职业体育的存在是美国竞技体育内生式发展方式实现的重要基础，因为其不仅为包括高校竞技体育在内的美国业余竞技体育的后续发展提供了巨大的就业空间与职业前景，更是带动了美国一整条体育

① 许秋红.美国体育发展的特点及启示[J].体育与科学，2012，33(6)：67—72.

产业链的发展，创造了巨大的经济效益和社会效益，而且为美国政府开拓了巨大的税收来源，为美国国民带来巨大的就业契机，是实现美国竞技体育可持续循环发展的重要驱动。

（二）美国高校竞技体育通过深化改革促进其发展模式及理念日臻完善与成熟

虽然此前美国《业余体育法》的颁布对美国高校竞技体育的规范化发展产生了积极影响，但直到20世纪80年代末期，美国高校竞技体育还是产生了过度商业化的倾向，主要表现为经济利益分配不平衡以及过度追求大学生竞技体育的经济效益，如教练员工资分配差异大、顶尖学生运动员受剥削、经费支出和收入不透明、学生运动员和一般学生文化学习差异大、学生运动员考试作弊、缺课等问题层出不穷。这些争议在此后演变成美国社会普遍认同的对美国大学竞技体育进行改革的呼声。其中大学教师群体普遍呼吁，因为只有极少部分人能够成为职业运动员，学术成就而非运动成绩，才是运动员人生成功最可靠的途径①。

步入20世纪90年代以后，上述问题终于获得了改革的突破。1995年美国高校竞技体育界进行了一次学术改革，建立了一套由学生运动员的毕业率和学术进步率的指标体系来加强高校办学效果评估的办法，并进一步设定了学术目标，即学生运动员能够在有意义的专业毕业，为以后的人生做好充足的准备。②改革的动机始于有意增加高等教育的学生运动员高中时期的学业准备，大学入学以后，确保他们能够达到学术标准，按期顺利毕业。③1997年美国高校竞技体育体系又进行了管理改革，给各个成员组别的委员会更多的自治权，同时提高各个会员学校校长在大学竞技体育学校、组别委员会和联合会三个层面上的控制权。

---

① USTA.UTSA Athletics Mission Statement[EB/OL]. http://www.goutsa.com/ViewArticle.dbml? DB_OEM_ID. 2008-12-18.

② Yarris, Elizabeth."Counseling", In Renrz, Audrey L., & Saddlemire, Geraild L.Student Affairs Functions in Higher Education, Charles C. Thomas Publisher, 1988: 104—108.

③ 邹月辉.美国得克萨斯州大学生运动员人才培养研究[D].北京体育大学博士学位论文，2011:37.

此外,学生运动员代表进入理事会、女子体育运动的管理者获得更大的发言权等。

NCAA 的深化改革是对大学竞技体育发展宗旨的回归,是美国大学对竞技体育的重新定位和思考。改革后的美国高校竞技体育不仅坚定了“教体融合”高质量培养学生运动员的方向,提升了学生的学业成就和运动成就,也遏制了高校竞技体育过度商业化的畸形态势使之最终踏上了健康发展的轨道。当前美国高校竞技体育在门票收入、电视转播、球员肖像权的使用等方面的收入规模和美国四大职业联赛已相差无几,但高校竞技体育的业余性质则更加稳固。美国奥运代表团中大学生运动员的贡献率也得到了稳定的提升。总之,在扫清国际政治阴霾与极端经济利益追求等历史障碍后,美国竞技体育的发展方式更加注重国民体育发展的内在需求与权益,并且与自身的体育经济发展基础高度耦合,实现了竞技体育发展方式的内生式发展历史走向。

第二节　美国竞技体育发展中政府职能的演变及特点

一、全国体育管理机构

作为世界体育强国之一的美国,其政府体系中始终没有明确的体育管理部门。美国联邦政府主要有 11 个部门间接管理体育事务,涉及职业体育、公众健康与身体活动教育以及修建体育场地设施等方面。[①]针对本国竞技体育的发展,则主要依靠国内各种体育组织,因此各组织之间的关系、职能等影响着美国体育的发展。在美国,主要有四个体育组织管理竞技体育,分别是美国奥委会(USOC)、美国单项体育联合会(NGBs)、美国大学体育协会(NCAA)、军事体育组织(Armed Forces),而这些组织之所以能履行相应职责,与美国政府的政策引领和授意是分不开的。

以美国奥委会为例。1978 年,美国国会通过了《业余体育法》,开始

① 周兰君.美国政府参与体育管理方式之研究[J].西安体育学院学报,2009(1):22—26.

任命USOC为美国体育的国家政府机构，帮助解决美国在国际赛事中落后的表现，这是美国竞技体育管理社会化的标志。USOC起初采取了类似于苏联与欧洲福利体育的一些项目，如建立新体育科学与医疗服务，在斯阔谷新建训练中心。USOC下设8个职能部门和4个训练基地，逐渐加大与体育组织的合作，在合作过程中，各组织之间相互钳制。而在决定哪个项目和哪个运动员应该获得资助很大程度上取决于NGBs；1918年，NCAA要求体育成为学校必修课，大部分学校开始资助学生运动员，随着竞技体育的发展，到2013年，之前不愿意资助运动员的常青藤联校也放宽政策，开始资助8 000名运动员。2011年，USOC与NCAA合作推广NCAA组织中的奥运体育项目，同时，两组织内部合作也逐渐加强，NCAA的副主席任职于USOC；国际间合作主要包括与国际奥委会、国家足联的合作，如USOC中的事业服务部门组成了国际奥委会中的运动员事业计划，该计划指出运动员工资待遇一致的原则。①

二、军队的体育管理机构

1947年，美国成立了体育协会情报局，负责海军、陆军、空军年度锦标赛，国会还同意每年给其拨发12.5万美元作为训练费和参与1948年伦敦奥运会的经费。二战后，美国退伍军人法规定，士兵可以通过政府补贴进入大学②，这些士兵为大学竞技体育注入了新的力量。1955年，国会授权武装部队参与国际体育竞争，并在备战奥林匹克四年期间提供800万美元的经费。军队采取了一系列措施，增加军人运动员。1997年，成立美国军队世界水平运动员计划，该计划决定让更多军人可以参与奥运会与残奥会。2007年，美国军队宣布了受伤战士计划，给他们机会参与州和国家残疾人竞赛。军队将支付运动员的注册费、交通

① Peter Smolianov, Dwight Zakus, Joseph Gallo, Sport development in the United States [M]. Routledge, 2014, 9.

② Gerald Gems, Linda Borish, Gertrud Pfister, Sports in American History: From Colonization to Globalization [M]. Human Kinetics, 2008, 8.

费等。

美国军队世界水平运动员计划的目标由2005年的“为战士提供高参与美国奥运会队伍的机会”变为2011年的“为杰出的军人运动员提供支持和训练，使他们在国家和国际赛场上成功，引领美国的奥林匹克和残奥会”。从1948年到2012年，共有615名军人作为运动员和教练代表美国参加了奥运会，仅2004年雅典奥运会就有24名军人参加。基于军队对竞技体育的重视，很多运动员更愿意应聘到军队部门，将发展体育技能作为工作职责的一部分。此外，军队与USOC合作，USOC防卫部门将22个体育项目作为武装部队的体育项目，这使得超过140万的美国军队人员有机会得到训练，并在国际赛场上比赛，武装部队因此还成立了相应的18个锦标赛与7个国家锦标赛。①

另外，警察也是美国竞技体育人才的重要来源，20世纪中期，6个警察运动联盟组成一个协会，到今天为止，这个协会已经超过400个成员。警察联盟之间的竞赛多是同城年轻人之间，协会为会员提供资助、物质等。2000年美国成立反兴奋机构，该机构是非营利性、非政府的组织。各种组织不断成立，组织之间的合作与约束共同促进了美国竞技体育的发展。

三、职业体育管理

职业体育在美国相当发达，形成了以棒球、篮球、橄榄球为龙头的职业体育联赛和职业体育联盟。美国各个项目的职业联盟实际上相当于一个企业或公司，各个项目中不同职业队的所有者组成董事会，董事会寻找并委托成功的职业经理人，代表董事会和业主们的利益，对该职业联盟进行经营与管理。联盟董事会由各球队老板组成，总裁是首席执行官，负责执行董事会的决议，负责经营和管理联盟，最大化发展全联盟的经济利益。所以，美国的职业体育实质上就是一个个企业按照市场规律

① 张晓琳.中美竞技体育管理体制与运行机制的比较研究[D].北京：北京体育大学博士学位论文，2011：49—50.

进行市场化运作以维系自身的生存与发展。

政府将重点转向竞技体育最明显的节点出现在1972年慕尼黑奥运会之后。尼克松和福特对1972年慕尼黑奥运会美国的表现感到十分震惊，于是倡导对美国业余体育进行改革，力图在国际竞赛中获得好的表现。1975年，福特总统成立了"奥林匹克项目总统委员会"，对美国体育的发展提出了很多建议。随后1978年美国国会通过了《业余体育法》，该法由卡特总统签署，是美国体育政策法规中一部重要的成文法，宏观调控美国体育，该法确认由美国奥委会负责管理全美奥林匹克运动各团体，美国国际竞赛事宜，促进和协调美国的业余体育活动，确认了业余运动员的权利，并为运动员个体提供法律保护等，该法案授予美国奥委会特权，奥委会则授权于全国单项运动管理团体，由单项管理团体制定规则，组选美国奥林匹克代表队，推动业余运动竞赛开展。①

此外，随着商业化的发展，职业体育赛事转播方面需要相应法律规范，1890年，美国国会颁布了《反托拉斯法》来管制州际贸易中严重的托拉斯和垄断协议；1961年美国国会颁布了《体育转播法》，该法对美国四大联盟（职业橄榄球、职业棒球、职业篮球、职业曲棍球）赛事转播权横向集中出售给予了反托拉斯法豁免。并对电视转播的区域限制以及大学及校际橄榄球比赛限制进行了具体的规定。《体育转播法》与《休曼法案》一起成为调整美国职业体育赛事转播权市场的有效工具。②上述的政策法律制度都使得美国竞技体育相关人群有相应的标准，保证市场秩序。

由此可知，美国奥委会作为非政府部门，担任政府职能，统筹美国各个竞技体育组织之间的协调与合作。政府虽然也曾积极干预过竞技体育，如美国二战后国会对军队运动员的提拔。但总体而言，美国竞技体育组织主要依托于社会，与军人、警察、学校等合作密切。

---

① 龚正伟，肖焕禹，盖洋.美国体育政策的演进[J].上海体育学院学报，2014(1)：18—24.

② 姜熙，谭小勇.美国职业体育赛事转播权销售的反托拉斯政策分析[J].武汉体育学院学报，2011(4)：44—51.

第三节 美国政府对竞技体育发展方式的干预方式

一、法制规范与引导的作用方式

（一）职业体育的法制方式

宪法至上、人人平等的基本原则以及美国资本主义市场经济特征，塑造了“美国人”和美国基本政策法规，决定了美国体育政策及其主体的多元性，形成了美国体育体制的分权及社会（市场）主导特征。①在不同的历史发展阶段，美国的体育政策在竞技体育发展方式的历史演进中扮演着不同的角色，美国内战结束以后，政治的统一促进了经济的大发展，在第二次科技革命的带动下，美国快速进入工业化社会，为推动美国体育现代化、标准化发展创造了巨大动力和物质支持，为现代体育设施与装备的发展带来技术革命。

工业社会的迅速壮大带来了巨大的就业契机，逐渐吸引了大批海外移民前来淘金和寻找梦想，1860 年至 1920 年进入了依靠科技革命而形成的银行和企业资本化所形成的新时代，欧洲和亚洲移民大量涌入美国，人口迅速由 3 100 万上升到 1 亿 2 000 万。制造业和交通运输业的巨大发展促进了大量城市的涌现，到 1920 年已经有一半的美国人住在城市，在农业领域，种植技术和收割设备创新化，农作物和畜牧业的产量比 50 年前要提高了 15 倍，农业革命将大量的剩余农村劳动力推入城市谋生，美国甩开了农业时代进入了更复杂的现代社会，作为经济转型的结果，美国竞技体育产生了一种全新面貌，在城市定居的新移民带来了新运动和价值观，极大丰富了体育文化，大大促进了职业体育的发展，职业体育也为不同移民群体找到了共同的生活信条。

工业化和城市化背景下，美国职业体育的市场潜力逐渐被开发，1844 年已有 3.5 万观众看由职业选手参加的 10 公里竞速，1862 年已经

① 龚正伟，肖焕禹等.美国体育政策的演进[J]. 上海体育学院学报，2014，38(1)：18—24.

有4万多观众观看;棒球比赛、赛马、拳击、长跑、赛艇等在1885年之前早已成为美国流行的景观体育。职业体育井喷式的发展状态下带来了巨大的经济收益,各种垄断现象层出不穷,造成职业体育发展受阻,这引起了美国政府的高度重视,因此针对职业体育的法案率先出台,1890年,美国颁布了第1部反垄断法——《休曼法案》。随着《休曼法案》的出台,职业体育开始受到美国法律的关注。“美国职业棒球俱乐部联盟”诉“Chase”案、“联邦联盟”诉“国家联盟”案确立了职业棒球反垄断豁免权。这就意味着美国职业体育在此时期的发展得到了政策上的巨大支持。[①]此后,一系列反垄断法案出台,如1914年通过的《克莱顿法》和《联邦贸易委员会法》、1936年通过的《鲁滨逊—帕特曼法》。这些法规通过结构的方法、行为的方法和运行的方法来限制垄断行为。相对成熟的职业体育法律的支持,促使美国职业体育先于业余体育体系步入法制化发展轨道。

(二) 业余竞技体育系统的法制方式

20世纪30年代前后,美国经历了较为严重的社会经济危机和社会肥胖问题,大学体育也受到牵连发生异化,1929年的《卡内基报告》指出,大学体育使很多恶习在校园蔓延,如使用职业运动员、非法暴力、违反校规等。此等负面消息发生在经济危机的背景之下,使得大学体育出现严重倒退,由国家规范体育成为迫切需要。美国很多州通过立法要求体育与健康指导进学校,要求体育课程与教育进行标准化建设。

《民间自然资源保护队(CCC)》(1933年)、《公用事业振新署(WPA)》(1934年)、《社会保障法(SSA)》(1935年)相继出台,推动了体育行业(组织、活动项目、基础设备条件等)的标准化建设与发展,尤其是《社会保障法(SSA)》的出台还创立了包括失业保障、养老金和对残疾人、贫困老年人和拥有未成年子女的家庭进行救济在内的一整套政策,成为罗斯福新政的重要利器,但少数种族群体、妇女和弱势群体的体育权利没有得到关注,直到1964年《民权法案》的出台,性别歧视和种族歧视的问题才逐

① 龚正伟,肖焕禹等.美国体育政策的演进[J].上海体育学院学报,2014,38(1):18—24.

渐在体育领域得到缓解;1972 年,美国《教育法修正案》(Title IX)获得国会通过以及部分州出台《平等权利修正案》,标志着美国女性学生获得了同男性一样平等的体育权利;1973 年美国国会通过《康复法案》,1975 年通过《残疾人全员教育法案》和 1997 年通过的《残疾人教育法案》则促使美国残疾人体育法制趋于完善。[①]这些体育法案的出台从教育层面和社会层面都对美国竞技体育产生了深远的发展影响,不仅保证了不同社会阶层参与竞技体育的广泛性权利,也逐渐消除了竞技体育走向男性化、白人化和功利化的异化危机,为美国竞技体育走向大众化和社会化之路扫清了法制障碍。

另外,二战以后的婴儿潮给美国国民体质健康带来了巨大挑战,肯尼迪总统曾在 1960—1961 年连续发文关注国民体质健康下降问题以及提出敦促发展体育规划,在国民体质不佳的社会大背景下,美国精英竞技体育在奥运会上遭遇苏联的强大挑战,美国业余竞技体育系统法制化不足与落后的问题逐渐浮出水面,1972 年美国在慕尼黑奥运会上的表现相当业余,这引发了美国上自总统下至平民的一致批评,同时也酝酿了对美国业余竞技体育管理体制和模式的反思,在福特总统的领导下,业余体育改革的问题被提上政府议事日程,经过充分调研后,1978 年《业余体育法》出台,对美国的三大体育组织(美国奥委会、美国单项体育联合会、美国大学生体育联合会)的职能、地位、权利、相互关系进行了立法保护与明晰,推动了美国业余竞技体育更为规范和顺畅的发展,在此基础上修订的《特德·史蒂文斯奥林匹克与业余体育法案》则主要对国际体育竞赛的业余主义方面进行了修订和放松,扩充了奥委会的残疾人奥林匹克运动职能,扩大运动参与机会,保证运动员、残疾人的运动与竞赛权利,促使美国业余竞技体育系统向纵深发展演进,不同肤色、不同背景、不同类型的残疾运动员逐渐获得了在美国业余体育系统中实现梦想的机会,同时也获得了更多进入职业体育后续发展的机会,可以说,竞技体育中的移民大融合越来越成为 21 世纪美国竞技体育显著的文化特征。

---

① 龚正伟,肖焕禹等.美国体育政策的演进[J]. 上海体育学院学报,2014, 38(1): 18—24.

总之，一个多世纪的美国体育法制经验为美国政府制定体育法案提供了重要的历史经验，而美国政府及地方政府在体育法案的制定、完善与后续跟进等方面的关键性职能作用也更为突出，对美国竞技体育的可持续发展走向产生了重要的调控性影响，因而，在充分尊重市场主体地位和遵循市场经济规律的基础上，美国竞技体育在“有形的手”和“无形的手”的相互作用下，实现了经济价值、社会价值、竞技价值实现层面三位一体式的统一。

二、间接性体育投融资的作用方式

在传统意义上，美国政府对竞技体育不予以拨款，美国奥委会主要是通过向社会筹集资金的方式来为业余竞技体育提供发展资金，但进入20世纪80年代以后，美国政府越来越重视竞技体育产生的政治功能，在1980年抵制莫斯科奥运会后，美国奥委会从美国政府那里得到了一次性财政拨款1 000万美元以加强奥林匹克运动。1981年开始在美国政府的高度重视下，美国奥委会开始采用“金牌行动计划”以提高业余竞技体育培养奥运会冠军的效率。所谓“金牌行动计划”，即是指代表美国参加国际最高级比赛的优秀运动员，凡进入世界锦标赛前6名或进入1/4决赛（淘汰赛）的前8名个人或集体，都可以在1989—1992年的四年间每年每人获得2 500美元，四年总金额为400万美元。1990年初，冬夏季奥运会项目共有243名运动员获得此项资助。①显然，这是一种带有较强经济激励色彩的竞技体育政策行为。但此时政府虽然也没有以直接动用政府拨款的方式来资助业余竞技体育，但是却通过间接性的融资手段来为业余竞技体育提供资金资助。

从1981年起，美国奥委会制定了一项以联邦政府税收划拨方式来支持竞技体育的计划，截至1993年，美国奥委会已在9个州实施了这项计划。这项计划在1989—1992年期间共为美国奥委会筹集资金达200万

---

① 舒盛芳.大国竞技体育崛起及其战略价值研究[D].上海：上海体育学院博士学位论文，2010：72—77.

美元。从20世纪80年代到90年代，在美国政府的支持下，美国奥委会成功地获得了两项联邦财政资源：一项是联合联邦运动即鼓励联邦政府的雇员向美国奥委会捐款；另一项是奥运会纪念币。由此可见，美国政府是在通过不同形式资助业余竞技体育发展，这些资助方式具有间接性、技巧性、隐蔽性特点。

1988年美国奥运代表团兵败汉城，遭遇了竞技体育强国地位危机的挑战，在美国政府的大力支持下，美国奥委会大幅度增加预算，扩大原有的“金牌行动计划”的资助范围，扩建和增建奥林匹克训练中心、获得巨大成功的“奥林匹克节”。20世纪90年代以后，又有大量企业加入业余竞技体育的资助行列，可以说，美国奥委会在美国政府支持以及《业余体育法》的保障下，对美国业余竞技体育的融资产生了重要的推动作用，而美国政府在背后发挥的无形推动力则不可低估。

三、管理职能部门的服务性作用方式

虽然美国政府中没有专门设立管辖体育事务的职能部门，没有专业性的体育权力机构，但并不意味着美国政府相关职能机构在体育事务中的零作为。实质上美国联邦政府有11个部门参与体育管理事务，如教育部、司法部、交通部、国防部等，涉及职业体育、大众体育、学校体育、公众健康与身体活动教育、康复以及体育场地设施的修建等。尤其是体育场地设施的修建中，政府的作用尤为突出，如联邦政府早在20世纪30年代成立了一些促进就业的组织，如就业促进管理局（WPA）和民用保护部（CCC），这两个部门主要修建体育设施。到1937年，就业促进管理局用10%的预算修建了约1万个体育场地。①这些工程主要用于大众娱乐体育活动，但仍有部分场地用于竞技体育和娱乐表演，客观上为竞技体育发展提供了所需基础设施。

二战期间，联邦政府仍然继续修建体育设施，如运动场、游泳池和森

① 周兰君.美国政府参与体育管理方式之研究[J]. 西安体育学院学报，2009(1)：22—26.

林公园等。60年代实施“伟大社会”计划，为了城市居民参加体育活动，联邦政府投入6.5亿美元用于修建城市公园与娱乐设施。到20世纪70年代，修建体育设施的资金主要由州财政支付，联邦政府只投入很少一部分。州政府在竞技体育的资金投入中发挥了更为重要的作用，如1996年亚特兰大奥运会，3.5亿美元财政投入中有1亿来自联邦政府。另外支持竞技体育的发展尤其是支持职业竞技体育的发展对增加地方政府的税收具有促进作用，地方政府的主要税收来源是营业税、个人所得税、企业所得税等，为了增加税收，政府一般会创造条件让企业留在本辖区。而发展职业竞技体育则是为地方政府打造更多的税收企业，其中职业联盟球队便是地方政府力争保留的企业，而职业运动队往往会要求主办城市建造新体育馆或运动场来满足自身竞技比赛以及市场运作需要，而地方政府则必须慎重考虑，一方面既要通过理性的设施建设规划来吸引职业运动队的常驻，另一方面也要考虑职业竞技体育对城市税收的影响。因此，美国地方政府及财政虽然不直接拨款资助竞技体育活动，但是通过基础设施建设以及对体育场馆的建造来间接性的服务于竞技体育发展是尤为关键的，因为民间资本的投入根本无法支撑如此巨大的场馆工程，必须借助地方政府的财政力量。总之，美国竞技体育发展中所需的场馆资源较大程度依赖于政府公共服务，这也是政府间接性资助美国竞技体育发展的重要表现形式之一。

第四章　俄罗斯竞技体育发展方式及政府职能的历史变迁与特点

第一节　俄罗斯竞技体育发展方式的演变及特点

一、苏联竞技体育发展方式的强政治干预性

（一）对沙皇俄国的体育的批判

苏联体育的发展初期，俄罗斯帝国在体育领域的成就，先前的体育协会及俱乐部积累的经验、体育比赛系统、体育传统被苏联政权视为资产阶级的产物而遭到否定，但当时社会实践中的体育经验却还是被保留了下来。因为从事体育的人——教育家、体育活动组织者、运动员、教练、学者及体育学说、体育基地、体育刊物等被保留下来。当时在工厂出现了各种体育小组，年轻的工人开始投入体育活动中。有些先前的体育组织也在第一时间开始继续从事自己的工作，但是国家对它们的活动并不鼓励，这些体育组织的数量也逐渐缩减，而且它们很快就被完全禁止了。

1917 年 10 月前，大量的体育协会、俱乐部及委员会开始成立。俄罗斯奥林匹克运动会委员会主席弗·斯列兹涅夫斯基及俄罗斯联盟、联合会及体育协会的领导们做了大量工作，使国家发展体育运动及奥林匹克运动，并着手筹备即将举办的第 7 届奥运会。应斯列兹涅夫斯基的倡议，举行会议讨论建立国家体育运动领导机构。但由于当时前线的战争形势恶化，政治的不稳定加剧，失业率上升等，整个国家陷入了通货膨胀及

物资全面短缺时代，最终导致这一计划没有实现。①1918 年在莫斯科市组建了体育学院，1919 年在彼得格勒市成立了体育教育学院。1920 年应征前普及军事训练支持管理总局组建了体育最高委员会，应征前普及军事训练的规定对于苏联参加奥林匹克运动会的想法很有帮助，人们采取措施组建奥委会，尝试与国际奥委会进行联系并重组俄罗斯奥委会。在鄂木斯克市、叶卡捷林堡市、塔什干市、米涅拉里内沃达市举办了地区级的“奥运会”。后来，奥林匹克运动被当作社会主义与资本主义之间不可调和意识形态之间的斗争舞台，阶级观点导致苏联体育被隔离在世界体育和奥林匹克运动之外长达 30 年，对苏联体育事业的发展造成负面的影响。

（二）开创新体育时期

20 世纪 20 年代末期，苏联国家及社会成立了体育领导机构及行政管理系统，国家也开始重视竞技体育的作用与功能。

1929 年，苏共中央委员会作出《体育运动决议》，建议增强国家集权领导，特别强调组建苏联中央执行委员会下属的全苏体育委员会（体育最高委员会）的必要性，由国家体育运动机构执行全权。1930 年 4 月 1 日组建全苏体育委员会，设立苏联国家体育运动全苏管理统一系统。当时它面临的主要任务之一就是提高体育技能，让运动员达到国际水平的成绩。1930 年，苏联运动员开始登上国际体育竞技舞台，在许多体育项目中取得骄人的成绩，甚至打破了世界纪录。但是，因为他们不属于国际体育联合会成员，所以取得的成绩没有被记录下来。因此，人们对于体育事业对国家政治生活的意义有了全新的认识。人们意识到体育成绩可以证明年轻的社会主义国家实力的增长。党对体育、体育成绩的态度有所改变。②

20 世纪 30 年代中期，国家创办了 6 所体育学院及 25 所中等专业学

① Г. С. Деметер. Очерки по истории отечественной физической культуры и олимпийского движения. Москва：Советский спорт，2005.

② Кулинко И.Ф. История и организация физической культуры… Учеб. пособие для учащихся пед. уч-щ по спец. № 1910 «Физ. воспитание».—М.：Просвещение，1982. — 223 с.

校，对苏联体育运动技术指标的提高做了大量工作。①1936 年，苏联宪法规定加强了各种社会组织的劳动者权利，其中包括体育协会中的劳动者权利。在 1935—1936 年期间，在苏联成立了志愿体育协会系统。至 1936 年，国家成立了 64 个附属于相关工会中央委员会的志愿体育协会系统。党的机构对这些部门发挥“领导及把握方向”的作用。1940 年前，苏联的 530 万人定期从事体育活动。根据体育发展规划，从 1925 年至 1940 年期间，建成了 378 所体育馆，超过 70 000 处体育场，15 000 所其他体育设施（滑雪基地，网球场，体操馆），6 000 处体操馆，10 处赛艇站，8 所室内游泳馆。②国家希望大规模发展体育运动事业、提高运动员的技能水平、为建立成年人运动项目的人才储备而举办儿童体育运动项目等③。

（三）调整管理体制时期

20 世纪 40 年代末期，国家对竞技体育的发展定位出现了几次短暂的调整，但最终还是回到了国家的统一管理与扶持。

1948 年，苏联共产党（布尔什维克）中央委员会颁布《关于苏联部长会议体育运动事业委员会执行党和政府指示，发展国家群众体育运动，提高苏联运动员的竞技水平》决议。1949 年，苏联列宁共产主义青年团第 XI 届代表大会决议中强调：“青年组织，志愿体育协会系统……必须保证体育运动的群众性，提高体育技能，在此基础上使苏联运动员在最短的时间内取得重要体育项目的世界冠军。”1951 年 5 月 7 日，苏联成立国家奥林匹克委员会，对夏季奥运会和冬季奥运会的比赛结果进行研究，并审理全苏统一体育活动分类法是否与比赛要求相适应。1952 年，苏联运动员首次在夏季奥运会上展示自己的实力。在 1952 年至 1988 年的夏季奥运会上，苏联运动员代表团在 9 届奥运会上 6 次取得总成绩第一名的佳绩，3 次位列第二名；在 1956 年至 1988 年的冬季奥运会上，苏

① Выдрин В.М. История и методология науки о физической культуре: монография/М.В.Выдрин. — СПб, 2002.

② Пельменев В.К., Конеева Е.В. История физической культуры: Учебное пособие/Калинингр. ун-т. —Калининград, 2000.

③ Царик А. В. О культуре физической и духовной. Учебник/Под ред. В. И. Ильинича. —М.: Гардарики, 2004.

联运动员代表团7次取得总成绩第一名的佳绩，2次位列第二名。1953年和1959年，曾经两次撤销了全苏体育运动事业委员会，在苏联卫生部系统内部成立体育运动管理总局，对体育事业的管理起到了一定的消极作用。但1954年和1968年又2次恢复了国家的领导，并最终坚持了国家的领导。

1977年宪法通过后，体育运动在人民的生活中得到了宪法保护。在宪法的基础上，体育的管理结构发生变化。体育运动的最高管理机构是苏联部长会议下属的体育运动委员会。体育运动委员会的核心结构包括四个主要管理局：居民体育运动培训局，体育用品生产局，体育运动方法管理局和基本建设管理局，以及14个负责单独体育项目的管理局。通过各个体育运动委员会，苏联体育委员会执行体育运动的管理职能，体育运动委员会与各个联合会、教练委员会、裁判委员会、仲裁委员会和体育组织进行接触。志愿体育协会负责编制内的体育干部与社会体育人才的培训与再教育，进行体育活动宣传，参与体育设施建设，举办各种比赛。体育运动的意义得到重视，体育运动的管理水平与比赛成绩得到提高，国家机构作出关于体育的各种决定及标准法令，目的是使运动员取得各种国际比赛第一名的佳绩。“必须成为第一名”的大型体育项目战略目标集中了所有管理机构的努力，期望达到大型比赛项目的成绩。比赛竞争水平的日益增长要求对训练方法进行创新，组建科学的综合团队，巩固国家的集训队队伍，在全国普及体育活动。体育运动对居民具有重要的意义，体育活动在社会上得到普及与推广，最好的运动员像宇航员一样受到人民的尊敬。①

1986年3月，苏联最高苏维埃主席团重组了苏联部长会议下属的体育运动委员会(苏联体育委员会)，成立了苏联体育运动联盟——共和国国家委员会(苏联国家体育委员会)。1987年2月颁布《完善工会体育运动管理措施的决议》，成立了全苏志愿体育运动协会。1987年起，实施了更完善的青少年体育学校及奥林匹克后备青少年专业学校条例，用以激

---

① Зуев В.Н. Регулирование нормативно правовых документов в отечественной сфере физической культуры и спорта. —СПб.，2001.

活青少年体育学校及奥林匹克后备青少年专业学校的教学活动，增加从事体操和体育比赛的儿童、青少年的人数，高质量地改善体育人才储备状况，完善青年运动员的培养教育形式和方法。1988 年 8 月，苏联部长会议，全苏工会中央理事会及全俄列宁共产主义青年团中央委员会作出《关于完善足球、其他体育比赛项目的管理，采取补充措施维持主要体育项目的体育队和运动员费用的决议》。①1989 年夏季，国家制定了《苏维埃社会主义共和国联盟及联盟共和国体育运动法》。但由于缺乏进行独立核算和财政拨款，体育俱乐部、青少年体育学校和其他学校数量锐减，投入体育设施、体育器材设备厂的建设资金逐渐减少。

二、俄罗斯“宪政转型”下的竞技体育发展方式(1991—1999 年)

苏联解体的后果是，俄罗斯失去了大量的过去联盟共和国的体育训练基地。同时，体育设施也失去了自己的功能，它们被私有化和改制处理，体育场地被用于出租，成为贸易市场。体育设备和器材的生产完全崩溃了。体育院校和体育学科获得的微薄拨款造成体育科学方法研究规模和质量的下降，体育队的培训规模和质量首先出现下降。很多天才教练员和运动员、科研教学人才不得不改行做别的工作或者出国谋生。

1991 年，奥林匹克运动促进委员会成立，国家创办的体育运动全新管理系统也开始运行。1993 年 11 月，叶利钦签署《俄罗斯联邦对体育运动领域的保护政策》命令。并且，国家作出建立国家体育基金的决定，从企业、社会组织和其他组织及公民募集资金支持体育事业。这是作为国家向体育事业提供优惠并创造自筹资金条件与法律保障依据的第一份文件。②1999 年 4 月，《俄罗斯联邦体育运动法》出台，该法律首先规定了体育运动法律调节的总体原则；其次，该法律确定了体育领域法律制定

① Уловистова Н.В. Нормативно-правовое регулирование в сфере физической культуры и спорта. —М.，2003.

② Зуев В. Н. Нормативно-правовое регулирование отечественной сферы физической культуры и спорта：Советский спорт；Москва；2008.

的主要方法；第三，该法律成为制定俄罗斯联邦主体体育运动法的定向标；第四，该法律允许在国家最复杂的社会经济变革期间，仍然保持国家体育运动管理制度。该法律给出了以下概念的清楚定义：体育、运动、业余体育、职业体育、高水平的运动员、职业运动员。

苏联解体后，国家不再进行计划调节而走上市场经济道路，俄罗斯的经济经历了深重的危机，拨给体育运动事业的国家预算资金急剧缩减。苏联解体后的第一个十年是特别复杂和困难的时期。俄罗斯联邦的财务困难对俄罗斯体育代表队在正式国际比赛上的成绩造成消极影响，但是最严重的危机体现在青少年儿童的体育培养上。国家培养体育后备人才的管理机制丧失，大部分青少年儿童体育学校失去了自己的历史名称，中央体育协会（"俄罗斯""火车头"，"迪纳摩"工会体育协会等）体育训练队的年轻天才运动员的集中培训工作被大量缩减，中央体育协会只挑选并高质量地培养有前途的年轻运动员，而不必考虑这些运动员的居住地是否具备相关的必备条件。事实上，俄罗斯竞技体育以国家经费投入的多少分为三个层次，概括为两头大中间小的竞技体育经费运行机制。所谓两头，就是最低层次的竞技体育后备人才培养系统和以奥运会与国际大赛为代表最高层次的国家队人才系统；所谓中间就是以俱乐部为代表的高水平运动队为中间层次。而两头大就是在这一高一低两个层次，国家在政策、经费上给予更大更多的支持和投入，在俱乐部这个中间层次国家在经费上则投入较少。

三、重归俄罗斯国家管理的竞技体育发展方式（2000 年至今）

2000 年，体育运动领域的正面转变开始出现。这种转变很大程度上是由于国家组建了新的政府。体育运动领域的财务政策开始走上正常化，修正了俄罗斯奥委会及联邦体育管理机构领导在体育资金方面的错误措施，清除了划拨预算资金的中介环节，而指定直接经办人办理。国家体育委员会得以重建，巩固了体育运动领域的垂直型领导权力，并制定了 2005 年前的国家体育运动发展理念，该理念得到俄罗斯联邦主体国家管理机构领导、社会体育运动联合体领导、联邦总统体育项目会议的赞成通过，确定了体育运动改革重组的总体方向。

根据俄罗斯联邦主体大部分领导的意见，体育运动领域形成了体育中心与俄罗斯联邦主体、地方自治机构、社会组织之间的相互作用管理模式，并且该模式可以有效地发挥作用。联邦管理机构的工作变得稳定：建立了体育培训中心，国家高级体育技能学校，国家体育委员会主要活动社会委员会。国家机构与体育部门社会联合体之间的相互关系建立在严格的合同基础上，具备具体的特征。所有的教学培训集训队及俄罗斯集训队参加全俄比赛和国际比赛的所需费用由联邦预算支付，由体育培训中心进行监督。成立各地区的体育培训中心是发展优势体育项目的重要方向。与全俄联合会和国家很多城市地区协商后，创办了一系列类似的体育中心。

（一）俄罗斯体育项目活动的评估标准

2001 年，俄罗斯联邦政府颁布《关于批准全俄体育联合体各个体育项目符合国家标准的条例》。根据该条例，制定全俄联合会发展俄罗斯体育项目活动的评估标准①：

（1）发展国家的体育项目；

（2）在世界体育舞台取得成绩；

（3）保护俄罗斯在国际组织的利益；

（4）对获取的发展体育项目的预算外资金分配进行公开；

（5）利用各种可能，寻找赞助商，其中包括信息产业的支持。

（二）体育运动领域改革的主要内容

改革的目标是建立更有效地发挥体育运动社会潜力的机制，以及保持并巩固本国优势体育项目在世界舞台上的领先地位。着手制定体育运动重组战略，必须最大限度地利用全新的社会经济条件，确定最有效的改革之路。体育运动领域改革的主要方向包括以下内容：

1. 加强国家管理，提高管理效率；

---

① Новокрещенов В. В. Управление сферой физической культуры и спорта: правовые основы и организационные основы взаимодействия: Монография. Ижевск, 2006.

2. 完善标准法律依据；

3. 增强物质技术基地建设，实施积极的投资政策；

4. 建立高效的体育运动宣传系统；

5. 完善专家培养及科学方法保障系统；

6. 完善体育比赛系统组织机制；

7. 建立优势体育项目的高效基础设施。

加强国家管理的具体措施包括：联邦管理机构承担多项职能，这些功能以前被转交给社会组织承担，而不是由联邦管理机构履行职责。

涌现多项合作项目，跨部门工作组和委员会共同制定合作规划和战略决议。地区负责人直接参与部门所有重要文件的制定。鉴于联邦自治区的成立，对全俄比赛系统进行审理。建立体育培训基地和科学方法保障中心。

国家元首于 2002 年 8 月 14 日发布命令，成立隶属于俄罗斯联邦总统的体育运动委员会，由该委员会解决体育部门的关键问题，该委员会由国家总统亲自领导。该委员会对体育部门的关键问题进行研究，作出决定，并且首先解决涉及奥运会运动员的培养问题，发展青少年儿童体育运动，巩固物质技术基地等。委员会作出的决定是俄罗斯联邦政府元首发给相关部委的委托书。在行政改革范围内进行管理系统重组后，组建了联邦体育运动机构，该机构的领导由两次奥运会冠军弗·阿·菲基索夫担任。联邦体育运动机构开展了大规模工作，使体育工作摆脱危机状态，建立全新的法律、标准依据，提供有利的经济、社会、物质技术条件，发展国家的体育运动。根据俄罗斯联邦总统弗·普京的委托书，决定增强物质技术基地，向俄罗斯奥运会项目集训队运动员及其教练员发放俄罗斯联邦总统奖金。给青少年体育学校提供体育设备及用具，大力改善体育运动的宣传等。

俄罗斯国家体育委员会制定方案，对《联邦体育运动法》作出修改，实施全新版本的联邦法律理念。为实施促进体育发展规划的财务政策提供法律保障，完善发展体育运动的标准法律基础，提高俄罗斯在国际体育运动中发挥的作用及意义，定期采取措施打击体育比赛使用兴奋剂的现象，吸引大型企业帮助解决体育界问题，使整个社会为运动员提供支持。国家继续对准备参加奥运会和其他大型体育比赛的俄罗斯集训队提供财务支持，致力于改变社会对体育运动的看法，发挥体育运动在国家社会经济发展过程中的作用。

第二节　俄罗斯竞技体育发展中政府职能的演变及特点

一、苏联竞技体育发展中的政府职能

1920 年应征前普及军事训练支持管理总局组建了体育最高委员会。1921 年前，成立了 12 个州级和 52 个省级体育委员会。从 20 年代开始，工会加入了体育小组的领导中；工会提供物资帮助体育事业发展。在 1922—1924 年期间，共青团组建了很多体育组织。1923 年组建了“迪那摩”体育协会和红军体育俱乐部，它们在苏联的体育事业中发挥了关键作用。1923 年，隶属于全俄中央执行委员会及其地方机构的体育最高委员会的成立，主持体育教育各级部门及单位的科研、教学及组织活动。除了组建俄罗斯苏维埃联邦社会主义共和国体育管理中央机构外，在各省及大型县也成立了当地的体育委员会。俄罗斯体育最高委员会的管理及组织工作成为其他联盟共和国的范例。乌克兰、白俄罗斯、乌兹别克斯坦的中央执行委员会也成立了类似的委员会。组建体育最高委员会是国家体育运动组织管理统一系统道路上的重要一步。①②

20 年代末期及 30 年代这一时期，是苏联社会体育领导机构发展过程中非常复杂而又充满矛盾的时期。国家及社会成立了体育领导机构及行政管理系统，该系统的组织机构如下：政治领导及其全体工作人员，国家执行机构及法律部门，体育事业管理机构及直接经办人。这一时期

① Г. С. Деметер Очерки по истории отечественной физической культуры и олимпийского движения. Москва：Советский спорт，2005.

② Некрасов，П. А. История физической культуры и спорта：учебно-методический комплекс. —Ухта：УГТУ，2009.—55 с.

由于行政机构的设置及对领导人的个人崇拜导致权力主义的出现，造成人们主要根据行政命令来完成体育部门的工作。1929 年 9 月 23 日，由苏联共产党(布尔什维克)中央委员会作出《体育运动决议》，认为现在的体育工作不令人满意，广大的工人群众没有积极参与，仅重视比赛纪录创造者，管理混乱等，因此建议增强国家集权领导。为了消除体育工作中存在的浪费及混乱现象，特别强调组建苏联中央执行委员会下属的全苏体育委员会的必要性，由国家体育运动机构执行全权。①并指出组建全苏志愿体育协会是不适宜的，组建这样的体育协会将使体育小组与社会组织脱离，与文化教育工作脱离。

1930 年 4 月 1 日组建全苏体育委员会，设立苏联国家体育运动管理全苏统一系统。全苏体育委员会的权力分配给国家体育运动领导与监督机构。在联盟及自治共和国、边疆区、州、城市、区成立国家体育运动领导与监督机构。1936 年，为了取代全苏体育委员会，苏联中央执行委员会创办了苏联人民委员会管理的全苏体育领导机构委员会，这个委员会一直工作到 1958 年。并在联盟及自治共和国、边疆区、州、城市、区成立体育运动事业委员会。1936 年，苏联宪法规定加强了各种社会组织的劳动者权利，其中包括体育协会中的劳动者权利。在 1935—1936 年期间，参照“迪那摩”“斯巴达克”“火车头”体育协会的体育发展经验，成立了 64 个附属于相关工会中央委员会的志愿体育协会系统。一方面，国家管理机构以部(全苏体育事业委员会)为代表，另一方面，隶属于各个部门(“迪那摩”、中央陆军体育俱乐部、“火车头”等)和工会的志愿体育协会系统。党的机构对这些部门发挥“领导及把握方向”的作用。②③④

二战后的初期，国家行政官僚主义系统、行政命令方法、随心所欲的

---

① Столбов, В. В. История физической культуры и спорта: учебник/В. В. Столбов, Л.А. Финогенова, Н.Ю.

② Г. С. Деметер. Очерки по истории отечественной физической культуры и олимпийского движения. Москва: Советский спорт, 2005.

③ Некрасов, П. А. История физической культуры и спорта: учебно-методический комплекс. —Ухта: УГТУ, 2009. —55 с.

④ Столбов, В. В. История физической культуры и спорта: учебник/В. В. Столбов, Л.А. Финогенова, Н.Ю.

主观主义进一步增强。在那个时代，政治局的决议被要求无条件地执行。党的高级机构作出的指示通常被社会组织沿袭，原样不动地成为标准文件。这些对体育工作单位造成了消极的影响。1948 年 12 月 27 日的苏联共产党（布尔什维克）中央委员会《关于苏联部长会议体育运动事业委员会执行党和政府指示，发展国家群众体育运动，提高苏联运动员的竞技水平》决议，要求各级机构和社会组织接受并执行最新的标准法律文件。1949 年，苏联列宁共产主义青年团第 XI 届代表大会决议中强调："青年组织，志愿体育协会系统……必须保证体育运动的群众性，提高体育技能，在此基础上使苏联运动员在最短的时间内取得重要体育项目的世界冠军。"①共和国高级领导机构在体育方面的活动主要评价标准是各个体育比赛项目上取得的奖牌数量及培养的体育运动健将的人数。

1953 年和 1959 年根据尼·谢·赫鲁晓夫的提议，国家曾经主观地、没有依据地两次撤销了全苏体育运动事业委员会。在苏联卫生部系统内部成立的体育运动管理总局（1953 年 3 月 15 日）对体育事业的管理起到了消极的作用。体育运动总局与苏联卫生部负责人就最重要的问题进行协商后，独立进行工作（其中包括制定培养参加大型体育比赛运动员的医疗科学保障规定）。在体育中央科研院，在苏联卫生部代表没有参与的情况下，负责培养参加大型国际体育比赛（首先是参加奥运会）运动员的综合科学团队进行工作。因此，各个地区存在很多组织错误。1954 年 2 月 11 日苏联部长会议做出决议，恢复全苏体育运动事业委员会及其地方机构。

党中央 1959 年 1 月 9 日作出《国家体育运动领导工作》决议并在苏联共产党第 XXI 届代表大会上指出："在共产主义建设的现阶段，群众组织特别是工会和共青团组织，越来越发挥更大的作用，在有关国家问题的决定中，国家机构下属的体育运动领导机构的存在必要性已经失去意义，完全可以使国家体育事业建立在广泛民主的基础上，由经过选举产

---

① Мельникова. —3-е изд.，перераб. и доп. —М.：Физкультура и спорт，2000. Царик А.В. О культуре физической и духовной. Учебник/Под ред. В. И. Ильинича. —М.：Гардарики，2004.

生的社会组织对体育运动事业进行领导。”①决议建议苏联体育协会联合会和组织保证广大的居民群众系统从事体育运动，在人们日常生活中引进体育运动，培养运动员和体育工作者具备共产主义建设者的崇高理想，发展群众体育运动，提高苏联运动员的竞技水平，在国际体育舞台上占据新的冠军位置。

1959 年 4 月 19 日举行的全苏体育协会联合会成立大会上，批准了苏联体育协会联合会章程，选举了领导机构——中央委员会和中央监察委员会。联合会的主要部门是工业、农业企业、集体农庄、国营农场、教学部门和各种机关的体育团体。在直至 1959 年前存在的全苏体育运动部门基础上，苏联体育协会及组织联合会中央委员会创办了至今仍发挥作用的联合会。全苏联合会包括国家来自联盟共和国、莫斯科市、列宁格勒市及来自全苏体育协会委员会、部、委、工会、共青团组织、医疗及科研机关、各种创作协会的代表、推广体育运动项目的专家、新闻界的工作人员、极具天赋的运动员等。

但是，由于热衷于社会活动的人们在创造性的工作中缺乏物质利益，在组织活动中缺乏国家监督，因此给人们从事群众体育活动和高水平的体育竞技造成无法克服的困难，由于教学培训及体育器材质量的降低，对学员，特别是青年学员（从事生产活动的青年学员），削弱了他们成为共产主义建设者的道德理想。这些问题导致很多共和国和州撤销了体育协会联合会和组织的区级委员会，它们的职能被移交给农村志愿体育协会委员会。早期对统一管理系统的破坏，造成人们不愿意在体育基层部门——体育队和体育俱乐部从事工作。1968 年，国家对发展体育运动部门的领导得以恢复。苏联共产党及苏联部长会议 1968 年 10 月 17 日《关于改善国家体育运动领导工作的决议》成为体育工作的主要法令。②但是，像以前一样，重新组建的委员会的活动，仍然建立在与工会、共青团和其他社会组织紧密合作进行发展的基础上。

---

①② Зуев В. Н. Регулирование нормативно правовых документов в отечественной сфере физической культуры и спорта. —СПб.，2001.

根据苏联共产党第XXVII届代表大会作出的规划，米·谢·戈尔巴乔夫对政治制度进行的改革，党组成员全部更换新人，建立了新的体育运动及教育管理机构。1986年3月，苏联最高苏维埃主席团重组了苏联部长会议下属的体育运动委员会（苏联体育委员会），成立了苏联体育运动联盟——共和国国家委员会（苏联国家体育委员会）。根据俄罗斯苏维埃联邦社会主义共和国最高苏维埃主席团1986年5月18日的命令，对所有苏维埃社会主义自治共和国、边疆区、俄罗斯州、市、区的体育管理局等国家机构进行重组，对其他联盟共和国的相关机构也进行了重组。

苏联党中央和政府作出《进一步提高群众体育运动水平的决议》（1981年）后，对工会系统的志愿体育协会进行重组。代替33个志愿体育协会的是8个志愿体育协会："海燕"、"水上旅游者"、"火车头"、"斯巴达克"、"劳动"、"收获"等。但是，这些重组工作并未改善工会系统的体育健身和群众体育状况。在白俄罗斯苏维埃社会主义共和国，从1985年开始，在工会的体育工作领域进行试验，成立一家体育运动志愿协会。白俄罗斯体育统一协会两年工作的结果是：根据规定计划从事系统体育活动的人员人数增加了2倍，工会的体育设施也同时增加。鉴于白俄罗斯苏维埃社会主义共和国的正面试验经验和俄罗斯各地区体育专家们的意见，考虑到工会下属的志愿体育协会和全苏工会中央理事会的现状，决定改组它们的管理机构。根据全苏工会中央理事会主席团1987年2月20日的《完善工会体育运动管理措施的决议》，成立了全苏志愿体育运动协会（全苏志愿体育运动协会）。与此同时，在白俄罗斯的两年试验经验推翻了无法预测的"人道主义决定"结果：在最初的工会委员会中仅剩下65%的工会会员还缴纳会费，仅可以收取体育设施的使用费等。在此条件下，全苏志愿体育运动协会的活动应当积极促进社会经济主要任务的完成。群众性的体育健身工作重心转为体育团体和体育俱乐部。前期计划提出劳动人民的体育锻炼任务，需要吸引劳动人民定期从事体育练习，进行身体锻炼。全苏工会志愿体育协会系统中发展体育成绩的所有工作从此都集中在全苏和各个地区的体育俱乐部范围内。

二、苏联解体后俄罗斯竞技体育发展中的政府职能

1991年12月，苏联解体，随着1991年奥林匹克运动促进委员会的成立，国家创办的体育运动全新管理系统开始运行。该委员会与全俄奥林匹克委员会一样，首先致力于培养运动员参加1992年的奥运会。1992年，俄罗斯联邦总统叶利钦在很大程度上扩大了俄罗斯奥委会的法律权限。为了进一步发展奥林匹克运动，提高社会组织发挥的作用，考虑到俄罗斯奥委会对莫斯科奥委会的官方认可，总统授予莫斯科奥委会调节联邦体育项目和其他体育社会组织日常活动的权力。俄罗斯联邦、边疆区、州、市、区级的国家与市政体育运动管理机构的活动完全属于相关区域的行政管理权限，并有义务向相关区域行政机构汇报工作。国家保证支持志愿体育协会及其管理机构，包括联邦级的管理机构。认为必须对三个现有联邦体育管理机构：俄罗斯奥委会，国家体育基金会，总统下属的体育协调委员会，建立补充机构——体育委员会(1992年成立)。考虑到管理职能与法律地位的变化，对体育委员会进行了组织结构改革。①

1992年3月31日联邦制条约签订后，共和国、边疆区、州、自治区的体育运动管理机构的规定权限归属于最高政权。在各自的权限范围内，这些机构成为国家管理各自区域的最高机构。各种管理机构之间发生的相互作用主要根据条约规定进行。管理系统的特点是：俄罗斯联邦主体机构体育系统并未模仿联邦机构同等种类的系统。先前的体育运动管理理念被替换为从上到下、整个系统的各个环节都必须服从于最高管理层。全新的体育发展管理模式与过去的专权管理系统出现了原则问题的冲突。全新的模式是：(1)体育最高管理层采取多种管理模式；(2)全权管理的权力被从下向上交出，而以前恰恰相反，是从上往下放权。那时，特别是联邦制条约签订后(该条约允许地区机构不必将最高

① Кузнецов И.С Спортивное право как отрасль Российского законодательства. Спорт, экономика, право, управление. —2004.

政权机构视为联邦级体育管理机构)，各级管理机构出台了多个标准法令，这些法令并不符合俄罗斯联邦最高苏维埃决议制定的俄罗斯联邦《体育运动法》的原则。

俄罗斯境内区域级别和地方级别的改革过程中出现管理职能与管理机构之间的含糊不清问题。这是由于体育管理机构与其他管理机构进行合并造成的。1994 年 2 月前，俄罗斯联邦的 89 个地区的体育运动地方委员会仅保留下来 78 个。各级管理机构通过了一系列的支持国家体育管理机构的法令文件。根据俄罗斯联邦总统《关于俄罗斯联邦体育运动教育管理机构》命令，在地方行政机构保留了厅级和委员会管理干部，由他们负责采取措施对发展体育事业的费用进行财务支持，同时保留了补充教育机构①。

1993 年 11 月，叶利钦签署《俄罗斯联邦对体育运动领域的保护政策》命令②。根据该命令，可以免除为了保证举办国际比赛而进口的俄罗斯体育运动协会和体育机构购买的特殊体育设备、训练器材、体育用品和商品应缴纳的海关关税、增值税和消费税。此外，对俄罗斯奥委会和国家体育基金会使用的商品(由商业组织和预算组织采购)利润不征税；对国际比赛上颁发给获奖运动员的奖金和奖品不征税。随后建立的国家体育基金会也从企业、社会组织和其他组织及公民募集资金支持体育事业。很快，国家体育基金会取得了不受限制向国内进口烟草和酒的权利，于是该基金会在最短的时间内成为最大的发展体育事业的商业组织之一。1999 年，由于腐败丑闻对其声誉造成损害，国家体育基金会这一不合理的专门财政组织被撤销。国家遭受了巨大的物质损失，而国家体育基金会面临的任务并未完成。这一情况证明，国家与从事体育物质技术和财政保障的社会组织之间的相互作用机制远远没有得到完善。很多联邦主体取得了体育项目的全部法律自治权。社会体育联合会相互

① Кузнецов И.С Спортивное право как отрасль Российского законодательства. Спорт, экономика, право, управление. —2004.

② Зуев В. Н. Нормативно-правовое регулирование отечественной сферы физической культуры и спорта: Советский спорт; Москва; 2008.

关系的主要原则在1995年制定的联邦法律第17条予以规定。根据该规定，国家政权不允许干涉社会体育联合体的活动。1993年4月，俄罗斯通过体育运动法框架，在法律框架中公布了体育运动领域关系的法律调节总体原则。

1999年俄体育运动和旅游部（2000年7月改组为俄国家体育运动与旅游委员会）成立。2001年7月6日《关于批准全俄体育联合体各个体育项目符合国家标准的条例》决议通过。2002年总统体育运动委员会成立。同时，俄国家体育运动与旅游委员会进行了多次改组，2000年起不再承担经贸发展功能，2004年剥离原有的旅游发展功能，同年11月改组为体育运动署，成了专门的体育运动管理机构。①2008年5月成立了俄罗斯联邦体育、旅游和青年政策部。该机构工作了4年——直至2012年5月，该机构被改组成为俄罗斯联邦体育部。

第三节　俄罗斯政府对竞技体育发展方式的干预方式

一、法制规范与引导的作用方式

俄联邦的法律体系中逐渐形成大量有关体育管理的法规和量刑标准，规定了受法律约束的和地方性的关于高水平运动竞赛方面出现争议时的调解级别，明确了职业体育和其他体育活动的范围，行政性的和法规性的可鉴戒的个案逐渐显现。用上述这种方式可以对竞技体育行为进行一系列的调节。

调节竞技体育和大众体育的关系的法令和法规包含有：

1. 俄罗斯联邦体育法（中央与地方层面）；

2. 所属中央和地方层面的法规（总统令，政府法令，政府部门和其他联邦行政机关的法令）

3. 市政府体育法令；

---

① 马忠利.俄罗斯体育重归政府管理的过程及缘由探析[J].成都体育学院学报，2008，34(3)：8—11.

4. 非政府体育组织颁布的法令;

5. 公认的原则和国际法和俄罗斯联邦所签的国际条约;

6. 国际体育组织的法令。

有关竞技体育领域的法律法规具有特殊性,其表现在许多情况下,体育行为不仅受到国内法律和法规文件的约束,同时也受国际法规和章程的约束。这里包括《奥林匹克宪章》、《世界反兴奋剂条例》、《反对体育运动中使用兴奋剂国际公约》、《国际体育宪章》,国际单项体育联合会的文件。

事实上,俄罗斯体育现行立法符合公认的国际法原则和与俄罗斯联邦签署的国际条约。但是,整个国家机构法律框架很难控制所增加的各项附属立法。目前,首要的任务是寻找有关竞技体育国内法规立法原则与国际法规,以及与俄罗斯签署的国际条约相适应的问题;在个别情况下还要协调俄联邦内部不同区域所颁布的竞技体育法规;在某些情况下协调项目协会和地方法规所制定的竞技体育法规存在的不相适应性;在项目协会的竞技体育活动中建立和实施调控竞技体育行为的国家法规的无条件的优先权,特别是在职业体育领域。

2006 年,中央政府通过了体育的《十年规划》。它是通过全面和谐发展体育运动,解决社会教育、人口问题的纲领性计划。它详细规划了大众体育、竞技体育和体育教育的发展方向,制定了详细的实施方案,是苏联解体以来俄罗斯制定的内容最丰富、投资规模最大、配套实施最完整的一套方案,涵盖了竞技体育、大众体育、体育产业等不同体育领域的政策目标、实施目标、实施措施、保障工程等,并且对年度具体资金分配、目标达成、指标体系,尤其是具体修建、改建的项目等都列出了明晰清单。[①]随后,大部分的俄罗斯联邦主体根据当地的实际情况也制定了当地的有关体育《十年规划》。

---

① Постановление Правительства РФ от 11.01.2006 г. № 7 «О Федеральной целевой программе развития физической культуры и спорта в Российской Федерации на 2006—2015 годы».

二、直接性体育投融资的作用方式

俄罗斯联邦国家委员会于2002年在克里姆林宫召开会议。国家委员会主席团会议前夕，俄罗斯联邦总统弗·普京在自己的讲话中承认：俄罗斯的体育运动发展落后于国家视野内的问题超过10年。国家委员会会议对体育运动发展的问题进行审理，证明国家重视体育运动在现代社会中的重要意义，表现出强化体育发展的积极意愿。根据总统普京的委托书，政府决定增强物质技术基地，向俄罗斯奥运会项目集训队运动员及其教练员发放俄罗斯联邦总统奖金。给青少年体育学校提供体育设备及用具，大力改善体育运动的宣传等。

2007年，俄罗斯国家体育委员会制定方案，对《联邦体育运动法》作出修改，实施全新版本的联邦法律理念。它由在竞技体育领域的关于公平公正性、机构组织、经济活动和社会活动等条款构成。[①]在用于体育运动发展的国家财政拨款中，约90%的数额用于职业体育活动的支出。地方层面的体育拨款的约75%用于发展具备较强商业功能的体育项目，如篮球、足球和排球等项目。[②]在制定法律理念过程中，确定了急需法律调节的最迫切问题。例如，为了实施促进体育发展规划的财务政策，需要提供法律保障。这些年来，需要特别注意向体育部门拨款的预算外来源。市场经济条件下，公司提供的赞助成为俄罗斯体育运动拨款系统不可分割之一部分。国际、国家、区域市场上的生产企业及非生产企业向体育提供赞助支持。尽管如此，赞助商对俄罗斯体育事业的赞助支持还是远远不足。鉴于这种情况，国家继续对准备参加奥运会和其他大型体育比赛的俄罗斯集训队提供财务支持。

2001年5月，政府批准了从俄罗斯联邦主体联邦预算中拨出资金，

---

① Алексеев С. В. Спортивное право России. Правовые основы физической культуры и спорта：Учебник для вузов/Под ред. д. ю.н.，проф. П. В. Крашенинникова. М.：ЮНИТИ-ДАНА；Закон и право，2012.

② http://vadim-galkin.ru/sport-2/legal-basis/kachestvennyj-zakon-o-fizicheskoj-kulture-i-sporte-kakim-on-dolzhen-byt.

对培养国家后备体育人才的体育组织提供财政支持的决议。国家对青少年体育学校的资金投入逐年增加。2009 年 11 月,制定了将奥林匹克后备青少年体校移交给俄罗斯联邦主体执行机关及地方自治管理机关进行管理的程序,他们对奥林匹克后备青少年体校的管理工作比例各占 60%和 40%。此外,俄罗斯奥林匹克运动会运动员基金会也在支持奥林匹克后备青少年体校的工作。2011 年 7 月,委托俄罗斯体育与旅游部制定并批准了体育后备人才培养系统的综合发展措施。规定提高对体育的财政支持,尤其是对物质技术基地的财政支持。

三、管理职能部门的干预性作用方式

2000 年,俄罗斯体育运动领域的发展开始出现转变,国家体育委员会得以重建,并巩固了体育运动领域的垂直型领导权。当年制定了 2005 年前的国家体育运动发展理念,该理念得到俄罗斯联邦主体国家管理机构领导、社会体育运动联合体领导、联邦总统体育项目会议的赞成通过。这一理念确定了体育运动改革重组的总体方向。根据俄罗斯联邦主体大部分领导的意见,在体育运动领域已经形成了体育中心与俄罗斯联邦主体、地方自治机构、社会组织之间的相互作用管理模式,并且该模式可以有效地发挥作用。联邦管理机构的工作变得稳定:建立了体育培训中心,国家高级体育技能学校,国家体育委员会主要活动社会委员会。国家机构与体育部门社会联合体之间的相互关系建立在严格的合同基础上,具备具体的特征。所有的教学培训集训队及俄罗斯集训队参加全俄比赛和国际比赛的所需费用由联邦预算支付,由体育培训中心进行监督。成立各地区的体育培训中心是发展优势体育项目的重要方向。与全俄联合会和国家很多城市地区协商后,创办了一系列类似的体育中心。

2002 年,国家成立了隶属于俄罗斯联邦总统的体育运动委员会,由该委员会解决体育部门的关键问题,并且首先解决涉及奥运会运动员的培养问题,发展青少年儿童体育运动,巩固物质技术基地等。委员会作出的决定是俄罗斯联邦政府元首发给相关部委的委托书。该委员会由国家总统亲自领导，在行政改革范围内进行管理系统重组后，组建了联邦体育运动机构，该机构的领导由两次奥运会冠军弗·阿·菲基索夫担任。联邦体育运动机构开展了大规模工作，使体育工作摆脱危机状态，建立全新的法律、标准依据，提供有利的经济、社会、物质技术条件，发展国家的体育运动。并规定优先权，努力实现规划目标，完善发展体育运动的标准法律基础，提高俄罗斯在国际体育运动中发挥的作用及意义，定期采取措施打击体育比赛使用兴奋剂的现象，吸引大型企业帮助解决体育界问题，使整个社会为运动员提供支持。2004 年，国家体旅委改称俄联邦体育运动署，不再管理旅游事务，体育运动职能进一步加强。费季索夫执掌国家体育管理机关期间，俄罗斯步入有效国家体育政策制定时期。

2011 年，国家再次对《俄罗斯联邦体育运动法》作出修订，其中对“体育后备人才”的概念予以明确，并第一次引入联邦培训标准的概念，确定了制定和批准联邦培训标准的程序。同年 7 月，国家委托俄罗斯体育与旅游部制定并批准了体育后备人才培养系统的综合发展措施。除规定提高对其的财政支持外，还决定成立联邦级别的俄罗斯现代化体育队人才培养中心。2014 年，在财产负债表上已登记，或各机构租借的用于培养体育后备力量的运动设施数量为：竞技体育后备力量培养中心为 1 013个；奥林匹克后备力量学校中 645 个，其中自有 365 个，租借 76 个，可免费使用的设施数量为 213 个。奥林匹克后备力量学校和竞技体育后备力量培养中心 2014 年共接受政府财政拨款额分别为 1 210 亿、7 220亿卢布。①

① http://www.minsport.gov.ru/sport/podgotovka/82/1452/.

第五章　德国竞技体育发展方式及政府职能的历史变迁与特点

第一节　德国竞技体育发展方式的演变及特点

一、两德分裂前的竞技体育发展方式

德国是参加1896年第一届奥运会的少数国家之一，也是为现代奥运会诞生作出重要贡献的国家。现代奥运会是在古代奥运会遗址发现开发的基础上而举办的。从德国考古学家温克尔曼的领路到德国体操之父古兹姆茨提出恢复奥运会的建议，再到史学家库齐乌斯开掘古代奥林匹克遗址，德国"战车"用100多年的时间，前赴后继，终于唤醒沉睡了1 000多年的古代奥运会。

促使德国人唤醒古代奥运会，是对古希腊文化的崇拜和出于德国教育的需要。18世纪德国体操首先从学校开始，和古希腊人重视身体教育不同，日耳曼人对于强壮体魄的追求起先是出于环境、生存和战争的需要。宗教改革和启蒙运动促使德国教育迅速崛起，特别是教育由贵族化走向大众化，全民教育和义务教育推广，使教育家悟出了体育的真谛，把强身健体纳入了教育的轨道。

18世纪末起发生的法国大革命和拿破仑战争进一步激发了德国的民族主义意识。政治体育创始人弗里德里希·杨(Friedrich Ludwig Jahn)以训练体操、野外远足为名进行爱国主义活动，创立了具有强烈军事性质的杨氏体操体系，奠定了竞技体育发展的基石。

第二次世界大战之前，德国竞技体育是在英国户外运动的影响下并在积极融入奥林匹克运动中发展起来，德国政府从不主导竞技体育的发展。1882 年，普鲁士文化大臣果斯列尔（Gustav von Gossler）曾颁布过游戏令（Spielerlass），其意在鼓励大众参加户外体育活动，督促政府建设大众体育场所。

由于普法战争，法国曾想把德国拒之于第一届奥运会之外，但由于德国体操的影响力，法国不得不接纳德国。德国在第一届奥运会上获得的 6 枚金牌中有 5 枚来自体操。

在奥运会历史上，德国几次被取消参加奥运会的资格。1914 年，由于德国发动第一次世界大战，奥运会被停办一届。同时，作为战败国的德国先后被取消了参加 1920 年和 1924 年奥运会的资格。直到 1927 年由于瑞士举办冬奥会，中立国瑞士向德国发出邀请，随后举办夏季奥运会的荷兰也向德国发出邀请，这才让德国重返奥运会大家庭。

1931 年，德国获得奥运会的举办权。德国曾经获得 1916 年奥运会举办权，但是由于爆发第一次世界大战而被取消。德国在 1936 年柏林奥运会上创造了几个历史“第一”：这届奥运会不仅是参加人数最多的，而且德国位列奥运会金牌榜第一，本届奥运会第一次有了火炬传递和电视实况转播。但这届奥运会结束后不久，德国入侵波兰挑起第二次世界大战，奥运会被停了两届，第二次世界大战后德国被分为东西德，开始两种体制的运行。

二、两德分裂时的竞技体育发展方式

第二次世界大战德国战败后，根据波茨坦协定，德国分别由美、英、法、苏四国占领，并由四国组成盟国管制委员会接管德国最高权力。1948 年，美、英、法三国占领区合并，成立了德意志联邦共和国。而东德是属于苏联占领区，1948 年 10 月成立了德意志民主共和国，东德是按照苏联模式在占领区内创立的新国家体制。从此，德国正式分裂为两个国家。

1948年伦敦奥运会，德国因发动第二次世界大战而被剥夺了参赛资格。1952年民主德国没有参加奥运会，1955年国际奥委会要求东西德以联合的形式参加奥运会。从1956年到1964年，东、西德遵循了国际奥委会的决议，联合参加了三届奥运会。从1968年起到1988年，东、西德分别组队参加奥运会。

（一）原东德的竞技体育发展方式

原东德体育体制是以苏联为模式，体育在东德作为社会生活的一部分而被写进宪法，并通过各种法规文件和有关决议注入国家对体育工作的重视，保证必要的体育的经费和物质条件。①民主德国成立之后，受到了以美国为首的西方国家的诋毁和经济上的制裁，它们拒绝给民主德国运动员发放比赛地签证。而竞技体育成为民主德国崛起的一张王牌，民主德国运动员在竞技体育上所取得的惊人成就，不但证明了民主德国的存在，也强化了东德的金牌体育观②。1968年，民主德国以独立身份参加奥运会。它在奥运会的金牌榜上一直位于前茅，优于西德。1976年蒙特利尔奥运会，东德获得40枚金牌，赶上了美国，列金牌榜第2。1988年汉城奥运会，东德最后一次参加奥运会仍以37枚金牌列金牌榜第2。（见表5-1和表5-2）

表5-1　东德在1968—1988年夏季奥运会上金牌数和金牌榜排名

年　份	1968	1972	1976	1980	1984	1988
金牌数	9	20	40	47	没参加	37
金牌榜排名	5	3	2	2		2

表5-2　东德在1968—1988年冬季奥运会上金牌数和金牌榜排名

年　份	1968	1972	1976	1980	1984	1988
金牌数	1	4	7	9	9	9
金牌榜排名	11	2	2	2	1	2

① 蔡俊五.民主德国和联邦德国体育领导管理体制社会化的成功经验[M].体育科学，1989，(2)：82.

② 卢元镇，马廉桢.观念与体制相互依攀的怪圈——东德体育教训之五[M].体育文化导刊，2005，(10)：55.

民主德国在早期体育发展也是以大众体育为主、以俱乐部为基础，并非常重视学校体育发展，是美国为首的西方国家对社会主义国家的打压改变了民主德国体育发展的初衷。

（二）原西德的竞技体育发展方式

与东德体育体制不同的西德体育，它是以自治为特征，以自愿为原则。1950年，西德体育联合会成立时就倡导全民体育、人人参与。当时，西德就有3.2万多名体育会员，占人口的6.7%。1959年，德国开始实施以兴建大量体育场馆为主要任务的黄金计划，通过兴建体育场馆，为大众积极参加体育锻炼创造了条件。西德大众体育是竞技体育的基础，1954年西德足球获得世界杯冠军，在这届世界杯中联邦德国队在预赛中曾以大比分输给匈牙利，而且决赛中也以0比2落后，最终德国队奇迹般战胜了匈牙利夺得第一个世界杯的冠军。联邦德国经历如此重要的体育胜利，但他们仍然走着和东德不同的体育发展道路。西德单独组队共参加了6届夏季奥运会和7届冬季奥运会，但在金牌榜上名次始终排在东德之后。（见表5-3、表5-4、表5-5）

表5-3　西德在1968—1988年夏季奥运会上金牌数和金牌榜排名

年　份	1968	1972	1976	1980	1984	1988
金牌数	5	13	10	没参加	17	11
金牌榜排名	8	4	4		3	5

表5-4　西德在1968—1988年冬季奥运会上金牌数和金牌榜排名

年　份	1968	1972	1976	1980	1984	1988
金牌数	2	3	2	0	2	2
金牌榜排名	8	6	5	12	8	8

表5-5　西德在1954—1986年世界杯的名次

年份	1954	1958	1962	1966	1970	1974	1978	1982	1986
名次	1	4	7	2	3	1	6	2	2

联邦德国体育体制是依据国家法律规定的体育自治的特征，它的竞技体育是由德国体育联合会管理和运作的，政府只是扮演一个协助的角色，并在经费投入上支持德国体育联合会。德国竞技体育从青少年运动

员的选材、培养到代表国家参加比赛,都是通过俱乐部来实现。德国许多历史有名的体育性内容如“黄金计划”、德国科隆体育学院都是在西德所完成。因此,德国统一后,西德的体育体制成为德国体育体制。

三、两德统一后的竞技体育发展方式

1990 年 10 月 3 日,德国重新统一之后,政治、经济、社会等体制完全保持原西德的模式。在两德统一前,东、西德体育分别在奥运会金牌榜上名列前茅,人们一直期待一个统一的德国会成为世界第一的体育强国。但两德统一后,德国竞技体育一直在走下坡路,主要是在夏季奥运会上金牌榜名次的下滑。(见表 5-6、表 5-7、表 5-8)

表 5-6　德国统一后在夏季奥运会上金牌数和金牌榜排名

年　份	1992	1996	2000	2004	2008	2012
金牌数	33	20	13	13	16	11
金牌榜排名	3	3	5	6	5	6

(根据德国奥林匹克体育联合会资料整理)①

表 5-7　德国统一后历届冬季奥运会奖牌数及奖牌榜名次

年　份	1992	1994	1998	2002	2006	2010	2014
奖牌数	26	24	29	35	29	30	19
奖牌榜名次	1	3	1	1	1	2	6

(根据德国奥林匹克体育联合会资料整理)②

表 5-8　德国统一后世界杯的名次

年份	1990	1994	1998	2002	2006	2010	2014
名次	1	5	7	2	3	3	1

(根据德国奥林匹克体育联合会资料整理)③

德国竞技体育在统一后下滑的原因,其一是参赛席位在两德统一后被减半;其二是德国奥委会对原东德兴奋剂问题的零容忍和改造东德原

①②③　德国奥林匹克体育联合会[EB/OL]. http://www.dosb.de/de/olympia/olympia-datenbank/, 2010-8-9.

有体制拖累了新的体育政策实施；其三是包括中国在内的一些国家竞技体育快速进步，这都影响了德国竞技体育在夏季奥运会上的排名。①

两德统一后，德国依照原西德的模式发展大众体育，在原东德实施了“东部黄金计划”(Goldener Plan Ost)，改建东德原有的体育场馆和体育设施，促使东部体育转型。从1999年到2003年，“东部黄金计划”得到的联邦资金共计5 200万欧元。2005年联邦政府又为“东部黄金计划”投资500万欧元。②虽然两德统一后的20几年里，德国体育俱乐部数量继续增长，但德国东部地区体育和西部地区体育发展仍存在着很大差距，“人们意识形态的转变不因为组织形式的改变而改变，意识形态的改变需要时间”。③这也是德国竞技体育下降的另一个原因。

但德国却一直认为自己是一个体育强国，理由是德国体育有雄厚的群众基础。从2013年的数据显示，德国共有91 000个体育俱乐部，注册会员达2 800万人，经常参加运动的人有1 250万人。与其说是德国体育今不如昔，还不如说这是德国体育的正常回归。体育是德国人生活的一部分，它以积极的方式完善人体个性、体现人的价值的基本途径。因而，体育在德国不是时尚，而是一种渗入社会和深入家庭的生活方式，而不是金牌。

第二节　德国竞技体育发展中政府职能的演变及特点

一、两德分裂前竞技体育发展中的政府职能

18世纪末，在古兹姆茨等德国博爱主义教育家的倡导下，体育活动开始在德国盛行，体操作为国家教育的一种特殊形式，成为当时最具政治意义的运动项目。德国体操由弗雷德里希·路德维希·杨和一些浪

① 张力.德国奥委会主席谈两德统一前东德兴奋剂问题难除[EB/OL]. http://sorts.titan24.com/other/2009-11-09/52586.html，2009-11-10.

② 缪佳.德国体育和竞技体育发展的特点研究[J]. 体育与科学，2010，31(6)：68—70.

③ 课题组成员于2013年8月2日在德国奥林匹克体育联合会总部法兰克福，采访德国奥林匹克体育联合会体育发展部部长Dr. Karin Fehres。

漫主义者于1811年在柏林郊外的哈森海德开办建立。①提倡“参与者都穿统一的运动服，佩带有关德国历史上重大事件的纪念章，唱爱国歌曲，在重大纪念日举行体操表演”。1842年，施皮斯受普鲁士文化部委托，为学校设计一个革新性的体操方案。为此他以体操和健身操为基础发展了包括身体控制、秩序和纪律的学校体操体。②此后，在柏林、斯图加特等城市建立了大批体操教师培训机构。德国政府也因此类培训机构的建立而解决了所需体操教师的问题。

德意志帝国统一后开始重视游戏和户外运动对军事发展的作用，户外运动被纳入了国家政策的范畴。1882年，普鲁士教育大臣果斯列尔颁布了《果斯列尔游戏训令》，以行政手段命令各地鼓励大众参加户外活动。1890—1891年及1898年，政府增加了学生的体育活动时间，鼓励将户外活动和竞技运动作为培养青年民族主义和爱国主义精神以及军事使用技能的手段广泛开展。③1917年，国家成立了德意志帝国体育委员会，并于1913年颁布了“德国体育奖章”制度，为体育达标的成年男子颁发“德国体育奖章”。

第一次世界大战战败后，德国于1920年推出了体育“黄金计划”，在全国按照相关标准和规格建设体育场地与设施。1933年开始，纳粹主义者实行“政治性的身体教育”，身体教育和体育运动完全被控制在纳粹主义政府之下。身体训练被置于教育的首位，并承担了培养青年军事技能的任务。体育运动被军事化和种族化，并强制推行体育标准，小于45岁者必须通过“体育标准”测试。其后，在1936年希特勒举办了柏林奥运会以炫耀日耳曼种族优秀论，并进而达到政治宣传目的。④

二、两德分裂时竞技体育发展中的政府职能

原东德是一种政府主导型的竞技体育发展方式。出于当时政治意识形态斗争的需要，举国上下都希冀以体育的振兴来唤醒德意志的民族

① 颜绍泸，周西宽.体育运动史[M].北京：人民体育出版社，1990：243。
②④ 刘波.德国体育政策的演进及启示[J].上海体育学院学报，2014，38(1)：1—8.
③ 颜绍泸，周西宽.体育运动史[M].北京：人民体育出版社，1990：275。

精神和斗志。[①]执政党高度重视体育的政治作用与功能，政府更是将竞技体育作为了彰显政治制度优越性的工具，将竞赛成绩的优劣视为制度成功的好坏，并第一次将“率先发展竞技体育”的指导思想写入宪法，通过法律形式把体育运动规定为社会生活的一部。[②]为此，东德政府设置了竞技体育行政主管部门——中央竞技体育委员会，并将其置于统一社会党中央政治局直接领导下。体育俱乐部、行业体育协会、体校、训练中心和奥委会、体育联合会均在其领导下开展工作。政府对体育事业的发展也投入了大量的经费：1988 年投入 15 亿德国马克，为当年东德国民收入的 0.56%，经费的 60%分配给群众体育，40%分配给竞技体育，但拨付给群众体育的经费，有相当一部分费用用于发展青少年体育，所以实际上投入到竞技体育领域的经费要更多[③]。与此同时，政府通过组织统一选材，分级培养，建立体育科研研究所，修建训练基地集中训练等措施来贯彻国家意志，形成了政府直接参与竞技体育运行的“举国体制”发展模式。

与原东德截然不同，原西德实行了一种典型的社会主导型发展方式。原西德竞技体育的管理主要由德国体育联合会（DSB）进行，政府体育主管部门主要负责拟订相关政策法规及提供相应经费支持。1950 年，德国体育联合会在汉诺威成立，其下属机构和组织包括特殊体育协会、教育与学术协会、全国性质的单项体育（含奥运和非奥运项目）协会以及各联邦州的体育联合会。[④]德国体育联合会是一个民间社团性质的社会体育组织，所有成员自主决定是否参加接受管理。联邦政府承担一部分财政援助和管理职责，以利于保证活动的开展和政策的实施。而且，原西德的竞技体育主要依托俱乐部体制来发展，各级俱乐部负责青少年运

① 冯喆.欧洲体育发展方式改革研究——以英、法、德为例[D]. 上海：华东师范大学硕士学位论文，2013：12.

② 刘波.德国统一前后竞技体育发展特点研究[J]. 北京体育大学学报，2010，33(10)：25—28.

③ Frank Reichelt. Das System des Leistungssport in der DDR[M]. Marburg，2006：52，143.

④ Struktur des DOSB[EB/OL]. [2013-07-02].http：//www.dosb.de/de/organisation/organisation/.

动员的选材与培养、国家级运动员的管理与训练,并遵循市场规律与要求进行市场化运作,政府仅对承担了相应国家任务的俱乐部予以一定的经费资助。高水平运动员代表俱乐部参加各类竞赛,所获的奖金与俱乐部分成。①1959 年,西德重新提出并实施了新的“黄金计划”的标准和要求,并得到了政府的积极支持。1961—1970 年用于“黄金计划”的总投资超过 170 亿德国马克。而这些场馆修建好后大多数分配给学校和大众体育俱乐部无偿使用,促进了学校体育和社会俱乐部的发展②。

三、两德统一后竞技体育发展中的政府职能

1990 年 10 月东德和西德统一,国家的政治、社会、经济制度都保留了西德模式,原东德体育兴奋剂丑闻又在世界范围内产生了极度负面的影响,德国民众更是深恶痛绝,而原西德俱乐部体制不仅打造了集体球类项目的优势,而且很好地满足了广大人民群众的体育需求,深受民众的认同与喜爱,统一后的德国采取了原西德的俱乐部体制发展竞技体育,延续了社会主导型的竞技体育发展方式。

两德统一后,德国体育的发展由官方与非官方两类管理机构来进行组织与管理。在官方管理机构中,国家层面的体育管理机构——内务部,主要管理全国范围内的竞技体育与军队体育,并对德国奥林匹克体育联合会(DOSB)在发展经费和政策上予以支持。联邦州层面的体育管理部门,主要管理学校体育和群众体育。地、市层面的管理部门,主要管理大众体育俱乐部和体育场馆的建设与发展。非官方管理机构,主要由德国奥林匹克联合会(DOSB)及各运动项目协会对竞技体育实施管理。德国奥林匹克联合会是 2006 年 5 月由德国体育联合会与德国奥委会 2 个独立组织合并而成,是管理和促进德国体育发展的最高组织机构。

德国政府对竞技体育的投入集中在三个方面:投入适当的发展经

---

① Rthig P., Prohl R. Sportwissenschaftliches Lexikon[M]. Schorndorf: Verlag Hoffman, 2003.

② 刘波.德国体育政策的演进及启示[J]. 上海体育学院学报,2014, 38(1):1—8.

费、修建先进的体育场馆、建设先进的训练基地。竞技体育发展的具体运作则交由社会组织：奥林匹克体育联合会、单项体育协会、体育俱乐部负责。在德国，对竞技体育感兴趣的运动员，在不同的体育俱乐部或训练基地中训练，训练出成绩后，既可以代表所在体育俱乐部参加各种竞赛，也可以代表国家参加国际竞赛，经费则由政府、俱乐部和竞技体育基金会共同资助。①②

第三节　德国政府对竞技体育发展方式的干预方式

一、政策法规扶持的作用方式

德国虽然没有专门的体育法，但德国宪法中有保障体育组织享有免受政府干涉的规定以及体育俱乐部和体育协会的自治性条款。德国政府对于体育立法实行的也是不干涉主义。德国体育能独立于政府而自治，这是德国的基本法赋予公民和组织应有的权利。

按照《基本法》第30条，16个联邦州总体上负责资助联邦德国的体育。在这方面，重点领域是关注体育联合会内部和外部的中小学体育、大学体育、大众体育和休闲体育，以及体育设施建设。根据体育自治原则，政府将自己的角色定位为支持者，只制定促进体育自治的框架，让运动员能以最高的国际水平参与比赛。为此，政府并不是通过其项目或方案来参与处理体育事务，而是通过参加涉及体育自我管理的不同组织来发挥作用。

德国竞技体育和体育俱乐部单靠政府投资和俱乐部会费是很难生存的，所以，德国政府对体育有许多免税政策。德国的税收很高、其制度复杂，税收种类又繁多，因此，德国很多著名体育明星都移居国外。德国

① 刘波.德国统一前后竞技体育发展特点研究[J].北京体育大学学报，2010，33(10)：25—28.

② 刘波.德国体育俱乐部体制与竞技体育关系的研究[J].体育与科学，2007，28(6)：68.

政府对体育的免税主要是针对非职业性、商业性的俱乐部,这些俱乐部可以不用交税,但商业性和职业性的俱乐部仍然是要交税的。对于那些赞助体育比赛和俱乐部的企业,他们在上交的税收部分可获得减免。所以,德国很多企业愿意资助体育,目的除了喜欢体育外还可以省下广告费及少交税。德国的阿迪达斯、奥迪等都是德国奥运会的赞助商。当然,这些赞助对各个项目是不一样的。

二、直接与间接性体育投融资的作用方式

德国政府通过拨款支持竞技体育,德国竞技体育的经费 60%以上来自政府。德国政府每年用于体育的经费约 1.3 亿欧元,其中 32%左右用于优秀运动员及教练员参加国际性比赛等,20%用于各州奥林匹克训练基地的运作,15%用于体育场馆的维护和修建,5%用于反兴奋剂工作,剩下的资金用于残疾人体育和体育科研。竞技体育从政府拨款中获得 32%经费外,还会从用于各州奥林匹克训练基地、体育场馆的维护和修建等中间接获得利益。政府也是通过经费投资影响着竞技体育的发展。两德统一后,德国政府坚决反对竞技体育中使用兴奋剂,不仅严查兴奋剂,而且采取一切手段反对兴奋剂使用。德国总理默克尔曾表示:“反兴奋剂斗争是德国政府体育政策的一项核心内容,德国政府将全力支持反兴奋剂斗争。”所以,政府投资中有专门的反兴奋剂费用。与此同时,政府还对非商业性和非职业性的体育俱乐部免税,对赞助体育比赛和俱乐部的企业减税。

政府还通过建造的基本设施支持竞技体育。德国的各种体育场地和体育设施都是属于政府的,只有符合要求的俱乐部才能免费使用。德国铺天盖地的运动场所都是“黄金计划”的成果,体育场所都是由联邦政府、州政府和地区政府分别出资建造的。从 1959 年到 1975 年共建造了 31 000 个供儿童游玩的场所,14 700 个室外田径、足球场及部分学校中的运动场,10 400 个多种运动项目的室内馆,5 500 个室内体育馆,2 420 个室外游泳池和休闲桑拿的综合游泳场,2 625 个供教学使用且大部分设

在学校内的室内游泳池，435 个室内游泳馆。①这些场馆并不是竞技体育独享的，所有德国的优秀运动员训练比赛都必须和普通民众一样排队、登记使用国家的场地。

三、管理职能部门的服务性作用方式

德国体育和竞技体育主要是由德国奥林匹克体育联合会及它下属的部门管理，德国政府在体育管理中只扮演一个配角，所以，政府在竞技体育管理中不能将其意愿赋予德国奥林匹克体育联合会。政府和德国奥林匹克体育联合会是平等的关系，因此，政府和竞技体育也是相互协助关系。政府支持竞技体育，竞技体育为政府承担社会责任。

二战后，新的体育联盟组织在联邦德国出现，取代了当时国家社会主义时期的国家主导体育运动。1949 年，德国奥林匹克委员会(NOK)成立；1950 年德国体育协会(DSB)成立。NOK 被计划用来代表德国奥林匹克理想，DSB 的成立作为全国性联盟组织，代表所有体育联合会。2006 年，这两个组织合并成为德国奥林匹克体育联合会(DOSB)，这意味着奥运会项目和非奥运会项目现在拥有共同的联盟组织。根据章程，DOSB 将它的任务领域分成总目标、竞技体育目标和大众体育目标。

在高水平体育领域内，尤其是那些拥有高水平能力的委员会中，常常有联邦政府的代表入驻。联邦政府的代表主要在 DOSB、全国性单项体育联合会及德国体育援助基金会等重要组织中的董事会、委员会内担任职务，或是在联邦训练中心托管人的董事会中任职。

德国奥林匹克体育联合会是德国体育和竞技体育最重要的管理机构，它在国家体育政策的制定和实施以及体育资源的配置上起了主导作用，它有权代表所有体育项目，并且成为这些体育项目的代言人。德国奥林匹克体育联合会除了制定体育政策法规、从总体上推动德国竞技体

① 德国奥林匹克体育联合会[EB/OL]. http://www.dosb.de/de/organisation/mitgliedsorganisationen/2010-2-09.

育和大众体育的发展，还要协调各个组织及其成员的利益，向其他的会员提供一定的财政帮助。

德国奥林匹克体育联合会领导层是由其成员组织和成员选举产生，因此，德国奥林匹克体育联合会必须对其成员组织和成员负责，代表他们的利益，维护他们的权益，所以，只有共识问题才能得到解决。德国奥林匹克体育联合会每两年召开一次全体大会，所有成员协会均派代表参会，通过投票等形式进行民主议政，修改和补充体育联合会的章程。讨论新方案的实施，审核财政情况等等。每个体育协会有自己的章程和事务，德国奥林匹克体育联合会在原则上无权干涉。①

德国政府在内务部设有管理体育的部门，但政府只对那些体育组织承担起来比较困难的、并与国家利益有关的重大体育赛事和体育设施提供帮助，如奥运会、世界杯以及公共的体育场馆、设施建设等。它不干涉体育组织管理其内部事务。德国各州政府机构也设有类似的部门，但它同样和政府管理体育的基调一致，充分保证体育组织的自治地位。州的体育联合会则更多是管理大众体育，而竞技体育是由单项协会和州的单项协会和奥林匹克体育联合会一起负责管理。德国的俱乐部是德国竞技体育的基础，德国运动员的选材、培养到成才都是通过俱乐部体制来实现。但德国俱乐部不完全是为竞技体育而设置的，德国体育俱乐部什么内容都有，而不管什么俱乐部都享有同等的政策，竞技体育没有优选权。

① 刘鹏.我所了解的德国体育——在德国体育联合会和奥委会实习片断[J]. 体育文化导刊，2006，(10)：72—74.

第六章　英国竞技体育发展方式及政府职能的历史变迁与特点

第一节　英国竞技体育发展方式的演变及特点

一、二战前的英国竞技体育发展方式(1945年前)

第一次世界大战以前的英国体育处于以社会自治为典型特征的自然发展状态,处于强盛期,当时的英国政府既没有设立专门的体育事务管理部门,也没有针对性的体育政策规划,竞技体育的发展方式完全依托于大众体育的开展。但是,虽然英国政府不直接介入竞技体育的管理与发展,政府的体育态度仍然深刻地影响着英国竞技体育的生存与发展状态。尤其是1840年以后英国政府对英国公民的体育与娱乐活动持有了更为积极的支持态度。然而18世纪60年代工业革命早期的英国政府对英国传统体育是持管制与高压态度的,如1780至1840年实行的《禁止血腥运动法案》《道路法案》等法律禁止工人进行斗鸡、斗牛的血腥竞技运动,对街头格斗和足球也进行了场地和规则限制①,但随着"理性消遣"运动的兴起,政府逐渐开始支持健康理性的运动形式。

1840年以后,英国成为世界第一工业大国,工人收入水平前所未有地得到提高,休闲时间日渐充裕,英国政府鼓励地方政府及社会组织大力修建体育设施和公园,允许公共基金用于体育活动。如截至1914年,英国面

① 甄媛圆,缪佳.英国体育政策的嬗变及启示[J]. 西安体育学院学报,2015, 32(3): 264—268.

向社会开放的室外游泳池便达到了500多个。同时英国政府还鼓励社会体育组织成立与发展,如1863年英国足球协会成立,1871年英国橄榄球协会成立,1887年英国曲棍球协会成立,这些非营利性社会体育组织的广泛建立不仅为英国大众体育的开展提供了组织保障,也客观上为英国竞技体育发展水平的提高提供了组织支持。①1896、1900、1904年三届奥林匹克运动会上,英国体育代表团分别获得了第5、3、6的成绩,1905年英国奥委会的成立为英国精英体育参与奥运会提供了针对性的组织与后勤支持,这也在一定程度上成就了1908年伦敦奥运会英国竞技体育的第一次强势崛起,1912年的奥运会英国也获得了世界第三的好成绩。

第一次世界大战的硝烟逐渐将英国拉入国力衰落的历史泥潭,加之1929年世界经济危机对英国的重创,英国政府逐渐开始重视体育的军事价值和社会塑造功能。尤其是为了应对国民参与第二次世界大战对身体素质的需要和维护大国体育形象的尊严,1937年,全国性最大的体育组织——英国身体娱乐中央委员会成立,其具有政府和体育专业机构的双重身份属性,为英国非营利社会体育组织更广泛的生存与发展、体育政策的推进、公共体育设施的建设、体育理论与技术的发展等方面提供了重要支持,因而即使英国已身处二战漩涡,但其大众体育在当时仍然获得了一定的发展,体育不仅锻炼了英国军民强硬的身体素质,也提供了精神、心理和毅力的锤炼。然而此时,世界竞技体育的竞争已经更加崇尚政府投入、系统组织和科学备战,如纳粹德国制度化的竞技体育组织备战以及当时美国的科学化备战已经颇成气候,而由于英国保守性的恪守传统的竞技体育发展方式,其国际竞争力下降已属不争事实,二战前后英国奥运成绩均跌落至奖牌榜10名左右便是重要佐证。

二、"福利国家"下的英国竞技体育发展方式(1945—1979年)

摆脱了第二次世界大战的历史梦魇,英国亟待从二战的废墟中复

① 李远乐,张海军.英国竞技体育振兴之路探究[J]. 山东体育学院学报,2009(2):1—3.

苏，1945年工党领袖艾德礼取代丘吉尔担任英国首相，鉴于英国民众对建设新国家、新社会的渴望，艾德礼以《贝弗里奇报告》为蓝图，在社会保障、卫生健康、教育、住房、个人社会服务等领域，通过多项措施构建"社会服务国家"，并于1947年第一个宣布建立"福利国家"。①

在高福利的社会体制下，民众对体育与娱乐休闲的社会需求更加旺盛，尽管在冷战背景下，竞技体育已经成为社会主义阵营与资本主义阵营间博弈与争斗的重要历史舞台，但英国政府及社会对竞技体育的政治追求逐渐淡化，社区体育成为国家体育发展战略的排头兵，而精英运动员的产生也更加依赖于社区体育的发展。1960年，沃夫登委员会发布了有关体育与社区的报告，建议将大众体育作为社会福利的一个组成部分，政府应当给予支持和资助。②1965年英国政府设立了中央体育理事会咨询委员会，该机构开始代表政府逐渐行使体育行政职能，但主要的行政重点是为英国社会提供公共体育服务，而公共体育服务的重点仍然是大力兴建体育设施，竞技体育依然没有得到优先发展的机会。1972年中央体育理事会咨询委员会被改组，成立了不列颠体育理事会，该理事会以"提升竞技体育实力，发展休闲体育运动"为目标，并连同前后成立的英格兰、苏格兰、威尔士、北爱尔兰等区域体育理事会肩负起了精英运动员的发现、输送、培养、服务、资助等工作，但这些工作仅仅是这些理事会的工作支点，该时期英国政府并没有出台明确的竞技体育扶持政策。20世纪70年代随着英国社会福利政策向弱势群体的转移，英国政府的体育政策也逐渐具有偏向特定人群的倾向，如1973年的政府文件《体育和休闲》、1975年的白皮书《体育与娱乐》、1977年的政府文件《城市的政策》等文件都加大了对弱势群体和城市青少年群体的关照。③

因此，20世纪80年代之前的英国竞技体育仍然是"国家福利"制度

① 汤际澜.英国公共服务改革和体育政策变迁[J].南京体育学院学报(社会科学版)，2010，24(2)：43—47.

② Jefferys K. Sport and Politics in Modern Britain: The Road to 2012[M]. London: Palgrave Macmillan, 2012：53.

③ 王英峰.英国体育管理及体育政策的演进研究[J].天津体育学院学报，2011，26(3)：251—254.

下大众体育和社会体育发展的附属品，虽然成立了全国性和地方性的分管竞技体育的社会组织，但政府依然没有干预竞技体育发展方式，无论是投入、政策还是专门机构都未能向竞技体育发展倾斜，所产生的后果是英国竞技体育在奥运会上的表现依如从前。

三、“新自由主义理念”下的英国竞技体育发展方式(1979—1996 年)

20 世纪 70 年代末期，撒切尔夫人上台，以“新自由主义理念”为执政基础，对英国社会经济体制进行了深化改革，一方面大力推动国有垄断企业私有化和金融货币市场化的经济改革，另一方面对“福利国家”下机构臃肿、效率低下的各种免费公共服务供给体系进行社会改革。撒切尔削减财政开支，强调个人责任与义务，如将市场竞争引入医疗服务，改革过去完全免费的医疗健康服务，让患者也承担一定比例的费用。同时让国家卫生部门从管理者改为医疗服务购买者，增强医疗机构自主权。住房方面实行公房私有化政策，大量出售政府公房，通过优惠条件鼓励私人购买住房。福利制度改革的总思路是将福利给予最需要的人群，提高市场的配置效率，将政府的作用转变为有选择地提高优质服务。①

在体育领域的改革，撒切尔政府的主要贡献在于 1982 年和 1988 年出台《未来 10 年的社区体育》《90 年代社区体育》文件，将 13—24 岁的青年和女性群体作为政策关注重点，着力提升大众体育的参与率，同时 1988 年将强制性竞标方式(CCT)引入体育休闲服务中，将私人机构和市场竞争机制引入公共体育服务供给以及体育场馆的管理服务，虽然也带来了体育服务供给追逐利益最大化的弊端，但客观上也摆脱政府单一管理与供给的效率低下问题，并且在财政上为政府对大众体育的支持进行了松绑，从而为竞技体育的政府投入创造了空间，但撒

① 刘波.撒切尔夫人——坚定的变革者[EB/OL]. http://www.21ccom.net/articles/qqsw/qqgc/article_2013041381232.html.2013-4-13.

切尔时期致命的执政缺陷则是对精英竞技体育的轻视与不屑，撒切尔夫人曾认为，“精英体育特别是足球更多的时候制造的是问题而不是荣誉”。①以贵族姿态对平民运动的鄙夷为撒切尔带来的是民意上的跌落，而事实也证明，撒切尔的执政并没有改变英国传统的竞技体育发展方式，虽然在20世纪80年代以后，英国政府对竞技体育的财政投入加大了。

作为撒切尔的继任者，梅杰政府显然加大了对竞技体育改革的力度，1992年政府将体育部设置在国家遗产部下面，大大提升了体育事务在内阁事务中的地位，1994年英国开始发行体育彩票为体育事业积累了更多发展资金，1995年《体育：发展游戏》政策的颁布是英国政府对竞技体育发展态度的关键转变，该政策内容已经明显倾向于发展精英体育和在英国社会中占据重要地位的体育项目，大众参与的任务被转交给地方负责，地方政府主导大众体育的地位被进一步确立，而英国政府则将目标转向培养优秀运动员，投资建立英联邦体育研究院网络，改善教育系统在培养优秀运动员过程中的角色等领域，对竞技体育的介入态度已现端倪，而1996年亚特兰大奥运会仅获得一枚金牌的惨败更加坚定了政府投入竞技体育的决心。总之，该时期英国竞技体育发展方式及政府职能已经开始发生初步转变。

四、“第三条道路”下的英国竞技体育发展方式(1996年至今)

第三条道路是20世纪90年代西方政治家在权衡传统的西方资本主义道路和社会主义道路各自不足的基础上所酝酿的一种汲取两者互补优势的政治理念。其主要思想内容为：在社会民主主义的基础上，肯定自由市场的价值，强调解除管制、地方分权（非核心化）和低税赋等政策，包括美国前总统克林顿、英国首相布莱尔、德国总理施罗德、西班牙总理

---

① Houlihan, B. Sporting excellence, schools and sports development: the politics of crowded policy spaces[J]. European Physical Education Review, 2000, 6(2), 171—193.

萨帕特罗等政治家都是第三条道路的提倡者。①

英国政府进入布莱尔执政时期以后，对竞技体育进行了大刀阔斧的改革，1996 年具有政府职能属性的专业性竞技体育管理机构——英国体育理事会（又称英国体育局）成立，随后 4 个地区性的体育理事会以及 49 个地方体育合作组织相继成立，形成了政府宏观管理、社会主导、注重多方合作的体育管理模式，一举奠定了英国体育管理组织结构新体系。②（见图 6-1）类似于我国国家体育总局性质的英国体育局代表政府履行制订英国的体育发展方针，负责举办重大体育赛事，代表英国在海外的体育利益，并致力于提高英国在国际体坛上的影响力，其直接目标则是促使英国在各项运动的世锦赛、奥运会、残奥会等竞技体育世界大赛中创造好成绩。然而与我国所不同的是英国体育局等政府代理机构并非政府身份而是非政府公共机构性质，其负责执行政府拟定和颁布的竞技体育政策，并具体向下组织落实竞技体育发展的各项政策措施，而文化、传媒和体育部（DCMS）才是政府职能部门，在对政策执行机构进行合同管理的基础上，宏观调控、监督和决策竞技体育发展方向，做到了政事

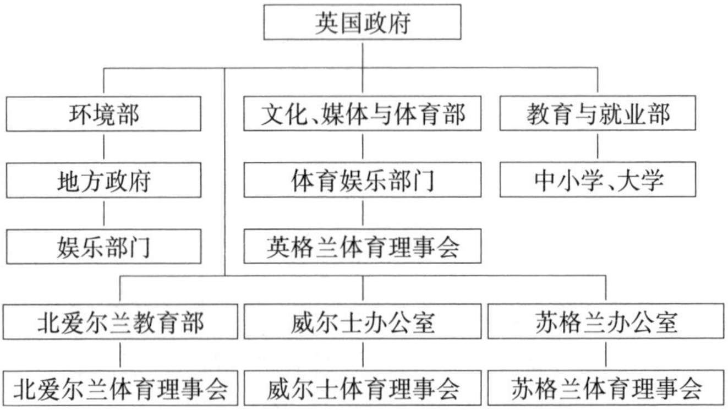

图 6-1 英国体育管理组织结构体系

① 百度百科.第三条道路[EB/OL]. http://baike.baidu.com/link?url=urmcq3SzR8EcV-UUgImr_zyVSNT_fla07n8BpDv-srCRUE7P4TdtrjeTJU0z_bCSd-7LafsTJLmp90H65GJKpv_.2015-12-9.

② 贾文彤，孙焕江，梁灵艳.命令与契约——论英国体育管理[J]. 山东体育学院学报，2009(1)：1—4.

分开、管办分离，不仅在竞技体育领域塑造了一个有限政府的责任角色，更是大大提供了竞技体育的发展效率，完成了一个竞技体育管理有效政府的历史蜕变。

第二节　英国竞技体育发展中政府职能的演变及特点

一、体育管理机构

第一次世界大战之前，英国政府既没有设立专门的体育事务管理部门，也没有针对性的体育政策规划，竞技体育的发展完全依托于社会组织的自发组织和管理。1840 年以后，随着经济水平的提高，国家鼓励地方政府及社会组织大力修建体育设施和公园，允许公共基金用于体育活动。

第一次世界大战耗费了英国国力，加之 1929 年世界经济危机的影响，英国政府开始重视体育的军事价值和社会塑造功能。1937 年，英国身体娱乐中央委员会成立，具有政府和体育专业机构的双重身份属性，为全国性最大的体育组织，为社会体育组织的生存与发展、体育政策的推进、公共体育设施的建设、体育理论与技术的发展等方面提供了重要支持。

二战后，英国于 1947 年宣布建立“福利国家”。在冷战背景下，英国政府及社会淡化了对竞技体育的追求，社区体育成为国家体育发展战略的优先方向，而精英运动员的培养通过社区体育的发展来实施。1961 年，教育部向体育与娱乐中央委员会提供了一笔专项资金，1963 年，海尔沙姆(Hailsham)勋爵被任命为部长大臣，专门负责体育工作。此后，政府在体育中的作用逐渐加强。

二、体育管理机构的变革

1972 年，体育部长大臣艾尔顿·格里菲斯(Eldon Griffiths)发表声明：要赋予不列颠体育理事会以行政权力，并扩大其管理职责。①撒切尔主政时期为竞技体育的政府投入创造了空间，但其致命的执政缺陷则是对精英竞技体育的轻视与不屑。虽然在20世纪80年代以后，英国政府对竞技体育的财政投入加大了，但并没有改变对其的传统观念与看法。梅杰政府时期则加大了对竞技体育改革的力度：1992年，在环境部设立体育大臣，由其负责协调体育发展的各项事务；1994年，开始发行体育彩票为体育事业积累了更多发展资金；1995年，颁布《体育：发展游戏》政策，国家开始倾向于发展精英体育和占据重要地位的体育项目，大众参与的任务被转交给地方负责。在经历1996年亚特兰大奥运会的失利后，英国政府开始全面介入竞技体育的发展。同年成立文化、媒介和体育部，下设体育和娱乐处，分管全国的体育和娱乐工作。1997年成立英国体育理事会，取代原不列颠体育理事会。同年还专门建立了“体育内阁”，成立了下设直属机构：英国运动协会（UK sport）。至此，英国拥有了专门的体育行政管理机构，目标是在2012年进入世界竞技体育五强之一。②③虽然政府强化了自身在竞技体育发展中的作用，但是政府职能主要集中在决策、调控和监督三个方面，具体操作性事务则通过合同管理的方式外包给了非政府体育组织，并通过目标设定、公共服务协议、审计、绩效评价和测量等措施监控民间体育组织完成的实效。竞技体育表现为了一种政府主导下的结合型发展方式。④

三、体育管理机构职能强化

1997年英国政府针对性出台《奥运奖牌计划》《奥运争光计划》等奥

① 王英峰.英国体育管理组织体系研究[D]. 北京：北京体育大学博士学位论文，2011：17—20.

② 张天白.英国竞技体育的调研与思考[J]. 体育文化导刊，2004(8)：7—10.

③ 李远乐，张海军.英国竞技体育振兴之路探究[J]. 山东体育学院学报，2009，25(2)：1—3.

④ 汤晓波.当代英国体育发展模式的转变——基于政府与民间组织合作的视角[J]. 体育学刊，2013，20(3)：56—60.

运战略计划，2000 年则出台《大众体育的未来》《体育战略实施小组报告》《大众的体育未来：政府的体育计划》等重要文件。2002 年，制定了"Game Plan"政策，提出竞技体育领域中要注意天才运动员的发现。同年还颁布并推广了《奥运会计划》，着重关注提高英国竞技体育在国际体育赛场的表现。其通过卓有成效的机构改革和陆续而强有力的体育政策终于在 2008 年北京奥运会上迎来了竞技体育实力的强势回归，一举获得了奖牌榜第四的百年佳绩。2005 年英国政府倾力申办奥运会成功，进一步加速了英国竞技体育发展方式转型，借助举办奥运会的历史契机和巨大的社会激励功能，作为东道主的英国奥运代表团在 2012 年伦敦奥运会上以 29 金、17 银、19 铜的百年最佳战绩强势挽回了老牌竞技体育强国的世纪尊严。新时期的英国竞技体育更加注重政府作用机制的力量，即主要包括强有力的竞技体育组织结构和连续性的竞技体育政策，也更加注重政府、市场、社会三重力量的配置。总的来看，政府职能部门的强力领导和市场社会要素的高度融入形成了新时期英国竞技体育发展方式的全新动力机制。

第三节　英国政府对竞技体育发展方式的干预方式

一、政策法规指引与扶持的作用方式

二战前英国受自由主义经济政策的影响，政府对体育的关注程度是相当低的，主要是放任给中产阶级和社会精英阶层所自发组织的体育协会进行自治。19 世纪下半叶的英国政府相继出台了《娱乐用地法案》《公共卫生法案》《工厂法案》《公园管理法案》《大都会法案》《银行假日法》，主要是出于改善工人休假制度和公园活动环境考虑。进入 20 世纪上半叶，诸如《体育训练与娱乐条例》《教育法案》的出台则是出于体育场地设施的改善，以支持社会体育娱乐及体育教育事业。直到进入 20 世纪 70 年代，英国政府才真正意义上开始将体育职能纳入政府职能范畴，而此时正是"英国病"蔓延的加速时期，出于对大众健康和社会稳定的考

虑,1972 年政府发布了《体育供给计划》规划了未来 10 年英国体育场地的建设计划;1975 年出台的《体育与娱乐白皮书发布》首次将体育作为公民权利纳入英国政府的公共服务范畴,并重点关注贫民区的体育需求;1982 年和 1988 年先后发布《未来十年社区体育》和《90 年代社区体育计划》,开始在大众体育服务领域引入商业投资。

纵观 20 世纪 90 年代之前的英国体育政策发展脉络,英国政府在竞技体育领域的职能履行并没有体现在其体育政策范畴之内,直到进入 20 世纪 90 年代中期以后,英国政府的竞技体育政策才真正意义上得到酝酿。1995 年《体育:发展游戏》的出台首次明确了英国优先发展竞技体育和学校体育的战略,并确定了管理机构改革的方向。1997 年《奥运奖牌计划》《奥运争光计划》出台明确了英国竞技体育在奥运会的战略目标。

进入 21 世纪,英国政府再次加大了体育政策的出台力度,《大众体育的未来》《体育战略实施小组报告》《大众的体育未来:政府的体育计划》在 2000 年同年出台①,重要性在于政策明确阐述了英国竞技体育、大众体育、学校体育三者之间的结构性关系,并对大众体育与奥运成绩间“普及”与“提高”的影响有了深刻认识,且积极提出了申办 2012 年奥运会的战略构想。虽然政府出台的体育政策规划逐渐将竞技体育发展列为英国体育发展的当务之急,但政策规划内容并非一味强调奥运会的成绩问题,而是理性地将竞技体育的发展与大众体育的发展更为紧密地捆绑在一起,突出两者间的相互促进和协调发展关系。

2005 年英国如愿获得伦敦奥运会的举办权,英国政府又将政策规划的重点放在了奥运遗产问题和英国竞技体育可持续发展基础之上,《2012 伦敦奥运会和残奥会:资金与遗产》《2012 我们的承诺》《2012 年奥运会遗产行动计划》《可持续发展遗产协议》《体育发展纲要》《2012 奥运会和残奥会项目目标》《维持和提高英国精英运动的表现》《让更多的人

① 甄媛圆,缪佳.英国体育政策的嬗变及启示[J]. 西安体育学院学报,2015, 32(3): 264—268.

参加体育运动》等①，这些伦敦奥运周期的体育政策再次将英国政府的竞技体育发展职能提升到了历史新高度，可以说，在政策规划领域英国政府实现了体育职能转变的华丽转身，为竞技体育发展方式的转型调转了历史航向。

二、直接与间接性体育投融资的作用方式

早期的英国政府对竞技体育不予拨款，从 1972 年以后政府逐渐对其投入了一定比例的经费，并且呈现逐年上升的趋势，1996 年亚特兰大奥运会以后，英国政府更是加大了对竞技体育事业的经费投入，每年大致从国库拨款 5 200 万英镑，同时国家彩票基金对竞技体育的投入也逐渐增加，从 1996 年至 2000 年的 5 890 万英镑增加到 2008 年至 2012 年的 2.64 亿英镑。②但政府拨款毕竟不是竞技体育发展的长久之计。因此随着 1994 年英国体育彩票的发行，竞技体育所获得的资金来源开始多元化，包括商业赞助和私人捐助在内的大量资金被分配到庞大的英国竞技体育系统内部，形成了英国政府多元化的竞技体育服务资金供给链。但这似乎并不符合英国公民传统的竞技体育自治发展观理念，因为政府的财政拨款是来自英国公民作为纳税人的口袋之中，所以必须要有一套具有说服力的竞技体育资金分配机制来消解社会质疑，让英国公民有理由相信竞技体育资金供给及其分配的合理性。英国竞技体育资金分配机制的特征如下：

1. 奖惩性的资金分配制度特征。以不同项目协会运动员的竞技表现为绩效考核导向的资金资助办法被采用。英国的精英运动员培养世界级计划（顶峰、发展和天才识别三个层面）由全国项目协会输送运动员，同时也由其选择资助运动员，而这种资助的资金投入力度是与运动员的资助效益紧密相关的。英国体育局一方面要求全国项目协会承认

① 陈珊，肖焕禹.伦敦奥运周期英国体育政策研究[J]. 体育文化导刊，2013(12)：18—20.

② 孙雪.英国精英运动员培养体系研究[D]. 北京：北京体育大学，2013.6：28，30，38，41.

奥运会和残奥会奖牌目标的卓越性，并由“会计官”对公共经费的使用负责，要求各项目协会有一个清晰的财政政策和员工责任机制，在每次全国项目协会委员会会议上要求慎重考虑自身的财务报告，递交完整的竞技体育表现计划给英国体育局，并通过名为“任务 2012”的监督体系①，责令项目协会仔细考核运动员的表现和发展，同时用与之相关的绩效评估系统评估项目协会及其领导层的表现，并要求对顶峰和发展层面的运动员给予个性化的表现跟踪计划方案，为他们建立了夺牌目标的通道，提供各种必要支持，如顶尖的教练员，最新的高科技投入和医学支持，暖气候训练、适应性和国际竞争安排表，以及体育科研支持，这些工作范畴内发生的经费都要求清楚地反映在财务报告中，这将成为资金资助办法的重要依据。一旦项目协会的工作没能通过考核指标则将受到资金方面削减，反之则增加资助力度，即后一次奥运会周期的资助金额增减幅度将以前一次奥运会周期的综合表现为重要依据，如英国田径队在 2004 年雅典奥运会获得了较大的突破，因此在 2008 年北京奥运会周期中获得了更大资金资助力度，但是 2008 年北京奥运会上并没有更大进展，因此在 2012 年伦敦奥运会周期的资助则削减了。

2. 具有较为严格的财务审计监督特点。虽然在夏季奥运会获得成功具有至高无上的英国精神重拾价值以及重要的政治意义，但给予竞技体育如此巨大的资源，英国政治家们有职责以国会民主精神进行恰当水平的财务监督，事实上英国政府对竞技体育巨大的财务投入时常引来在野党派、国会内部，以及其他政府职能机构的批判和质疑声音，即主要来自英国政治体系内部的不同意见，但客观上这为竞技体育财务监督提供了内部动力，例如，投入竞技体育的大量彩票资金一般要被国家审计办公室、公共会计常务委员会等专业性财务机构调查，如在资助 2012 年伦敦奥运会时人们发现当彩票资金越来越狭隘地分配到精英体育中时，其他体育政策目标如体育参与水平提升则在为其让步，而这直接导致相关利益群体的高度关注与质疑，因此推动了国家审计办公室、公共会计常

---

① Barrie Houlihan, Mick Green. Routledge handbook of Sports development[M]. Routledge 2 Park Square, Milton Park, Abingdon, Oxon OX14 4RN, 2011:379—383.

务委员会等职能机构的介入调查的力度和深度，其中英国公共会计委员会主席当时就曾对英国体育局执行主任提出疑问："除了声望以外，赢得金牌对大众意味着什么？我们为何不把这钱更多地投入到公共游泳池建设上来？"可以看出，英国政府内部的部分高官对竞技体育的高投入并不支持，因此为维护相关群体利益以及充分履行自身的机构职能，英国当局必然通过专业性的财务审计手段对资金的分配使用进行财务监督，从而促使每一英镑的费用都有相对应的明确的使用去向。①

三、管理职能部门的干预性作用方式

1996 年以后，英国政府全面介入竞技体育发展各项工作，除了提供强有力的政策支撑外，夯实与构建竞技体育后备人才培养基础，完善英国精英运动员培养机制成为重要工作内容。在政府引导，社会力量广泛参与下，英国竞技体育人才培养系统打破了传统原始的旧金字塔人才培养体系，打造出了全新的以学校为基础、俱乐部为载体、区域单项体育协会为枢纽、英国体育学院为依托的精英运动员成长路径，加之体育参与、体育设施、运动员选材、教练员、资金投入、科研、国内外比赛以及运动员保障八大要素的共同支撑，英国精英运动员培养的新金字塔体系建成（见图 6-2），最终形成了高效的竞技体育人才培养机制。

英国精英运动员培养机制的首要特征是高度重视初级层面的学校体育和社区俱乐部的基础性作用。在学校层面，英国文化、媒介和体育部、教育部、英国奥林匹克委员会、英国体育理事会和英国青年体育基金会共同合作，颁布和实施了"学校体育比赛计划"，该"计划"将青少年赛事分为校级、校际、郡县、全国性四个层面。资金主要来源于国家彩票基金和政府资金投资，全国数百万的青少年获得了参与体育比赛的机会，有天赋的青年运动员则有机会代表学校参加国家级的全国综合体育比

① Barrie Houlihan, Mick Green. Routledge handbook of Sports development [M]. Routledge 2 Park Square, Milton Park, Abingdon, Oxon OX14 4RN, 2011: 379—383.

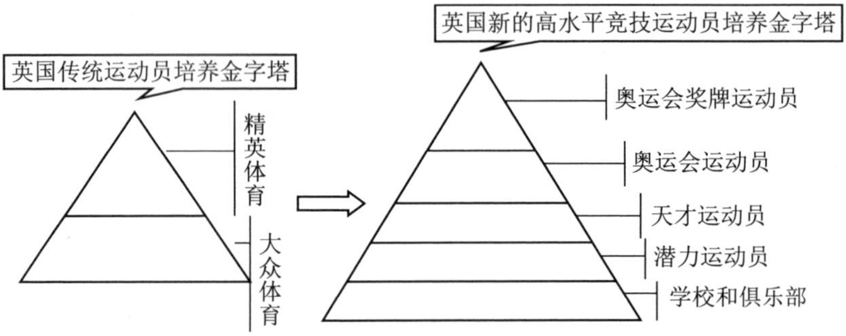

图 6-2　英国新旧竞技体育人才培养金字塔模型对比

赛。在社区层面，英国文化、媒介和体育部以及英国教育和技能部于2002年推出了“学校体育—体育俱乐部链计划”将学校体育与英国强大的社区体育整合起来，英国体育理事会数据调查表明，2004—2005年有22%的青少年至少参加一个社区体育俱乐部，2008年这一比例上升到了27%。平均每所学校与社区体育俱乐部有5个体育合作项目，足球、英式橄榄球、板球、田径和舞蹈最为普及。①

英国政府并不直接介入竞技体育服务的供给事务，而是通过签订服务合同委托英国体育局（UK sport）履行任务，作为政府购买竞技体育服务的直接代理机构，英国体育局负责重大比赛公共体育服务和竞技体育公共服务供给体系的资金的审核与发放工作，其具体服务职责包括发展竞技体育，分配政府和彩票资金，资助各单项国家理事机构和高水平运动员；通过成立体育学院等方式对运动员提供支持和服务，培养高水平竞技体育人才；国际体育的宣传和推广；申办和举办大型体育比赛；倡导体育道德和反兴奋剂等。而上述内容都是政府对其进行绩效评估的重要指标。②

彩票基金主要被用于推进世界级表现计划及世界级赛会计划。前者具体资助内容包括支持单项协会的运动表现计划、协助训练与比赛、

① 孙雪.英国精英运动员培养体系研究[D].北京：北京体育大学，2013.6：28，30，38，41.

② 王英峰.英国体育组织管理体系研究[D].北京：北京体育大学，2010.6：25.

发展运动科学与医学、推广教练培训计划以及补助运动员个人的运动员个人奖励金计划。后者主要用于支持单项运动协会争取及主办像奥运会、世界杯、欧洲杯等大型的赛会。国库基金主要用于帮助各单项协会及相关的伙伴团体以提供选手必要的协助与服务，具体包括人员的配置与管理的架构、安全与伦理的标准、非彩票基金所补助的运动精英团队、教练的教育与发展、单项协会的现代化、补助英国运动教练协会、国家运动医学中心等与其合作的伙伴团体。①

① 陈丛刊，卢文云等.英国公共体育服务供给体系建设的经验与启示[J]. 成都体育学院学报，2012，37(1)：28—32.

第七章　法国竞技体育发展方式及政府职能的历史变迁与特点

第一节　法国竞技体育发展方式的演变及特点

一、自由化到政府关注——二战前的法国竞技体育发展方式(1940 年前)

在启蒙运动之前，法国竞技体育基本以一种双轨制的形式存在与延续，即富有武力、表演和教育性质的宫廷体育以及集赌博、血腥、祭祀等特性于一体的平民体育，这种格局直到进入 19 世纪以后才开始破裂。深受启蒙运动科学与理性思潮影响，生物力学、运动机制研究、教育学等学科被引入法国传统竞技体育的改造，促使法国竞技体育逐渐摆脱传统“陋习”进而走向标准化和规范化。一方面法国体操在经过对德国体操和瑞典体操的吸收和改造后形成了自身的体系，另一方面，毗邻英国的优势，促使法国体育率先吸收英国现代体育的营养。如在顾拜旦等有识之士的努力下，英国竞技体育项目不断在法国出现，诸如赛跑、田径等私人体育俱乐部数量逐渐在法国增加，新闻记者帕斯夏尔・格罗塞牵头于 1888 年创立了“全国体育教育联盟”，这个联盟得到了许多议员和一些法兰西学院院士的支持，通过该联盟法国不断引进英国竞技体育项目。①在竞技体育组织构建上，法国也开始连续突破，1873 年“法兰西体操协会联

① 赵歌.18、19 世纪法国体育运动的发展历程——阅读三大卷巨著《身体的历史》札记[J]. 成都体育学院学报，2014，40(4)：11—17.

盟”成立，1904年法国足协成立，1908年全国体育委员会成立，1911年法国奥委会成立，法国逐渐形成了自己的竞技体育组织结构体系，依靠体育教育系统和社会体育俱乐部的广泛布局与发展，其竞技体育参与人数逐渐提升，竞技体育发展水平也水涨船高，法国奥运代表团在第一次世界大战之前的历届奥运会奖牌榜上均排在前五位。

第一次世界大战对法国的体育经济、结构和行为的影响是深远的，作为战胜国的法国赢回了普法战争失败中的大国尊严，在经济社会重建中积累了更强大的信心，在顾拜旦的体育外交和努力下，法国竞技体育迎来了一段快速发展期。如法国足球运动在法国足协领导下获得了更多的发展自治权，田径、游泳、网球、冬季项目等同样如此。在战后的国家重建中，法国投入了大量的资金用于体育设施建设，并致力于组织大型体育赛事，如1924年巴黎第二次举办奥运会，并赢得了1938年第一次冬奥会的举办权和1938年第三届世界杯主办权。职业竞技体育方面，法国于1929年建立了第一个职业足球队，1932年法国足球甲级联赛成立，1934年职业英式橄榄球联赛成立。这些职业联赛的发展也大大促进了法国竞技体育的国际影响力和竞技综合实力。从社会参与视角看，虽然当时女子体育发展还是相对落后，但法国女性参与竞技体育的人数开始提升，这些信息都积极地印证了法国竞技体育迎来了战后的一次发展高潮。然而法国竞技的繁荣并没有走向美国竞技体育的产业化之路。法国政府对竞技体育有自己的判断和想法，由于看到了竞技体育对军民素质的特殊功能以及社会控制效应，法国当局对竞技体育的关注开始提升，早在20世纪20年代，竞技体育与体育教育的主题首次作为政府管理的议题得到讨论。国防部和教育部就谁负责竞技体育和体育教育发展的议题产生了分歧。由此，法国政府对体育的管理和干预色彩开始滋生，尤其是在1936到1940年期间的人民阵线政府统治时期。①

1936年，法国社会党、法国激进社会党、法国共产党和各大工会组织全国规模的反法西斯示威活动，并决定起草统一左翼各党派行动的共同

① James Riordan, Arnd Krüger. European Cultures in Sport[M]. intellect™ Bristol, UK Portland, OR, USA. 2003:113—120.

纲领，法国人民阵线政府遂宣告诞生。1936 年 6 月至 1937 年 6 月，以布鲁姆为首的法国人民阵线政府推出了包括调整劳资关系在内的一系列法律政策，新的政策也更加关注法国的竞技体育和体育教育，但并不支持竞技体育职业化和专业化。教育部、休闲与体育部、卫生健康部联合推进了体育教育的新概念，现代竞技体育成为体育教育的重要内容，竞技体育所承载的国民教育性得到了政府的高度关注。

二、政府高度控制到搁置——维希政府及第四共和国时期的法国竞技体育发展方式（1940—1959 年）

1940 年纳粹德国占领法国，维希政府取代人民阵线政府，促使法国的国家体育政策发生重大变化。维希政府领导人贝当元帅认为法国此前过于注重智育的教育是导致法国失败的重要原因，必须修正，因此呼吁法国年轻人加入体育运动，身体的崇拜成为国家体育政策关注的重要对象。维希政府对法国体育组织进行了改革并且为体育组织及结构进行了法律规范，1940 年政府颁布了《体育宪章》，所有俱乐部和联盟想要组织体育活动必须向国家相关部门提出特殊申请方能许可开展。另外维希政府对法国竞技体育的高度干预也体现在高层国家领导人直接担任体育组织的主席，即法国国家体育委员会主席，而这种模式一直影响到当前的法国竞技体育组织结构。由于维希政府致力于包括竞技体育在内的青少年户外活动，在被纳粹德国统治的这一黑暗的时期，法国的竞技体育实际参与人数空前增加，并且体育在无形之中成了法国运动员国家情感寄托的重要载体，当时法国运动员对国家的忠诚度很高，这种特殊状态促使战争期间的法国竞技体育发展仍然维持着不错的竞技水平。①从 1898 年第一届奥运会开始到 1948 年伦敦奥运会，法国的奥运会平均排名是 4.5 位，而 1936 年柏林奥运会法国的排名是第 7，1948 年法国的排名达到第 3。可以说，二战期间法国竞技体育在高度的国家控制

① James Riordan, Arnd Krüger. European Cultures in Sport[M]. intellect™ Bristol, UK Portland, OR, USA. 2003：113—120.

下还是保持着较强的世界竞争力。

1945 年随着纳粹德国的战败，法国光复，法国竞技体育脱离了维希政府的统治，在国家体育管理层面，军人出身的加斯东·乐鲁控制了体育，但民生和医疗卫生、经济发展的重建导致法国相对忽视竞技体育的发展及其价值。但当法国青少年犯罪增长的时候，体育的价值功能被注视，包括教师、国家当权者和国防委员会都一致认为，体育应该成为个人自我接受的训练以及成为培养更好公民的重要一步。假设痛苦艰难的训练经历和高尚的竞争价值观能够迁移到日常生活中，尤其是基础性的体育项目，如游泳、田径和体操，青少年的行为可能得到更为积极的发展。但正值冷战期间美苏竞技体育对垒逐渐升级的时候，法国国家层面并不热衷在奥运会赛场的表现，甚至有高层观点认为真正的体育应该远离体育场的诱惑，1945 年当局甚至不准备为法国组建国家队提供津贴，另外，法国仅义务性地对体育竞赛提供医疗控制，只支付其中部分医务成本。相比于国际赛场的荣誉，法国当局更注重体育对国家柔弱的救济与矫正功能。但在基层层面的竞技体育领域，实际上充满了和政治领导人相左的价值取向，为了获得更好的竞技体育成绩及利益，在体育俱乐部中暴力、腐败、缺乏民主、药物和抵制行为比以前更多，虽然在国家体育机构层面，诸如负责管理篮球、排球、手球的国家机构相继建立，也产生了部分积极影响，但总体上当时法国竞技体育组织机构对竞技体育的治理方略相对落后了。

总之，虽然法国竞技体育在该历史时期被国家高度控制，但是无论是体育政策层面还是体育组织管理制度层面，法国竞技体育并没有获得有利的发展环境和优先的发展机会，这种控制行为本质上更偏向于压制行为。虽然战争促使更多的人参与竞技体育，但冷战的到来遏制了这种趋势，尤其是 1949 年以后，对法国而言，优先权是在重建国家以及处理其殖民地的危机上，经济领域获得了优先发展权，即便政策清晰地指向体育设施建设，但深陷印度支那战争和处理阿尔及利亚的殖民问题花费了法国太多精力和社会成本，导致没有额外的财政用于体育发展，如负责评估法国体育设施的委员会预算 64 亿法郎将用于接下来 5 年的体育设施建设,但1958年所能支出的财政预算仅为8亿8 500万。①可以说,当时的法国国家高度控制并没有给法国竞技体育投入所需要的资源,更多的是起到了遏制作用,这导致法国在1956年墨尔本奥运会首次跌出奖牌榜前10位,1960年更是迅速跌落到历史最低的24位,唯一一次零金牌的奥运会成为法国竞技体育的历史耻辱,这也客观上加速了法国竞技体育发展方式转型的历史进程。②

三、政府主导到官民混合治理——第五共和国期间的法国竞技体育发展方式(1960年以后)

1959年戴高乐开启了法兰西第五共和国的执政之门,他立志于将法国变强,不仅是在文化上也要在经济上全面脱离美国的支配,体育就是其中的重要项目。戴高乐任命赫佐格负责法国竞技体育发展。1948年法国在伦敦奥运会获得32枚奖牌,在1960年罗马则只获得5枚,并且是零金牌。这一羞辱被法国新闻出版界大肆渲染,并被赫佐格拿来作为计划一系列改革的重要理由。

赫佐格的改革主要集中在如下两个方面:

1. 法国在学校体育中加大竞技体育改革

20世纪60年代开始法国的学校体育开始了重组和改革,1967年竞技体育内容普遍成为法国中学的教育目标和专用的身体教育方法。1969年规定小学体育课在每周整个27课时中占6课时,每天下午课后锻炼30分钟。体育在学校的地位提高很大,学校体育增加竞技体育内容被反复强调,体育的文化修养功能得到普遍重视,法国体育体操协会工作者通过体育科学实验探索体育教学改革,研究认为法国青少年更喜欢竞技体育内容而不是体操内容,因此竞技体育在学校的地位被提高。在

---

① James Riordan, Arnd Krüger. European Cultures in Sport[M]. intellect™ Bristol, UK Portland, OR, USA. 2003:113—120.

② 百科百度.法国体育[EB/OL]. http://baike.baidu.com/link?url=MVUSc1MQoc-Y9n6UvzpPYCN5n4sh2-IMTq4XZrzeblixR-fEL_2eyixO2_qtZwbm2_3exb3d6cqjpEgcMAy-XnSK.2016-01-27.

学校业余训练系统中，由俱乐部、市政当局、青体部及青年文化宫等组织举办业余体育学校广泛建立，利用课余时间和假期对青少年进行训练，另外在全国140所中学中设立专项体育班，由专门的教练员指导训练，并且逐渐成立了50所重点体育学校。

2. 法国在社会体育设施与服务上的改革

赫佐格在拥有了更大的国家财政支持后，庞大的社会体育发展计划能够推进，竞技体育的社会文化构建是他改革的第二个重要目标。精英竞技体育的基础是大众体育，因此，对大众体育服务的支持被重视，随后1961—1965年出台的体育政策计划建设1 500个体育场和体操馆和1 000个游泳池，即便赫佐格在1964年离开了政府，但第二个体育政策计划（1965—1970年）获得了财政的大力支持。很多法律文件出台支持法国的运动训练指导者和监督者，技术顾问被国家雇佣并分配到国家体育组织中，特殊的“权利代表团”和各种补贴用于加紧对竞技体育组织结构的控制与管理。1963年国家要求相关主体义务性服务于竞技体育发展的政策达到一定历史高度，在没有得到国家授权的情况下，不允许任何人能为了获得私利而去教学或训练，即便兼职行为也不被允许。整个体育系统最终成为一个巨大的服务系统，包括学校体育活动、大众体育和精英体育被同一个巨大的服务项目所覆盖。同时，地方城市领导人开始更加注重体育的作用，体育市政办公室作为地方体育服务机构在1958年在全国形成了一个巨大的体育组织网络。

得益于20世纪60年代法国经济的快速发展，体育政策的效应逐渐放大，法国逐渐进入了一个体育主导的休闲社会。竞技体育观赛通过电视或新闻逐渐扩大。不仅如此，法国人民更加喜爱体育运动。1967年，25%的人声称他们乐于从事竞技体育。随着巨大的社会变革，女子竞技体育也快速发展，她们离男子的竞技体育参与率更加接近。在奥林匹克竞技项目上，女子有220 630个参与者（1950年代），1963年总计是1 228 336，1970年，女子是693 142人，总计200万。[1]1968年法国组织

---

① James Riordan, Arnd Krüger. European Cultures in Sport[M]. intellect™ Bristol, UK Portland, OR, USA. 2003:113—120.

格勒诺布尔冬奥会,法国希望获得通过大赛获得各项收获。第一个想法是刺激传统的滑雪经济,帮助格勒诺布尔达到其他滑雪城市相当的水平。但是,赛会成功地变成了国家和地方的希望焦点,诸如国家声望,刺激法国冬季装备产业,冬季旅游尤其是阿尔卑斯旅游,法国竞技体育的复苏和建立现代化形象的格勒诺布尔。最终目标聚焦于将法国的冰雪卖给幸运的外国游客,以获得经济回报。虽然产生了很大的热情,但赛事的经济效应并没有达到预期。

20 世纪 70 年代的法国体育是以大众体育的巨大上升为显著特征的,很多发展归因于此。1968 年以后,年轻的成年人不再仅仅被传统的竞技体育俱乐部吸引,在美国文化的巨大冲击下,很多新兴体育项目出现,如公路赛跑,以享受自然和冒险为核心的户外运动,街头体育的兴起,这些新兴竞技体育项目受到年轻法国人的追捧。但是法国传统竞技体育项目的参与率并没有下降,在 1985 年,仍然有 1 300 万会员在 150 000 家俱乐部,73.8%的法国人参与体育,19.3%的是组织化体育实体的会员。女子体育参与率从 1983 年的 32%上升到 1994 年的 64%。另外,法国于 1975 年颁布了《国家发展体育运动法》并于 1982 年进行了补充修改①。作为新的体育契约,法国体育法体现了法国体育一贯的国家控制。20 世纪 80 年代的经济危机导致社会危机,地方领导人努力通过支持地方体育赛事和建造社会体育设施来控制危机对城郊年轻人的负面影响。

此外,法国在 1975 年建立了法国国家体育学院,致力于高水平竞技体育人才的系统化培养。20 世纪 80 年代初在密特朗总统治理下,法国政府的体育权利组织青年体育部成立,随后成立了高水平竞技体育委员,改组法国体育学院,并且通过法律手段明确了法国政府机构与法国奥委会、单项体育联合会等民间机构的职责、任务与相互关系,形成了更为系统严密的现代化竞技体育组织管理系统。在竞技体育赛场承办上,法国更加注重赛事的社会影响和民族激励。1992 年法国第三次举办冬

① 李学文.中国袖珍百科全书 社会科学卷[M].北京:长城出版社,2001:774.

奥运会,1998年举办世界杯,导致了更为流行的国家体育狂热。从戴高乐总统致力于竞技体育改革以来,法国竞技体育综合实力开始缓慢复苏,尤其20世纪90年代以后,法国竞技体育实力加快了复苏步伐,截至2012年伦敦奥运会,其当前的竞技体育综合排名位列世界5到8名左右,较为牢固地再次跻身到了世界竞技体育第二集团的行列。作为欧洲老牌体育强国,法国也再次具备了与英国、德国、意大利、俄罗斯等欧洲体育豪强抗衡的资本。

第二节　法国竞技体育发展中政府职能的演变及特点

一、体育管理机构

法国竞技体育管理体制及其所属的组织机构系统的改革与逐渐成熟是19世纪末开始的长期、持续发展的结果。第一批成立的竞技体育社团是私营的,即所谓的运动员俱乐部(club sportif)。随着英国竞技体育运动项目在法国北部的出现,法国赛马俱乐部(Racing club de France)、勒阿弗尔竞技体育俱乐部(Le Havre Athletic Club)等类似的竞技体育社团相继成立。随着竞技体育俱乐部数量的增加,协调这些联合会的必要性也日益凸显。譬如,1887年成立了法国社团运行联盟(Union des Sociétés Françaises de Course à Pied, USFCP)。20世纪初,法国政府实施了一项调节协会组织的法律,以促进新俱乐部和联合会的创建。因此,俱乐部经历了一段急剧增加的时期。

体制结构发展的第二步就是两个全国性竞技体育组织的诞生:1908年成立全国竞技体育委员会(CNS),1911年成立法国奥林匹克委员会(COF)(Bournazel and Dudognon, 2008)。从20世纪20年代开始,竞技体育运动与身体活动主题首次在法国政治管理中被讨论。军务部和教育部因谁负责竞技体育运动和竞技体育教育的问题产生了矛盾。从此以后,国家对竞技体育管理的干预越来越多,尤其是在1936年和1940年人民阵线政府短期统治期间。在里昂·布鲁姆(Leon Blum)领导下的左翼政府支持群众广泛地参与竞技体育运动。例如,就连冬季竞技体育活动都应该向工人阶级开放。

随着1940年法国投降被德国占领后,法国国家竞技体育政策发生了巨大的变化。由德国军队操控的维希独裁政府对竞技体育组织产生了重大影响。该政府制定了第一部竞技体育组织和架构相关的法律。这部法律实施后,所有的俱乐部和单项体育联合会在开始活动之前都必须向政府提出申请,得到特殊许可。在维希政府统治期间,国家对竞技体育的干预更多。在这段时期内,国家对竞技体育的干预甚密,以至于国家高层领导人也在竞技体育联盟组织(如国家竞技体育委员会)中担任主席职位。

二战后,第四共和国政府仍然保留了人民阵线政府和维希政府制定的竞技体育政策中的一些元素。在1958年第四共和国结束之前,法国竞技体育组织没有发生重大的发展和变化。在第五共和国成立之初,在莫里斯·赫尔佐格(Maurice Herzog)的领导下,政府的主动性又提高了,一位著名的登山运动员被提名为竞技体育高级委员。1960年罗马奥运会上,法国国家队惨败的结果加强了莫里斯计划和国家干预竞技体育的必要性。戴高乐政府主导对法国竞技体育的改革,加强了国家主导和中央集权性质的竞技体育管理模式。[①]但没有走向国家控制和干预的极端,而是通过强有力的体育政策,加大公共体育服务供给来支持法国竞技体育发展,其改革措施首先是从基层竞技体育和学校竞技体育开始的,提高竞技体育设施的政府供给、提高国民的竞技体育参与率、提高竞技体育在学校体育中的地位成为先锋举措。如,从1961年到1977年,政府拨款大量建造体育场馆,在16年中体育馆和游泳池分别增加了6倍和8倍,男女竞技体育参与率都有较大提升,然而社会和学校竞技体育发展基础的壮大还不足以提升法国竞技体育的国际竞争力,法国需要建立更为系统和职能分化的竞技体育管理体制。

① 缪佳.试论文化传统对法国竞技体育发展的影响[J].南京体育学院学报(社会科学版),2011,26(2):56—58.

二、体育管理机构改革

在政府的不断努力下，竞技体育立法工作不断扩展。1975 年，法国颁布了第一部意义重大的竞技体育法。这部竞技体育教育和运动发展法，即所谓的马佐法（Loi Mazeaud），在学校竞技体育组织和竞技体育俱乐部和单项体育联合会之间进行调控。在 1984 年至 2000 年期间，竞技体育立法在兴奋剂调控和竞技体育商业化方面进一步拓展。为对这些立法有一个较好的总览，法国竞技体育相关的法律在 2006 年全部统一在《竞技体育法》（Code du Sport）中。尽管有这些广泛的法律管理条例，但是竞技体育却不是法国宪法的一部分。

20 世纪 80 年代，弗朗索瓦·密特朗主张实行政府权力分散的改革，法国竞技体育管理体制开始深度重构。政府与民间的混合管理体制雏形逐渐成形。20 世纪 80 年代初，法国唯一的国家行政机构青年体育部成立，其下设四个司：运动体育司、青年体育司、行政管理司、外事司，全国各大区、省均有青体部的直属分支机构，其主要任务为组织与推广体育运动的发展，专门致力于法国大众体育和竞技体育的发展。2008 年法国青体部与卫生部合并成立了卫生体育部。虽然体育的行政地位有所下降，但卫生体育部的体育服务职能没有弱化。其职能覆盖了包括体育政策、高水平运动员和教练员管理、体育基础设施建设和其他相关机构等多个方面。

另外，作为法国卫生体育部的附属机构，法国体育学院及其训练中心以高水平竞技体育人才培养的塔尖身份在法国竞技体育系统中发挥着关键性的体制作用，是法国精英竞技体育人才的摇篮。众多法国奥运冠军和世界冠军皆出于此。而国家高水平竞技体育委员会由体育部主管，成员包括国家代表、法国奥委会代表、高水平竞技运动员与教练代表、裁判员代表以及地方竞技体育委员会代表，在法国制定高水平竞技体育相关重大方针政策上具有重要的咨询职能。①②③这些政府性质的新机构成为法国竞技体育管理体制改革的新突破。然而，官民混合管理才是法国竞技体育管理体制的精髓。民间竞技体育机构的独立有序运转才是法国竞技体育强盛的根本。其中法国奥委会、单项体育联合会及其所属的全国单项体育协会对推动和管理全国各运动项目的发展具有重要而直接的治理作用。如法国奥委会是民间体育组织的最高领导机构，是与法国卫生体育部平行的组织机构，包括了所有单项运动协会和俱乐部等体育组织，法国政府与奥委会每年签订相关的竞技体育协议，具有政府购买竞技体育服务产品的属性。

第三节　法国政府对竞技体育发展方式的干预方式

一、政策法规指引与扶持的作用方式

法国是一个崇尚人权和法治精神的国度，早在法国大革命期间，法国资产阶级制宪会议就通过了《人权与公民权宣言》(简称《人权宣言》)确立人权、法制、公民自由和私有财产权等基本原则。而1804年颁布的《法国民法典》(又称《拿破仑法典》)则是人类历史上第一部真正意义上的资产阶级民法典，成为世界法制史上的一个里程碑，诸多国家皆以该法典为蓝本制定本国民法典，影响甚远。因此，受之于法国较为完善成熟的法制环境，法国体育也具有高度的法制色彩，早在1940年法国便颁布了《体育宪章》。1975年，法国颁布了《国家发展体育运动法》并于1982年进行了补充修改。④

进入第五共和国以后，法国体育立法进程加快，尤其是20世纪80年代以来随着法国竞技体育改革的深化发展和职业体育的快速推进，颁布

---

① 李好.法国体育政策动态分析[J]. 才智，2014(18)：324.

② Australian Institute of Sport[EB/OL]. http://www.ausport.gov.au/ais.

③ 潘志琛，郭荣，于洪臣等.对英、法、德、澳四国竞技体育管理体制的考察与调研[J]. 中国体育科技，2004，40(6)：1—4.

④ 李学文.中国袖珍百科全书　社会科学卷[M]. 北京：长城出版社，2001：774.

施行了多部特别法。1984年7月16日颁布了《组织和促进法国大众与竞技体育运动法》(1994年9月修订);1992年7月13日通过了新的《体育法》强化了法国奥林匹克委员会的管理地位并初步建立了前置调解制度;2004年12月15日颁布了《职业体育运动法》;2012年2月1日颁布了《加强体育职业伦理和体育运动权利法》。为方便民众查阅所有有关于体育活动的法律及其实施规则,法国政府还于2006年将所有相关的法律和法规编撰成了《体育法法典》,其中还编入了其他与体育活动相关的法典节录,比如《公共卫生法法典》中有关运动员的健康保护和禁止使用兴奋剂的内容①,《体育法法典》以法律汇编的形式将所有相关的体育法律汇编成册,形成了一部法国体育法律大全,构建了相对完善的法国体育法律体系。

二、直接与间接性体育投融资的作用方式

法国竞技体育发展采取了针对性的财政支持政策。自20世纪80年代以来,法国经济逐渐从石油危机中复苏,密特朗当政后主张用社会主义加自由来改造法国的政治体制。在经济上,主张通过"社会合作",增加对巨富的征税,以缩小社会的不公正和日趋严重的不平衡。②在竞技体育发展上,密特朗政府明显提高了对竞技体育的财政支持力度,但基于法国竞技体育项目间市场化程度的差异性以及联合会之间出现收入差距两极分化的事实,法国国家体育财政系统开始针对性、区别性地资助不同竞技体育项目的发展,如对市场化程度较高的项目降低资助的力度,而对市场化长度较低的则相应提高资助比例。体育联合会向政府部门提交他们打算开展的活动,以争取政府资金的支持。而除了得到政府拨款补助外,它们还依靠其他经费来源,如赛事转播权出售或赞助等。

以2012年的数据为例,现代五项、摔跤、击剑、赛艇、皮划艇、曲棍球

---

① 张云.法国体育争议解决制度刍议[J]. 体育科研,2013, 34(2):6—11.

② 环球网.朗德将前往雅尔纳克　追念前总统密特朗[EB/OL]. http://world.huanqiu.com/exclusive/2016-01/8341987.html.

联合会的政府资助比例最高（见表 7-1），而政府资助占总收入比例最低的前六名分别为网球、橄榄球、足球、高尔夫、马术、篮球，这些项目具有很强的市场属性和造血功能，也是最富足的几家单项联合会，因此政府的资助不是他们的主要资金来源（见表 7-2）①。这种针对性的资助模式不仅大大满足了市场化较低的法国传统和优势竞技体育项目的生存发展之需要，也保障了这些项目运动员进行科学化、系统化训练的财政所需。

表 7-1　较强公共资助的单项联合会

排序	单项联合会	资助金额（欧元）	占总收入比例
1	法国现代五项联合会	825 000	83.4%
2	法国摔跤联合会	1 645 216	55.93%
3	法国击剑联合会	3 184 116	52.16%
4	法国赛艇联合会	3 484 501	51.41%
5	法国皮划艇联合会	3 362 005	51.14%
6	法国曲棍球联合会	1 037 790	40.32%

资料来源：法国国民议会数据（2012）。

表 7-2　较弱公共资助的单项联合会

排序	单项联合会	资助金额（欧元）	占总收入比例
1	法国网球联合会	1 285 000	0.74%
2	法国橄榄球联合会	1 270 781	1.38%
3	法国足球联合会	2 855 190	1.48%
4	法国高尔夫联合会	666 955	2.5%
5	法国马术联合会	1 808 012	4.08%
6	法国篮球联合会	2 572 830	11.5%

资料来源：法国国民议会数据（2012）。

在法国，有一个特殊的机构掌控着竞技体育发展的财政问题，这个部门为“国家体育事业发展中心”（Centre National pour le Dévelopement du Sport，CNDS）。2006 年，CNDS 继承了国家竞技体育事业发展基金（Fonds National pour le Dévelopement du Sport，FNDS），其基本目标就

① Assemblée Nationale Française. Question No：119268（13. législature）de Marc Dolez. Réponse de M. le ministre des sports，Paris，03 Jan 2012.

是要鼓励大多数人口进行身体锻炼,提高大众的体育参与。此外,CNDS还有以下功能:(1)促进大众从事高水平竞技体育项目,协助组织高级别竞技体育赛事;(2)通过竞技体育运动强化健康促进活动;(3)提高竞技体育运动实践中的安全性,保护运动员利益;(4)改善竞技体育运动参与的总体条件。CNDS的经费由政府每年配置的税收负担。这部分税收基本上都来自体育博彩税(表7-3)。

表7-3 2012年CNDS的税收

税收项目	描　　述	2012年额度(欧元)
体育彩票(FDJ)	收入的1.8%	1.738亿
自助税	电视转播权收入的5%	4 340万
体育博彩	收入的1.8%	3 100万
体育彩票(FDJ)(2011—2015年特殊项目)	收入的0.3%(专门用于2016年欧洲杯体育设施建设)	2 400万
总额		2.722亿

资料来源:Todeschini(2012)。

由于职业竞技体育中电视转播权商业化要缴纳税收,所以自助税(taxe buffet)即团结税(solidarity tax)的一种,总额达5%。这项税费2000年开始征收。征收得来的钱交给CNDS供今后竞技体育发展使用。2012年,这项税收已经达到4 340万欧元。

法国体育经济中另一个重要的因素就是志愿者工作的贡献。尽管政府的影响和支持都很大,志愿者服务在体育联合会和竞技体育俱乐部中的影响也很强。Andeff(2009)统计,在2005年法国竞技体育领域拥有27.1万个全职志愿者工作者。根据他的统计,如果按照法国平均工资来计算,这些志愿者工作创造的经济价值总额达50亿欧元。

三、管理职能部门的干预性作用方式

法国的竞技体育组织由政府控制,因此肯定带有中央集权和政府导向的特征。国家竞技体育部的思想和决定通过层级机构传达给省市地方政府组织。其中,省级(region)组织包括,青年、体育及社会融合省级管理部门（Directions Régionales de la Jeunesse，des Sports et de la Cohesion Sociale，DRJSCS）；市级组织包括社会融合指导部门（Directions Départementales de la Cohesion Sociale，DDCS）。这些下属组织机构的主要任务就是根据各省市的实际情况执行体育部的各项政策。

法国奥林匹克委员会（Comite Olympique et Sportif Français，CNOSF）的规章必须由法国枢密院（French Privy Council）通过。体育部对国家体育联合会甚至实施更多的控制。按《体育法》规定，国家体育联合会必须通过两个阶段的审批程序。第一个是得到政府批准协议。这个批准是体育联合会获得政府拨款的先决条件。第二个政府批准是授权。体育部通过授权，赋予当选的体育联合会举办全国性锦标赛的权利，组织相关专项的高水平竞技体育竞赛（《体育法》2006，131—144ff款）。此外，政府资金分配也与体育部和联合会之间的目标协议挂钩。

法国青体部根据《体育法》中目标协议管理法对项目协会会进行合同管理，即作为政府组织的青体部与作为社会组织的协会通过签订合同契约规定项目协会的发展目标和任务，青体部对协会的经费支持和相关要求等。青体部则对协会进行监督考核，评价内容包括目标完成、该项目的普及与发展、体育设施、体育参与指导人员等方面的提高等，同时规定奖惩措施。各协会在管理上普遍实施民主选举的主席制，政府青体部人员不得参与和干预协会的具体工作，在国家的法律中明确规定协会具有独立性，不应成为企业，不缴纳税金等。①正是在这样清晰的法律框架下法国政府能够与各社会体育组织进行广泛的合作，对全国的竞技体育工作行使领导管理职能，各类体育协会能够充分行使项目的自主发展权。

① 周旺成.法国体育体制的特点[J]. 天津体育学院学报，1995，10(1)：26—27.

第八章　澳大利亚竞技体育发展方式及政府职能的历史变迁与特点

第一节　澳大利亚竞技体育发展方式的演变及特点

一、国家体育政策冷淡期的竞技体育发展方式(1920—1971年)

1972年之前的澳大利亚,体育对澳大利亚联邦政府而言更多被定位为一种国民的社会文化现象。因此,体育基本不在政府管理的考虑范畴之内,故而在这一历史时期,澳大利亚联邦政府基本不介入体育事务,也没有任何明确的国家体育政策。联邦政府与体育有限的维系关系也仅仅是1920年安特卫普奥运会开始后,联邦政府对奥运会代表团极其有限的资金资助。

但与此同时,地方政府对相关体育运动的资助则相对普遍,如1923年新南威尔士和西澳大利亚州已开始为州内体育组织的建立投入了一定成本。另外,性质为非营利私有机构的体育俱乐部和体育协会在地方政府的支持下,在全国各地普遍建立起来,并逐渐形成了澳大利亚业余和半职业的体育系统。

1939年,澳大利亚国家体育健身协调委员会的成立,则标志着联邦政府对体育的看法发生了些许微妙改变,至少说明联邦政府向体育事务投入了一定的关注目光。但该协会工作的着力点在于国民健身活动的开展以及学校体育教育训练的规划,与高水平竞技体育的发展并无直接关联。

但在当时,即便没有国家强有力的支持,澳大利亚高水平竞技体育也迎来了史无前例的光辉时刻,即在1956年墨尔本奥运会上攀居至奖牌榜第三。而这在相当程度上也坚定了政府对澳大利亚体育发展的看法,即认为高水平竞技体育的发展完全可依赖发达的业余体育系统,如果大众健身能够得到广泛开展,国民体育健身参与度保持高水平,那么不仅社会问题能够得到有效抑制,居民健康也能够得到全面促进,高水平竞技体育的发展也能够水到渠成。

但随着墨尔本奥运会辉煌的逐渐褪去,尤其是进入20世纪60年代末和20世纪70年代初,澳大利亚在奥运会上的竞技成绩排名却一度在下滑,这也重新引起了联邦政府当局对其传统体育发展思路的反思。

二、国家体育政策突破期的竞技体育发展方式(1972—1982年)

1972年的澳大利亚政坛,工党领袖惠特兰(Whitlam)击败了自由党领袖威廉·麦克马洪(William McMahon),成为新任澳大利亚联邦政府总理,时隔27年,澳大利亚工党再次执政。作为改革派和集权派的惠特兰政府希望对经济、文化,乃至体育事务施加更为有力的控制。

惠兰特政府认为体育与休闲在澳大利亚仍然是欠发达的,因此需要政府的大力资助,最终让体育在提高大众生活质量上发挥重要作用。随后在1973年,在西澳大利亚大学体育教授约翰·布鲁姆菲尔德(John Bloomfield)门下的咨询会成立,其建议联邦政府起草全国性的体育发展规划,包括建立社区休闲中心、唤醒社区居民的健身意识以及建立澳大利亚精英运动员计划并提高体育科学研究能力,这也为将来政府在精英与社区体育政策的制定方向上构建了蓝图。

1975年,该咨询会由昆士兰大学的体育科学家艾伦·科尔斯(Allan Coles)就任主席,其观点是应尽早建立体育学院以实现精英运动员的系统化培养。此时的联邦政府虽并未完全采纳上述专家的观点,但仍有不少提议得到了积极回应,如在对体育的政府资助上明显得到了提高,社区体育设施建设得到了较快推进，建立精英运动员的训练学院也得到了支持。

但是，1975 年惠特兰在竞选中被对手击败，导致了体育政策的又一次变故。新上任的福瑞泽（Fraser）政府所操持的政策立场与上任截然不同，作为一个更为保守的政党，其与先期的自由党领袖一样，认为政府不应该过多介入体育事务，这导致了其体育政策的缩水，如诸多体育资助计划被缩减，体育资助金额比例下调，等等。

但随着澳大利亚一系列现代疾病（如心脏病、糖尿病和肺癌等）的蔓延以及运动缺乏现象的日趋严重，当局的体育政策受到澳大利亚国民的普遍诟病，政府被迫发起了澳大利亚著名的“Life. Be in it”运动，旨在促进大众的体育参与。另外，1976 年澳大利亚奥运代表团在蒙特利尔所遭遇的历史性惨败①，更激发了联邦政府对精英竞技体育发展的反思。

1980 年联邦政府出版了白皮书《澳大利亚体育总体规划》（“A Master Plan for Australian Sport”），旨在进一步促进精英竞技体育和大众体育的协调发展。该计划也号召全国性竞技体育学院的建立，在随后的 1981 年，澳大利亚体育学院便宣告成立。虽然一开始体育学院过于集中一方，不能满足全国各地普遍的竞技体育发展需求，但随后在各州成立分院和训练中心的做法较好地解决了这一问题。②该时期澳大利亚体育政策的重要突破便是政府更多地介入了精英竞技体育的管理，在政策制定和资金资助上开始对竞技体育发展倾斜，但尚能够较好地做到与大众体育间的发展平衡，并且深信精英竞技体育的发展能够促进基层大众体育参与率的提高。

---

① 1976 年蒙特利尔奥运会是澳大利亚体育代表团二战以来所参加的历届奥运会中成绩最差的一届，澳大利亚体育代表团的成绩是一金未得，仅获 1 枚银牌和 4 枚铜牌，位居奥运奖牌榜第 32 位。蒙特利尔奥运会被视为澳大利亚竞技体育陷入低潮期的显著开端，在此后的数届奥运会，其单届金牌数量均未超过 3 枚，奖牌榜排名也一直在 15 位左右徘徊，直到 1992 年巴塞罗那奥运会，他们才以 7 枚金牌和 27 枚奖牌重回奖牌榜世界前十。

② 潘志琛，郭荣，于洪臣等. 对英、法、德、澳四国竞技体育管理体制的考察与调研[J]. 中国体育科技，2004，40(6)：1—4.

三、国家体育政策快速增长期的竞技体育发展方式(1983—1996年)

1983年,工党领袖霍克(Hawke)取代了福瑞泽成为澳大利亚新任总理,霍克政府在一定程度上继任了惠兰特政府未完成的诸多体育政策蓝图设想。在机构设置方面,首先成立了独立的体育、休闲与旅游部,该部门的第一个重大决策便是巩固此前的精英竞技体育计划和拓宽社区体育政策,并看到了体育旅游的重大潜力。政府白皮书《体育与休闲:前进中的澳大利亚》("Sport and Recreation: Australia on the Move")在1983年也应运而生,这成为澳大利亚体育政策快速增长的开端。

1985年澳大利亚竞技体育委员会成立,作为政府的代理机构负责全面领导澳大利亚体育的发展,包括确保政府体育政策制定进程的合法性,资金募集与分配,平衡竞技体育与大众体育发展,义务性地代表各种体育群体利益等。与此同时,由于当时澳大利亚竞技体育在国际上的低迷,霍克政府被建议大力发展竞技体育赛事,其中重要的一笔便是形成了澳大利亚运动会的概念。1985年首届澳大利亚运动会举办,赛事包含22个运动大项,邀请对象除了本国各州运动员外,还包括诸多欧洲和美国的运动员,为此联邦政府和相关州政府为其投入了不菲金额,但最终由于办赛成本的剧增而为政府带来了沉重的财政负担,故而该项赛事于1987年寿终正寝。但这并没有浇灭联邦政府扶持大型体育赛事的热情,如当时对美洲杯帆船赛和F1赛车的投入就带来了较可观的观众效应与回报,这也在一定程度上坚定了联邦政府通过办赛来刺激经济收益的体育发展思路。

但在另一方面,国家精英竞技运动员的培养并没有产生足够的效益,澳大利亚体育学院的开支也被指责过于庞大,于是联邦政府决定于1989年将其并入澳大利亚竞技体育委员会,作为其直属机构设立,此举的重要性在于加强对体育学院更为紧密的管理,同时也避免了管理上的重复性和低效。①该时期，联邦政府也开始关注制定青少年体育政策，1986 年政府发起了《澳洲人体育计划》（“Aussie Sports Program”），即将青少年体育发展提上议事日程，由于此前传统的学校体育运动过于强调竞技的天性，而在运动乐趣、自我表达和个性差异等方面的发展相对缺失，因此经重新设计的运动形式与内容被引入学校，结果也表明这种改变不仅在学校体育组织质量上得到了提高，对青少年的身体和社会性发展也起到了积极影响，并且更有利于他们向高一级的体育运动发展领域转变②。

另外，在社区体育领域，所谓的《社区体育与休闲设施计划》（“Community Sports and Recreational Facility Program”）对全国各地的社区休闲中心和体育场地投入了持续的资金资助。此外，诸多体育弱势群体也得到了政策优惠，如残疾人被提供了额外的体育设施从而能够更方便地使用，妇女和土著居民也单独被挑选出来给予特殊的政策考虑。而面对体育领域的毒品和药物问题，联邦政府则于 1990 年成立了澳大利亚竞技体育药物机构，旨在净化竞技体育的药物环境③。进入 20 世纪 90 年代以来，澳大利亚对奥运会上的成功渴望愈加强烈，尤其是 1993 年获得悉尼奥运会主办权更加刺激了其欲望。联邦政府随即便显著提高了体育的年度资助金额，尤其是对竞技体育的投入，如在 1992 年巴塞罗那奥运年资助金额为 8 300 万澳元，1996 年亚特兰大奥运年则为 1 亿 4 600 万澳元，而此前的 1988 年汉城奥运年仅为 3 300 万澳元。④并且分别在 1992 年和 1994 年发起了《保持势头》（“Maintain the Momentum”）和《奥运会精英运动员计划》（“Olympic Athlete Program”）等旨在目标化管理

---

① Australian sport commission. Wikipedia，the free encyclopedia[EB/OL]. http：//en. wikipedia.org/wiki/Australian_Sports_Commission.

②④ The Australian Sports Kit[R]. National Sport Information Centre of Australian Sports Commission，1989.

③ Bob Stewart，Matthew Nicholson，Aaron Smith，Hans Westerbeek. Australian Sport：Better by Designp—The evolution of Australian sport policy[M]. Routledge Taylor & Francis Group London and New York，2004.

培养精英运动员的竞技体育发展政策。①②总之,这一时期的澳大利亚体育发展政策制定是密集而繁多的,涉及领域尤其广泛,但对精英竞技体育的政策支持是该时期的政策重点,其产生的结果也是显著的,即澳大利亚代表团分别在 1992 年巴塞罗那和 1996 年亚特兰大两届奥运会获得了 27 和 41 枚奖牌(其中金牌分别为 7 枚和 9 枚),让澳大利亚重新走上了竞技体育强国复苏的历史轨道。

四、国家体育政策整合期的竞技体育发展方式(1996 年至今)

1996 年,自由党领袖约翰·霍华德(John Howard)当选时任澳大利亚联邦政府总理,其政策主张可概况为“激励运动员,发展冠军”,但标榜的前提是平衡精英竞技体育和基层体育参与。

1996 年底政府随即发起了《活跃的澳大利亚:全国性参与架构》(“Active Australia: A National Participation Framework”)计划,其主要目标在于进一步增加国民长期的体育参与,并让国民能够意识到体育参与带来的健康与经济利益,并大力发展高质量的基础体育设施,给予国民公平的体育参与机会以及完善的体育公共服务支持。③与以往不同的是,该项计划的发起是经多部门合作产生的,即在体育活动参与和健康促进联系更为紧密的时代背景下,澳大利亚竞技体育委员会、联邦政府的康复与健康机构、工业科学和资源机构、卫生部门等都对该项计划给予了有力支持。

与此同时,当时的研究发现也已经证明让国民尽可能地参与体育活动确实能起到有效节约健康与卫生部门的成本开支功效。但当时体育中安全与风险管理问题也日益凸显,体育伤害事故的发生率在持续增加。基于此,政府发起了《澳大利亚体育安全:一个全国性体育安全架

① Maintain the Momentum Australian Government Sports Policy: 1992 to 1996 [R]. National Sport Information Centre of Australian Sports Commission, 1992.

② Olympic Athlete Program Making Great Australians[R]. National Sport Information Centre of Australian Sports Commission, 1994.

③ 澳大利亚的政治体制[EB/OL]. http://goabroad.sohu.com/74/62/article20361-6274.Shtml.

构》(“Sports-safe Australia：A National Sport Safety Framework”)计划，针对体育俱乐部中产生的反社会行为、土著居民和非英语群体等少数群体的被边缘化问题以及非公正的歧视和伤害等等问题制定了一系列的方案和应对措施。

另外，体育的经济和产业问题也被政府提上议事日程，为了促进体育能够产生强大的经济收益，政府发起了《运动行业计划 2006》(“Game Plan 2006”)，以澳大利亚体育国际组织为基础，通过教练员的海外执教、体育科研人员、运动医疗提供者、体育商品供应商、大型体育赛事经营公司、体育教育与训练提供者等等的服务和商品输出，获取出口收益。此外政府还发布了《2000 年全国性旅游战略》(“National Sport Tourism Strategy in 2000”)，旨在通过澳大利亚体育的国际形象和举办的重要赛事吸引国际观光客来造访澳大利亚。

2000 年澳大利亚代表团在悉尼奥运会的巨大成功(总计获得 16 枚金牌和 58 枚奖牌，奥运奖牌榜位列第四)，再次证明了联邦政府在对竞技体育领域的投入和制度设计是高效的，但与此同时，令人担忧的是政府对竞技体育的投入比例已经远远超出了社区体育，如 20 世纪 80 年代和 90 年代，社区体育的经费仅占政府总投入的 10%—15%，尽管政府也一再强调大众体育的重要性，并出台了诸多政策方案，但在实际上，大众体育参与率的提高并不明显。

为了更好地加强政策目标的内部关联，提高政策制定的整合性，并且进一步平衡竞技体育与大众体育之间的发展关系，联邦政府在 2001 年发布了《澳大利亚运动能力的回归：一个更有活力的澳大利亚》(“Backing Australia's Sporting Ability：A More Active Australia”)计划。其中四个政策目标包括：(1)确保包括残疾人在内的运动员保持国际竞技水平；(2)提高体育管理的结构和实践水平，促使各全国性体育组织机构能够更好地提供高质量的体育服务；(3)创造远离药物的体育环境，确保运动员公平竞争；(4)较大程度地提高整个澳大利亚国民的体育参与人口数量。①

---

① Backing Australia's Sporting Ability A More Active Australia[R]. Australian Sports Commission，2001.

在实现这些既定目标的方式上,一系列关联性和整合性策略被提出,如在培养精英运动员方面更加紧密联系地方管理机构和地方学术机构,又如在提高大众体育参与率上,鼓励年轻人参与有组织的体育活动,增强社区俱乐部和当地学校、商业机构的联系,建设从地方参与到高水平竞争领域更强大的输送通道。此时的澳大利亚体育政策不再将重心牢牢置于狭隘的精英竞技体育领域层面,而是更加强调体育发展战略的平衡性和整合性原则,强调国民体育运动能力的回归,因此在政策设计上是通过以高水平竞技体育发展为先导,大众体育的全面发展为基础,做到两者的协同互补,共生发展。①

进入21世纪以来,现代文明病席卷工业发达国家,肥胖率和运动缺乏症等问题在澳大利亚也难以幸免。2008年和2010年澳大利亚再次陆续发布了强有力的体育政策《澳大利亚体育:出现的挑战和新的方向》("Australian Sport: emerging challenges, new directions")、《澳大利亚体育:成功的通道》("Australian Sport: the pathway to success"),作为新时期澳大利亚体育发展的重要纲领,前者深刻总结了此前澳大利亚体育发展模式在当前显现的种种弊端,并提出了改变的必要性和发展方向。②而后者首先是对青少年、体育组织、残疾人和妇女等各个层面的体育参与进行了设计;其次是从志愿者、教练员支持和人才选拔等角度对基层体育到精英体育的输送通道进行了细心设计;最后则是在精英竞技体育领域进行了规划③,其重点便是进一步改革和整合管理结构,优化管理方式,更有针对性地资助运动员以及进行科研创新和持续的反药物行动。总之,当前澳大利亚的体育政策更加强调体育发展的整体性、协调性和科学性,体育政策对精英运动发展及其成绩取得的强烈要求已经逐渐褪去。

---

①② Australian Sport: emerging challenges, new directions[R]. Australian Government, 2008.

③ Australian Sport the pathway to success[R]. Australian Government, 2010.

第二节　澳大利亚竞技体育发展中政府职能的演变及特点

一、体育管理机构

20世纪70年代之前的澳大利亚联邦政府对竞技体育的干预极其有限，尤其是对国家层面的高水平竞技体育发展没有明确的制度设计与目标规划。联邦政府所操持的观点是，国家精英竞技体育是社区体育发展和大众体育参与率提高的衍生品，政府无须干涉。因此政府对体育的资助主要集中在对社区体育的发展和大众体育参与率的提高上。

但在当时冷战的国际大背景下，东西方阵营的对峙愈演愈烈，竞技体育赛场尤其是奥运会赛场成为很多大国寻求展示国力的舞台，无论是当时的美国、苏联还是其他欧洲强国均逐渐在大力发展精英竞技体育以寻求更高的国际形象与地位。业余竞技体育系统支撑的澳大利亚竞技人才库已不足以抗衡欧美列强的职业化和专业化的竞技人才培养系统。虽然早在20世纪70年代初就有布鲁姆菲尔德和科尔斯等学者在对欧考察竞技体育发展基础上呼吁联邦政府提高对国家精英竞技体育的资助，执政当局也曾给予一定的关注，但由于执政党派和领导人的更迭，联邦政府对发展澳大利亚精英竞技体育未能充分重视，直到1976年蒙特利尔奥运会遭遇了历史惨败才彻底激发了澳大利亚举国上下对其精英竞技体育发展的不满。

成立国家级竞技体育专业管理机构并最终构建高效的竞技体育组织管理系统是澳大利亚竞技体育在经历蒙特利尔奥运低迷之后的重要抉择。虽然早在1919年澳大利亚奥林匹克联盟（AOF）（澳大利亚奥林匹克委员会的前身）便已成立，但不同于西方发达国家，其并不参与澳大利亚精英运动员的选拔、培养和训练工作，只负责为澳大利亚奥运代表团做好后勤服务工作。直到1977年，澳大利亚竞技体育联合会（CAS）成立开始，相关的专业竞技体育组织才逐渐在澳大利亚成立。1978年澳大利亚教练理事会成立，从而逐渐将澳大利亚教练系统纳入了标准的制度化管理。

二、体育管理机构职能的演变

随后澳大利亚联邦政府便开始谋划制定发展精英竞技体育的政策并提高对竞技体育的政府资助。

(一) 联邦政府启动相关的竞技体育发展计划

1980 年的白皮书《澳大利亚竞技体育总体规划》,其中重点是政府主导建立国家级竞技体育专业机构,并最终构建专业化的竞技人才培养网络系统;1983 年的《竞技运动与休闲:前进中的澳大利亚》,重点是促进精英体育与大众体育的良性互动;1994 年的《奥林匹克精英运动员计划》则特别针对悉尼奥运会在参赛目标、人才培养、资金分配等方面做了详细规划与部署。2001 年的《澳大利亚竞技能力的回归:一个更有活力的澳大利亚》从国际精英竞技运动、竞技体育组织结构、竞技体育参赛环境和大众体育参与四大方面对新世纪的澳大利亚体育发展进行了规划。①

(二) 大力提高竞技体育发展的政府资助

早期的澳大利亚联邦政府由于不干涉竞技体育事务,因此对本国竞技体育的资助相当有限。如 20 世纪 70 年代之前,对参加奥运会运动员的资助几乎仅能维持往返交通费用。在 70 年代和 80 年代初,资助稍有改善,但仍然相对匮乏,直至进入 80 年代中期以来,联邦政府对竞技体育的资助呈现出较大幅度的改善,而进入 90 年中期即悉尼奥运会前期,资助的提升力度则持续加大。总之,澳大利亚竞技体育的再度崛起是联邦政府通过政策支持及其资金资助的导向性产物,换言之,政府的介入与调控主导了澳大利亚竞技体育的二次崛起。

1981 年澳大利亚体育学院(AIS)的建立是澳大利亚精英运动员培养和管理走向专业化的标志,作为政府资助性质的机构,其重要职能便是

---

① Bob Stewart, Matthew Nicholson, Aaron Smith, Hans Westerbeek. Australian Sport: Better by Designp -The evolution of Australian sport policy[M]. Routledge Taylor & Francis Group London and New York, 2004:58—78.

培养青少年为主的精英运动员，一方面为其在校学生提供完善的学术性和就业教育，另一方面提供 29 个竞技项目的运动训练，并为优秀学员提供奖学金和生活费，优秀学员的主要流向是进入国家队或者职业队，运动成绩一般的则继续攻读学位或者接受职业培训并最终进入有关领域工作。①另外，体育学院还负责运动科学研究、教练员管理、奥运项目资助以及联系协调全国单项体育协会等工作。此外，澳大利亚还在布里斯班、昆士兰等全国 8 个州分别设立了 8 所分院②，加之各州的州级训练基地的纷纷建立，以及全国各地竞技体育组织管理专业化程度的提高，澳大利亚精英运动员培养系统网络逐渐形成。

1985 年，澳大利亚成立了澳大利亚竞技体育委员会(ASC)，代表联邦政府负责竞技体育的资金分配，全面领导澳大利亚竞技体育并提供战略发展纲领以促使澳大利亚竞技体育更加协调的发展。而至 1989 年，澳大利亚体育学院和澳大利亚竞技体育委员会合并，成立了新的澳大利亚竞技体育委员会，对精英竞技体育和一般竞技体育进行更为协调的管理。得益于澳大利亚本身就较为发达的地方和基层竞技体育基础，加之澳大利亚竞技体育委员会的有效领导，促使澳大利亚竞技体育人才选拔、输送、培养体系逐渐成形。自此，澳大利亚竞技体育管理系统逐渐走向成熟，最终为 20 世纪 90 年代以来竞技体育的再度崛起提供了重要保障。

第三节　澳大利亚政府对竞技体育发展方式的干预方式

一、政策法规指引与扶持的作用方式

1976 年蒙特利尔奥运会遭遇了历史惨败后，澳大利亚联邦政府便开始谋划制定发展高水平竞技体育的政策，并提高对竞技体育的政府

---

① Australian Institute of Sport.[EB/OL]http://www.ausport.gov.au/ais.

② 潘志琛，郭荣，于洪臣等.对英、法、德、澳四国竞技体育管理体制的考察与调研[J]. 中国体育科技，2004，40(6)：1—4.

资助。

2008年和2010年，澳大利亚陆续发布了强有力的体育政策，《澳大利亚体育：出现的挑战和新的方向》（“Australian Sport: emerging challenges, new directions”）、《澳大利亚体育：成功的通道》（“Australian Sport: the pathway to success”），在政策设计上是通过以高水平竞技体育发展为先导，大众体育的全面发展为基础，做到两者的协同互补，共生发展。

二、直接与间接性体育投融资的作用方式

在悉尼奥运会前期，澳大利亚政府持续加大对竞技体育资助的力度（见表8-1）。尤其是1993年获得悉尼奥运会主办权后，更加刺激了其欲望。联邦政府随即显著提高了体育的年度资助金额，尤其是对竞技体育的投入，如在1992年巴塞罗那奥运年资助金额为8 300万澳元，1996年亚特兰大奥运年则为1亿4 600万澳元，而此前的1988年汉城奥运年仅为3 300万澳元。①澳大利亚竞技体育的二次崛起离不开澳大利亚政府的介入与调控。

表8-1　1920年以来奥运年中澳大利亚联邦政府对竞技体育资助的金额变化

年　度	总金额	主要大赛
1920—1921	0.001百万英镑	安特卫普奥运会
1924—1925	0.003百万英镑	巴黎奥运会
1936—1937	0.002百万英镑	柏林奥运会
1948—1949	0.028百万英镑	伦敦奥运会
1952—1953	0.070百万英镑	赫尔辛基奥运会
1956—1957	0.700百万英镑	墨尔本奥运会
1960—1961	0.150百万英镑	罗马奥运会
1968—1969	0.500百万美元	墨西哥城奥运会

① Bob Stewart, Matthew Nicholson, Aaron Smith, Hans Westerbeek. Australian Sport: Better by Designp—The evolution of Australian sport policy[M]. Routledge Taylor & Francis Group London and New York, 2004.

续表

年　　度	总金额	主要大赛
1972—1973	1.0 百万澳元	慕尼黑奥运会
1976—1977	7.6 百万澳元	蒙特利尔奥运会
1980—1981	8.2 百万澳元	莫斯科奥运会
1984—1985	27 百万澳元	洛杉矶奥运会
1988—1989	33 百万澳元	汉城奥运会
1992—1993	83 百万澳元	巴塞罗那奥运会
1996—1997	146 百万澳元	亚特兰大奥运会
2000—2001	112 百万澳元	悉尼奥运会
2004—2005	132 百万澳元	雅典奥运会

资料来源:澳大利亚竞技体育委员会数据(Australian Sports Commission Date)。

三、管理职能部门的干预性作用方式

蒙特利尔奥运后,成立国家级竞技体育专业管理机构,并最终构建高效的竞技体育组织管理系统。一系列的政府措施,推进竞技体育管理系统逐渐走向成熟,20 世纪 90 年代以来,为澳大利亚竞技体育的再度崛起提供了重要保障。

第九章　日本竞技体育发展方式及政府职能的历史变迁与特点

第一节　日本竞技体育发展方式的演变及特点

一、古代日本的竞技体育发展方式

在日本，最具代表性的传统竞技体育项目当属“相扑”和“剑道”。“相扑”古称“素武”，一种说法认为其源于中国的秦汉时期，唐朝时传入日本，后被称为“相扑”，成为日本的国技；另一种认为其起源于日本神道教的宗教仪式。据日本史书《相撲の始》的记载，相扑最早出现于公元前23年，是人们期盼来年有好的收成，在神殿为丰收之神举行的比赛。在奈良和平时期，相扑是一种宫廷观赏运动，到了镰仓战国时期，相扑成为武士训练的手段之一。[①]从17世纪开始，相扑作为日本的专业竞技项目得以广泛开展，逐步发展成为日本最红火的职业体育项目。关于剑道，相传也是源于中国，于隋唐时期传入日本。受长期战争环境的影响，剑道逐渐形成了其特有的竞技和格斗风格。

在历史漫长岁月的磨砺中，像“相扑”“剑道”这样流传下来的竞技项目，其竞技形式、规则以及所蕴含的文化内涵，得到了很好的提炼。如今虽不是奥运会项目，但在日本有着广泛的群众基础，在世界上亦有颇高的知名度，特别是“相扑”运动，还吸引了一些外国大力士加入。

---

① 前橋明，体育スポーツ史[M]. 岡山：西日本法规出版，2001年5月.

二、近代日本的竞技体育发展方式

明治维新运动开启了日本一个崭新的历史里程，当时的日本政府摒弃幕府时代闭关锁国政策，积极引进、吸收西方文化，其中不乏西方的体育文化。一些学者甚至认为："日本明治维新的主要标志是学习西方文化，而学习西方文化是从体育开始的，具体来说，是从军事体育开始的。"①之所以如此，乃是因为明治维新运动"富国强民"的口号是在当时幕府统治者所奉行的"强兵治国"方略背景下提出的。

所谓的"富国强民"，在很大程度上要"富国强兵"，或者说首先要"强兵"，以至于在明治维新初期引入西方体育文化时，在选项上倚重军事体育，在价值取向上偏重于"战斗的实用性"。到了明治维新的中期，越来越多的西方体育项目和体育思想传入日本，不同项目、不同规模的运动会也逐渐开展，有竞斗会、游戏会、竞技会，还有棒球、垒球等单项比赛等。当时在日本开展的体育项目可谓丰富多样，本土的和引进的、军事的和非军事的，一片蒸蒸日上的景象。

以明治维新作为新起点，这第一次经济起飞和体育事业尤其是军事体育的蓬勃发展，的确促使日本成了当时的军事强国。从竞技体育角度看，这一时期日本积极引进西方体育文化，并强化军事体育强烈的胜负意识和集体主义精神，也确实为后来日本竞技体育发展起到了一定的促进作用。但军国主义思想的盛行，扭曲了体育应有的价值取向，背离了体育事业发展的正确方向，这是需要汲取的历史教训。

三、现代日本的竞技体育发展方式

第二次世界大战结束后，日本经历了一段对战争反思和在废墟上恢

① 许晓光，论明治维新前后日本对西方文化的大力吸收[J]. 四川师范大学学报，2009(3)：116—118.

复重建的艰难历程。在国际大环境影响下，日本的军国主义受到制约，经济和社会发展逐步走上良性轨道，体育事业也步入了一个新的发展阶段，主要措施是：

1. 废除了一些军事体育项目，淡化或更正了体育的军事价值取向，大力发展西方国家普遍开展的一些运动项目，并在竞技体操、游泳、乒乓球、棒球以及三大球等项目上形成了一定的优势，这也为日本后来在奥运会、亚运会上取得优异成绩奠定了基础。

2. 围绕“经济与体育”“强兵与强民”“长期目标与近期效益”等问题的争论，使得人们对体育的作用与功能以及发展体育事业的重要性有了更多的共识。尤其对于战后重建中的日本来说，急需加强对外交往以提升国际地位。所以体育被赋予了前所未有的政治色彩和历史使命，竞技体育更是成了国际交往的重要内容和途径。

鉴于竞技体育的独特外交功能，战后日本把提升体育的“国际竞技力”放在了十分突出的位置，试图通过体育外交加强国际交往，扩大国际影响力，提升国际地位，竞技体育被赋予了浓厚的政治色彩，这亦是东京积极申请并成功举办1964年夏季奥运会的主要动力之所在。1961年日本政府颁布《日本体育运动振兴法》(以下简称《体育振兴法》)，加之东京申奥成功，极大地振奋了民族精神，举国上下积极投入举办东京奥运会的各项工作，从政府到民众的体育理念得到了暂时的高度统一。在第二次经济起飞的大背景下，日本成功举办东京奥运会并取得历史上最好成绩，可谓有其天时地利人和的必然性。

日本在1964年东京奥运会上充分显示了强大的“国际竞技力”，在这之后的相当一段时间，日本体育事业尤其是竞技体育事业的发展策略无形中也是以奥运为主线进行的。然而，事物的发展并非人们想当然的那么简单，那么一帆风顺，且不论因成功之后所产生的自满心理不利于继续进步和提高，更有一些深层的原因对日本继续提升“国际竞技力”产生了不利影响，主要有两个方面的原因：

1. 经济快速发展在创造巨大物质财富的同时，也带来了诸如能源和交通的压力、环境的污染以及垃圾处理难题等社会问题，而这些都与广大人民群众日益改善生活的愿望和需求产生矛盾，迫使人们更多地关注民生、关注健康而不是“国际竞技力”；

2. 在东京奥运会之后，国家在政策导向上并没有继续实行“举国体制”，而且在管理机制上举棋不定，发生了将文部省下属的体育局进行改组，改组后废止，废止后又重组这样折腾的举措，使得自上而下的体育管理机制出现了混乱，这对体育事业尤其是竞技体育的发展所造成的负面影响是不言而喻的。因此，后来日本在奥运会和国际大赛上显现出颓势也就不可避免，直至1988年兵败汉城，失去亚洲霸主的地位，其后的两届奥运会更是每况愈下，1996年的亚特兰大奥运会日本的“国际竞技力”跌入最低谷。

四、当代日本的竞技体育发展方式

东京奥运会之后，日本的竞技体育逐步走下坡路，特别是从20世纪80年代开始，有近20年的低迷期，而另一方面则是中国、韩国以及一些西亚国家的崛起，强烈的反差引起了日本各界的重视与反思。在民意和政治因素多重压力下，日本政府文部省于2000年9月13日颁布了《体育振兴基本计划》(以下简称《基本计划》)，以对日本竞技体育事业发展进行重新定位和战略布局，改善日本竞技体育事业发展中面临的不利局面，强化体育政策支援、科技兴体和竞技后备人才等方面改革举措，重振日本的体育“国际竞技力”。

《基本计划》及诸多配套措施(如“奥运会奖牌倍增计划”，2000)颁布以来，还是收到了一些显著成效的，如在2004年的雅典奥运会上，日本从上届的第15名上升至第5名，成为第二集团的领头羊；北京和伦敦奥运会上也有不俗的表现。下表9-1关于“20世纪以来日本参加奥运会的获奖牌情况及综合竞争力指数”显示，从汉城奥运会以来，日本的体育国际竞技力表现总体上具有以下几个特点：一是参赛项目逐渐增加，从16项到26项；二是获金牌数和总体得奖牌数保持向上的趋势，尽管在个别参赛年有变化；三是名次上虽起伏变化，但近两三届基本保持在第二集团中;四是除了2004年的优异表现外,总体体育国际综合竞技力指数在增加。①日本的竞技体育发展处于缓慢的增长期中。无疑这是日本在进入21世纪的新形势下为振兴体育事业尤其是竞技体育事业,以提升"国际竞技力",实现在奥运会上金牌倍增的目标而采取的对策,也是日本政府通过奥林匹克运动实现国家战略发展需要的一项重大举措。

表9-1 20世纪以来日本参加奥运会的获奖牌情况及综合竞争力指数

历届奥运会	参赛大项目数	参赛小项目数	金牌获得数	银牌获得数	铜牌获得数	奖牌获得总数	国际综合竞技力指数
1920年安特卫普第7届奥运会	23	154		2		2	0.43
1924年巴黎第8届奥运会	19	126			1	1	0.13
1928年阿姆斯特丹第9届奥运会	16	109	2	2	1	5	1.68
1932年洛杉矶第10届奥运会	16	117	7	7	4	18	5.56
1936年柏林第13届奥运会	21	129	6	4	8	18	4.65
1948年伦敦第14届奥运会	19	136					
1952年赫尔辛基第15届奥运会	18	149	1	6	2	9	1.9
1956年墨尔本第16届奥运会	17	145	4	10	5	19	4.25
1960年罗马第17届奥运会	18	150	6	8	7	21	3.67
1964年东京第18届奥运会	20	163	16	5	8	29	6.75
1968年墨西哥城第19届奥运会	19	172	11	7	7	25	5.23
1972年慕尼黑第20届奥运会	21	195	13	8	8	29	5.38
1976年蒙特利尔第21届奥运会	21	198	10	12	17	39	4.12
1980年莫斯科第22届奥运会	21	203					
1984年洛杉矶第23届奥运会	21	221	10	8	14	32	4.52
1988年汉城第24届奥运会	23	237	4	3	7	14	1.76
1992年巴塞罗那第25届奥运会	25	257	3	8	11	22	2.33
1996年亚特兰大第26届奥运会	26	271	3	6	5	14	1.6
2000年悉尼第27届奥运会	28	300	5	8	5	18	2
2004年雅典第28届奥运会	28	301	16	9	12	37	4.32
2008年北京第29届奥运会	26	302	9	6	10	25	2.7
2012年伦敦第30届奥运会	26	302	7	14	17	38	3.64

与1961年颁布的《体育振兴法》相比,《基本计划》在继承《体育振兴

① 国际上流行的体育国际综合竞技力计算公式是:国际综合竞技力指数=50(3G+2S+B)/3t. G:金牌数 S:银牌获得数 B:铜牌数 T:金牌项目总数(小项目数).

法》的指导思想和基本原则前提下，有其与时俱进的时代特征，主要反映在 4 个方面：

1. 主动适应国际上竞技体育职业化的发展趋势以及奥运会对运动员业余性原则的修订；

2. 强化了发展竞技体育的某些制度，注入建立一条龙的训练体系、建立国家级训练基地、明确奖罚制度以及运动员退役安置政策等；

3. 对竞技体育后备人才的培养提供政策保障，着重加强抑制儿童体力下降，提高儿童身体素质；

4. 大力发展综合型地域体育俱乐部并加大了政府的资金投入。

然而，颇为值得关注的是，近几年来日本国内对以奥运会为主线的竞技体育发展策略（或者说奥运争光计划）有激烈的争论，加上政治、经济、社会诸多方面的事端以致在东京获得 2020 年夏季奥运会举办权之后，反而出现了众多的反对声音：

1. 举办奥运会成本太高，得不偿失；

2. 地震、海啸、核泄漏等灾害问题尚未很好解决，政府不应将精力放在举办奥运会上；

3. 对于比较发达的日本来说，办奥运会以推动基础设施建设等正面效益不会像发展中国家那么显著，已无太大意义。

为进一步实施东京奥运奖牌战略，日本政府将逐步加大对竞技体育的投入力度。针对这一倡议，一些日本网友甚至认为："比起奖牌数量，日本更应该努力去营造一个能让各国运动员安心、公平竞赛的环境，这才是作为奥运主办国最重要的使命。"这或许就是当代日本竞技体育发展环境的现实状况，既有喜又有忧，既有所期待又面临一些民主社会发展中多元意见共存的尴尬。

第二节　日本竞技体育发展中政府职能的演变及特点

一、体育管理机构

第二次世界大战前日本发展体育的价值取向重在"强兵"，军事色彩浓厚，其管理模式及其方法手段无处不受到军国主义的影响。二战结束后，日本虽然名义上还保留了天皇和天皇制，但受西方国家尤其是美国的制约和影响，日本的政治体制、社会制度逐步全盘西化，开始建立以法律为基础的政治体制管理模式。国家行政机关的设立、职能及相关制度都是依靠法律来规范的，与体育管理有关的文部科学省也不例外。

从战后到1956年，日本所有的体育事务基本上都是由文部省全权负责管理与实施，它是日本体育事业的最高行政管理机关。直到1956年《地方教育行政的组织及运营法》颁布，才明确了地方体育行政管理的职权。之后1961年《体育振兴法》的出台，进一步明确了都道府县及市町村的审议会制度和合议机关，从而使国家层面到地方层面政府的体育行政管理机构和各级审议会制度得到了健全完善。文部科学省是体育管理的决策中心，审议会则是正确决策的制度保证，审议会先要通过调研、听证等方式形成具有法律效应的审议方案，为决策中心提供理论支持和法律保障。政策的执行则是由日本体育协会和日本奥委会以及地方体育部门联合承担的。

文部科学省所设置的体育管理机构并非只管体育，该机构的名称是“体育·青少年局”，既管体育也管青少年的一部分教育工作，这体现了日本对青少年与体育之间的关系有较为深刻的认识和高度的重视。“体育·青少年局”下设五个科：规划体育科、终身体育科、竞技体育科、学校健康教育科和青少年科。其管理职能涵盖了竞技体育、终身体育、学校体育等社会所需的各种体育成分。另外，“体育·青少年局”还设有两名专职参事官，他们独立门户，不隶属于任何科。

除文部科学省下设的“体育·青少年局”之外，日本中央政府层面与体育管理有关的行政组织还有两个，分别是文部科学省的审议会和日本体育振兴中心。1999年日本制定了《文部科学省设置法》，据此，2001年中央审议会把原先下设的六个审议会统一起来，直接行使审议职能。日本《行政组织法》第八条规定：“国家在制定基本计划时，所有的政令的制定预先要听取审议会的意见”①。因此，经审议会审议通过的政令是具有

① 盐野宏，行政组织法[M]. 北京：北京大学出版社，2008：11.

法律效力的。日本体育振兴中心则是根据2003年《日本体育振兴中心法》设立的组织，是文部科学省管理体育事业的外围组织，主要负责体育情报的搜集，国有体育场馆的管理以及运动医学方面的工作。

二、体育管理机构职能演变

在日本的体育管理组织结构中，还有两个十分重要的具独立财团法人地位的社会体育团体，"日本体育协会"和"日本奥林匹克委员会"。他们的职责主要是配合政府行政管理机构承担一些事务性的体育管理工作。由上可见，日本对体育（包括竞技体育）的管理是以政府管理为主，政府机构与社会体育组织相结合的模式。中央政府的管理机构主要是从国家层面考虑体育事业的综合发展，是最高行政体育法规的制定者，亦是体育经费支持的宏观调控者。地方政府的管理机构侧重的是考虑本地区的相关事宜，并从本地区的情况出发贯彻落实国家层面的相关法规和要求。就竞技体育这一精英部分而言，中央政府的管理机构主要考虑的是奥运会等国际比赛，而地方政府的管理机构主要考虑的是国民体育大会、全国高校综合体育大会等全国性赛事。此外就是两大社会体育组织从中所起的重要作用。

"日本体育协会"的前身是"大日本体育协会"，1909年现代奥运会之父顾拜旦通过法国驻日大使联系到了东京高等师范大学的校长嘉纳治五郎，邀请日本参加奥运会。嘉纳治五郎为了使日本成为第一个参加奥运会的东方国家，通过三年的努力将一些散落在日本各地的体育团体组织起来，成立了"大日本体育协会"。协会成立之初是本着奥林匹克精神和提高国民身体素质的目的来发展体育运动的，但由于当时的时代背景驱使，这一宗旨很快被军国主义体育价值观替代。二战结束后，新时代的国民不再认可"大日本体育协会"的理念，认为是军国主义的产物，于是日本政府着手重组协会，由日本国的总理大臣担任会长，厚生省和文部科学省大臣担任副会长，更名为"日本体育协会"。此举和协会名称的一字之别，充分体现了当时日本对体育事业发展的重视程度和严肃态度，不过这也揭示了现今日本体育协会仍过分依赖行政的重要历史原因。在重组初期，协会是文部科学省下属的一个行政机构，后来协会越来越趋于自主，但仍无法摆脱“行政”的影子。协会虽然被定性为具财团法人地位的社会体育团体，但历届人事、财政方面的负责人都是从国家行政部门选出来的，事务局长也是由文部科学省“体育・青少年局”的科长兼任。国家层面如此，各地区的协会也是如此，造成这样类似于“一套班子，两块牌子”状况的主要原因还是与财政有关。据调查，日本体育协会的财政来源70%以上来自行政当局的拨款，这也就不难理解，为什么日本体育协会的大部分官员是吃“皇粮”的了。

日本奥委会是1989年从日本体育协会中分离出来的，作为独立的财团法人，它在财政上相对比较自主，虽然是非营利性机构，但作为财团法人它又具有商业权力，其经费主要来源于体育彩票、博彩、市场运作、各地域体育俱乐部的会费以及寄付金等。另外，日本奥委会在2002年制定的《金色计划》中又强调了竞技体育要依靠与企业合作来发展和提高，这让原本衰退的“企业体育部”和撤离竞技体育的企业，又重新回到竞技运行轨道中。

“日本体育协会”和“日本奥林匹克委员会”这两个重要的社会体育团体，以职责与功能来讲，主要是配合政府行政管理机构承担一些事务性体育管理工作，具体一点讲，二者除了联合派遣参加亚运会、奥运会等世界大赛的运动员，并为运动员(队)提供科学训练、体育情报、运动医学等方面的服务外，这两个组织也有明确分工：体育协会重点面向国内，主要职责是培养体育指导员、举办国民体育大会、开展体育科研、培养后备人才等；奥委会重点面向国际，主要职责是负责参加国际大赛，选拔和训练高水平运动员等。值得一提的是，1962年日本体育协会以创立50周年为契机下设了“体育少年团”，这是日本体育界为培养竞技体育后备人才的一个大手笔。协会在多个地域都设立了青少年团，截至2010年全日本的青少年团从最初的22个团753人发展到36 000个团88万人。

第三节　日本政府对竞技体育发展方式的干预方式

一、政策法规指引与扶持的作用方式

第二次世界大战结束后，日本急需加强对外交往以提升国际地位，由此体育被赋予了前所未有的政治色彩和历史使命，竞技体育成了日本国际交往的重要内容和途径。1961 年日本政府颁布了《日本体育运动振兴法》，改善了日本竞技体育的发展环境。1951—1978 年，日本在亚运会上连续囊获金牌榜榜首位置。1964 年东京奥运会上更是取得了前所未有的历史好成绩。这些不仅展示了战后日本经济的复苏和体育国际竞技力的腾飞，也极大地振奋了民族精神，形成了日本竞技体育事业发展的第一次高峰。

其后，日本经济快速发展在创造巨大物质财富的同时，也带来了诸如能源和交通的压力、环境的污染以及垃圾处理难等社会问题，而这些都与广大人民群众日益改善生活的愿望和需求产生矛盾，迫使日本社会发展氛围和国民诉求转向，人们更多地关注民生、关注健康而不是竞技体育的“国际竞技力”。东京奥运会后，日本在体育政策导向上并没有继续强化竞技体育的发展，而是导向民意关心的生涯体育发展上，这一定程度上影响了竞技体育的发展。

而另一方面，则是中国、韩国以及一些西亚国家的崛起，日本也从 1978 年第八届亚运会开始，失去了亚洲体坛霸主的地位，这种状况对自誉为亚洲发展“领头羊”的日本而言是一种强烈震撼。强烈的反差引起了日本各界的反思，在民意和政治因素多重压力下，日本政府文部省于 2000 年 9 月 13 日颁布了《体育振兴基本计划》，以对日本竞技体育事业发展进行重新定位和战略布局，改善日本竞技体育事业发展中面临的不利局面，强化体育政策支援、科技兴体和竞技后备人才等方面改革举措，重振日本的体育“国际竞技力”。2001 年颁布实施了“奥运金牌倍增计划”，2010 年文部科学省公告“体育立国战略”，2012 年文部科学省公告

“体育基本计划”。政府加强发展竞技体育，形成了竞技体育、学校体育和群众体育协调发展。

二、直接与间接性体育投融资的作用方式

第二次世界大战结束以后，日本为了重振国人的信心，决定从体育上进行突破，尽管日本当时财政困难，物质匮乏，仍然每年拿出一定的财力物力支持体育相关事务和活动，财务投入附带的政治性功能明显。到20世纪60—70年代，日本经济进入高度发展期，在大众体育时代日本政府对体育的投入虽有依经济总量在逐年增加，但投入结构和许多竞技体育强国不太一样，如日本体育预算中仅有0.5%用于竞技体育，其余皆用于学校体育和群众体育，尤其注重体育场馆设施建设，学校体育和群众体育的资金70%以上也用于建设学校体育场馆。在最近20余年，日本经济的不景气导致对竞技体育的投入相对自然减少，影响了竞技体育管理的资源保障水平。从日本参加世界性体育大赛的竞技力结构表现来看，奖牌覆盖面小却偏重于个体项目，获奖项目结构有时也起伏变化，有人种的原因但也不能不说与日本这种竞技体育资源投入的保障取向不无关系，进而也影响到日本竞技体育的综合实力表现。进入21世纪后，随着一系列振兴竞技体育政策的出台，尤其是从2005年开始日本奥运会的财政支出大幅增加(如图9-1)，用于强化优秀运动员和教练员的培养、一贯式训练指导体制的完善，综合训练场馆的建设，注重体育科学情报的研究等，有力地完善了日本的竞技体育的发展环境。

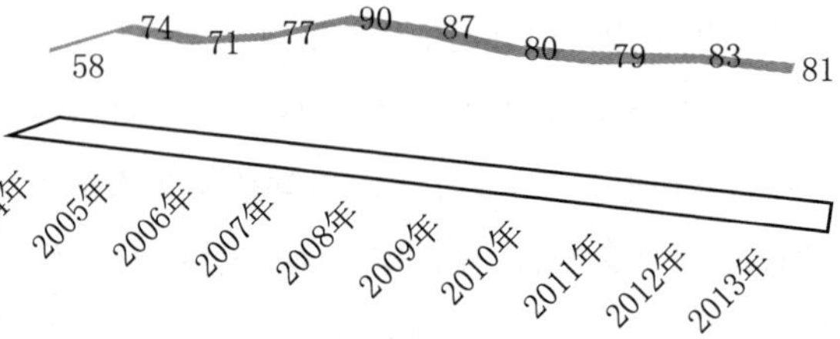

图9-1　近10年日本奥委会财政支出额(亿日元)

(此表数据引自日本奥委会财政支出决算，数值是经四舍五入后取整数)

日本竞技体育管理的经费主要来源于体育彩票、博彩、奥运资产的市场营销、各地域体育俱乐部和加盟团体的会费以及企业、团体及个人的捐助等。由于日本的主流社会中认为，比起金牌获得，民生更重要，而且对每获得一块奥运金牌就要花费动辄百亿日元的代价是充满质疑的。所以日本的体育资源的投入管理，在相当长的时间里是只投属于民生领域的关于大众体育、学校体育设施的物的基础以及指导者培养的，也就是说生涯体育时代日本政府和人民较重视体育对国民健康及社会各方面的作用，在资金上大力投入，与之相比政府资金对竞技体育投入相对较少是日本体育资源配置的特点，但这种状况随着2020东京奥运会的申办成功，竞技体育的资源配置方式和总体量将有大的改善可能。

三、管理职能部门的干预性作用方式

日本对竞技体育管理采取的是以政府管理为主，政府机构与社会体育团体相结合的模式。中央政府的管理职能主要是从国家层面考虑体育事业的综合发展，是最高行政体育法规的制定者，亦是体育经费支持的宏观调控者。地方政府的管理职能侧重的是考虑本地区的相关事宜，并从本地区的情况出发贯彻落实国家层面的相关法规和要求。就竞技体育赛事而言，中央政府的管理机构主要考虑的是奥运会等国际比赛，而地方政府的管理机构主要考虑的是国民体育大会、全国高校综合体育大会等全国性赛事。

除了“体育·青少年局”外，日本中央政府层面还有文部科学省的审议会和日本体育振兴中心等两个与体育管理有关的行政组织。负责体育情报的搜集，国有体育场馆的管理以及运动医学方面的工作的日本体育振兴中心是文部科学省管理体育事业的外围组织。

另外，具有独立财团法人地位的“日本体育协会”和“日本奥林匹克委员会”也是日本重要的体育管理组织，“日本体育协会”的前身是“大日本体育协会”，1909年成立经多次重组改革演变成为具财团法人地位的社会体育团体。日本体育协会和日本奥林匹克委员会的职责主要是配合政府行政管理机构承担一些事务性的体育管理工作。体育协会负责培养体育指导员、举办国民体育大会、开展体育科研、培养后备人才等;奥委会重点负责参加国际大赛,选拔和训练高水平运动员等。

从日本对竞技体育的管理的发展变迁轨迹看,至今逐步形成了政府管理为主,政府机构与社会体育团体相结合的模式,而且注入了"公共治理"的理念。单从竞技体育管理而言,日本竞技体育管理建构了以日本奥林匹克委员会为主,日本体育协会为辅的体制。尽管在政府行政方面日本奥委会和日本体育协会受文部省直接管辖,是文部省体育方针、政策的执行机构。但是,日本奥委会和日本体协都是公益财团法人,具有自主经营,自我管理,独立开展各种活动的自主权,能调动自身的主动性,发挥各自的特点和优势。同时,两大体育团体又相互协作,共同完成竞技体育管理的各项职责。2000 年后日本政府通过一系列政策,加强发展竞技体育,形成了竞技体育、学校体育和群众体育协调发展的良好局面。近年来,针对竞技体育发展要素的结构改革期望,又相继出台了一系列针对性而具体的政策法规,提出了中长期规划和战略目标,加大了对竞技体育的扶持力度,调整了竞技体育的发展方式,促进了其政治文化和教育经济功能的适应性体现。

第十章　对中外竞技体育发展经验与特点的审视

第一节　七国发展竞技体育的经验

一、美　国

(一) 社会化的管理方式

美国竞技体育发展的最大特点在于内生、自主①,政府对竞技体育的管理让权于社会体育组织,这些社会体育组织在面临不同问题时,积极采取措施,对美国竞技体育的持续强盛具有很重要的作用。如 1989 年《奥林匹克评论》出版,它指出 USOC 的首要目标是提高国内竞技体育水平。随后 USOC 要求 NGBs 出台详细的计划以增加美国奥运会奖牌数量,不止如此,USOC 还宣布从 2006 年对每个 NGBs 减少 25 万美元的资助,并且扩大 USOC 组织体系,这些都是 USOC 管理层面实施的措施②。尽管一些措施遭受非议,如减少 NGBs 的资金支持,使得美国大的 NGBs 实力变强,而小型 NGBs 越发弱小,但是 USOC 坚持自己的管理理念,目标清晰,且自 2004 年雅典奥运会之后,USOC 扩大权力,组织内部官员决定对于 NGBs 哪个项目获得资助,官员的决定权主要集中在夏季奥运会项目上③,USOC 的这种做法使得美国备战 2008 年奥运会有了具有侧重性的目标。

---

① 韩磊磊.转型期中国体育发展方式转变研究[D]. 湖南师范大学,2014:73.

②③ Gerald Gems, Linda Borish, Gertrud Pfister, Sports in American History: From Colonization to Globalization[M]. Human Kinetics, 2008, 8.

NGBs对于运动员管理方面多与USOC、大学合作,互利双方。USOC规定,只有成为它的会员才可以使用它的场地。因此各个NGBs加大与大学的合作,如美国橄榄球协会出资使用大学的场地,而如果学校学生想参加橄榄球协会,则需付费,这种措施解决了NGBs成员与学生运动员的培养。此外,一些职业联盟还自主办赛,增加组织与项目的影响力。如2006年,美国职业棒球大联盟花费5 000万美元举办世界棒球经典大赛,邀请来自五大洲的16个国家参加。①

NCAA的发展从刚开始就充满自主性。美国很多竞技体育人才来自学校,起初政府不支持为运动员发放奖学金,但是NCAA于1957年顶着政府压力,通过投票决定资助运动员的学费、生活费等,这也是大学体育向职业化和商业化迈步的标志,虽然有少数学校坚定支持业余主义,不主张资助运动员,如常春藤联盟。现在,美国所有公立学校和大学都为学生运动员提供各种奖学金,有效保证了他们的训练与生活经费。

(二)竞技体育组织之间相互牵制

美国竞技体育管理主要依托于各个社会体育组织,组织之间的牵制不仅来自下属组织,还包括其他平行组织方面,并且渗透着政府的隐性控制。如新上任的USOC主席是美国前经济部门的主席,他的执行理念无形中就附带政府的干预,他发出要准备最强美国队参与1984年奥运会的请求,并提出每个NGBs都要有一个详细的四年计划,包括:国家教练的任命周期、科学训练等。第一次将备战奥运会周期延长至4年。组织之间的牵制体现在场地、费用等方面。橄榄球协会起初不是USOC成员,不可以使用USOC的场地,加入USOC后,才有了充足的场地训练,这促使该协会于2013年开始实施奥运会发展计划,重点培养新兴运动员。经费方面,2010年,USOC对竞技体育的投资经费巨大,最大的一笔花费是给予其他政府和非政府组织的4 530万美元,另外还给予1 696名运动员1 150万美元的训练费用,670万美元的安全保障和医疗费用。但是资金的分配不均使得NGBs领导之间出现矛盾。为此,2011年,USOC

---

① Peter Smolianov, Dwight Zakus, Joseph Gallo, Sport development in the United States[M]. Routledge, 2014, 9.

将NGBs按照竞技水平分为三类，决定给有潜力的NGBs更多的资助。①

USOC对NGBs拥有一定程度的限制能力，根据美国《业余体育法》的规定，美国奥委会有权决定哪一个国内单项体育联合会成为国家级的单项体育联合会。但这当中单项体育协会必须在宽限期内满足政府的要求。同时，NGBs也有权选择加不加入USOC。②现在，加入USOC的国际单项体育协会共25个，还有很多并没有加入奥委会，如美国足球协会，部分原因就是不想被奥委会约束。在地缘位置上，USOC与NGBs倾向于办公地点集中，1998年，12个USOC成员组织将总部放在美国奥林匹克中心，另外12个NGBs和两个国际体育联盟将组织集中安置在科泉市。

当各个组织之间出现矛盾的时候，美国政府通过适当的政策与规划进行调整。如美国大多数体育联盟支持他们的签约球员代表国家参与国际赛事，这对美国在国际赛场上的成功具有很大的帮助。然而这种做法却加大了商业组织与USCO之间的经济矛盾，因此美国2010年出台美国国家体育活动计划（NAPA），要求体育相关的组织间加强合作。再如1974年总统提议成立总统奥林匹克体育协会，该组织提出建立一个中央组织以解决各个体育协会之间的争论，其中主要解决三个主要机构，即业余体育联会、NCAA、USOC之间的问题。

（三）逐步面向更多人群

美国体育政策最先关注的重点是所有公民的体育权利，并且颁布了相应的法律。1964年出版的《民权法》反对种族歧视和性别歧视；1972年颁布的《第九条教育法》指出女性接受体育教育的权利；1998年重新修订的《业余体育法》保证了残疾运动员的训练参赛机会。在增加本国竞技体育人才后，美国开始注重对运动人才的发现，主要来源是选拔赛和童子军。在波士顿，每个冬天，招聘者都会去各个学校寻找新成员。美国还模仿苏联的教练员评价模型，设置本国的多种教练员培训计

① Peter Smolianov, Dwight Zakus, Joseph Gallo, Sport development in the United States[M]. Routledge, 2014, 9.

② http://www.teamusa.org/.

划,USOC 教练教育部门为 NGBs 教练员提供接受教育的机会。①

同时,通过各种运动会,增加公民对竞技体育的认知。1978 年,USOC 举办了美国第一场国家体育节,女性运动员得到了关注。1999 年开始,出现州运动会,本州的居民才有资格参赛,每年有超过 400 000 名的运动员参与其中。如纽约公园、休闲州协会开设州运动会,每年都有纽约居民参与其中,比赛项目包括夏季和冬季体育项目,这个运动会于 2010 年停止。此外,为了让大众体育与竞技体育接轨,1998 年,USOC 还制定了社区奥林匹克计划,与 14 个 NGBs 和 7 个社区体育组织合作,到 2011 年时,已经有 217 个社区奥运会发展计划,这些计划为 250 000 参与者服务。

(四) 体育发展意愿多来自社会

美国政府体育职能的转变与时事政治相关。在 20 世纪五六十年代,为了应对冷战中的军事扩张与体育目标,美国实施了很多有关竞技体育和大众体育的项目,比如增加应用科学研究,学校和大学增加体育内容,此外,美国军队在朝鲜战争中的落后体能促使联邦政府成立一个名为体能、体育和营养的总统协会(PCFSN),该组织有自己的经费来源。②与此同时,USOC 也实施了一项连续训练计划,将之前奥运会前一年开始训练变为四年一周期。欧洲的专家也应邀培训美国运动员。以上这些措施都使得 60 年代的体育得到更多的尊重。随着 60 年代美国中产阶级的扩大,使得一些有潜力的运动员得到很好的发展。尽管实施了相应的措施,但 1976 年奥运会的失利,激起了美国公民与政府彻底改革的决心,甚至影响到了美国政局。1979 年,伊朗人抓住美国大使馆中的美国人充当人质,卡特总统因此没有获得 1980 年总统连任。在这届竞选中,卡特和竞争对手里根都发表声明,如果个人当选,将会从物质和精神两方面支持美国体育的发展。在里根总统上任后,政府与很多 NGBs 合作为申办

① Peter Smolianov, Dwight Zakus, Joseph Gallo, Sport development in the United States[M]. Routledge, 2014, 9.

② Gerald Gems, Linda Borish, Gertrud Pfister, Sports in American History: From Colonization to Globalization[M]. Human Kinetics, 2008, 8.

1984 年奥运会和洛杉矶地点的选定而努力。

反过来，竞技体育组织也可以通过自己的努力转变政府体育职能，如美国竞选 2012 年奥运会失利，竞选 2016 年奥运会时，总统奥巴马携夫人一起演讲，希望可以得到国际奥委会委员的支持，然而还是以失败告终，因此在申办 2024 年奥运会时，USOC 先征求更多政府官员的意见，于 2013 年给美国 34 个城市的市长写信，先咨询他们是否有兴趣申办。此外，各种体育赛事对竞技水平的要求使得政府积极参与其中，美国采取的主要措施是将学校和大学体育与高水平运动联系在一起，为竞技体育提供了大量的竞技人员。学校也积极配合奥运会项目计划的发展，1973 年，大多数院校停止为学生运动员发放四年性质的奖学金，而是变为一年发一次，这增加了运动员训练的积极性。此时的商业赞助开始注意到增加观众可以带来利益，对体育赛事产生兴趣，这也使得竞技体育得到更多的市场资助。因此这也从另一个方面使得美国政府将国家财政投资到军事力量中，即使在 2007—2009 年，美国遭受经济危机，很多企业退出 USOC 赞助的情况下，2008—2011 年，美国对军事的花费仍大约为 700 亿美元。①

二、俄罗斯

(一) 逐步走向以人为本，注重竞技体育、群众体育、学校体育的协调发展

2002 年伊始，俄联邦上院专门召开会议讨论提高体育运动在形成俄罗斯人健康生活方式中的作用问题，一方面透露出对国家、民族前途的担忧，另一方面淡淡地流露着对苏联时期曾经拥有的成功经验被废弃的惋惜。该会鲜明地倡导国家应重视体育事业，继承曾经的优秀传统，开创新鲜局面，期望通过体育把国家从衰败的迷惘中拯救出来，为俄罗斯走向复兴作出贡献。

---

① Peter Smolianov, Dwight Zakus, Joseph Gallo, Sport development in the United States[M]. Routledge, 2014, 9.

《2002年报告》共分4个部分,全方位地审视当时俄罗斯体育存在的最尖锐、最紧迫的问题,提出了组织、结构、法律、财政、科学方法等一揽子措施,使俄罗斯体育诸多问题得以解决。如大众和竞技体育物质,技术基础建设,青少年体育教养,普通学校和青少年体校装备,信息空间交换等。①②

2003年8月俄罗斯政府通过《2003—2005年社会经济中期规划》,指出俄罗斯的基本任务包括创造条件发展居民体育运动,改善居民健康状况,降低医疗保健负荷,提高人力资本质量,保障运动后备人才的训练和俄联邦在以奥运项目为主的国际大赛成绩。重视法律,法规完善,加强物质技术基础建设,明确国家队训练中心职责,优化高水平运动队建设,加大体育在形成大众健康生活方式中的宣传力度,广泛开展群众体育,随着良好的生活方式在青年人中越来越受到推崇,孩子们中非常流行的大众化比赛重新普及等,俄罗斯体育逐步走向良性发展轨道。③

2006年通过了体育的《十年规划》。它是通过全面、和谐发展体育运动,解决社会、教育、人口问题的纲领性计划。它详细规划了大众体育、竞技体育和体育教育的发展方向,制定了详细的实施方案,是苏联解体以来俄罗斯制定的内容最丰富、投资规模最大、配套实施最完整的一套方案。它谋求大众体育、竞技体育和学校体育协调发展。即丰富青少年儿童的体育生活,推进学校与区域之间的相互协调;提高国际竞技水平,促进学校与体育团体之间的相互协调;建设和修缮体育设施,为各种体育的协调发展提供重要保障。把协调发展的无形理念贯穿在有形硬件设施的建设、修缮和装备之中,为真正做到三者的协调发展提供了新思路。对竞技体育,除强调建设和修缮基地及对后备人才的培养外,并未对成绩提出数字性指标,而是制定了兴奋剂零使用率的目标,体现了对

---

① http://cinref.ru/razdel/01200filosofia/01/2491.htm.

② 马忠利,叶华聪,陈浩等.苏联解体后俄罗斯体育政策的演进及启示[J].上海体育学院学报,2014,38(1):12—17.

③ Виноградов П. Фетисов В. Физическая культура и спортв Российской Федерации: Документыиматериа лы(1999—2006годы). Издательство: Советский спорт. 2006.

运动员的人文关怀。①其后，大部分的俄罗斯联邦主体根据当地的实际情况也制定了与当地体育有关的《十年规划》。

（二）重视青少年体育后备人才培养的全面发展，协调运动训练和文化教育的关系

现在俄罗斯青少年体育后备力量培养的特点是将文化课学习和体育技能培养二者结合。为推进体育培养系统的改革，俄罗斯联邦体育部已经制定并实施了针对体育培训机构的改革计划，并建立了新的体育培训机构类型：体育学校，奥林匹克后备力量体育学校。

在培养体育后备力量的科学实践研讨会上（2015 年 12 月 3—4 日在莫斯科，2015 年 9 月 4—5 日在顿河上的罗斯托夫，2014 年 9 月 10 日在切博克萨雷），俄罗斯联邦体育部副部长以及各地方权力机关代表所做的报告中认为，这一计划在国家和地方层面上都得到了良好的实施。②③

该计划在 2013—2017 年间分 5 步进行。2013 年是改革实施的开端年，为了能够尽可能降低继续教育体育培训机构在转型为新型体育培训机构时的"不适感"，国家体育部制定了不会让教练和运动员在工作中感受到巨大变化改革方案：普及发展方案（针对儿童及 17 岁以上的人，仅在运动—保健阶段实施）④；先专业化培训方案（仅针对处于训练初期和体育技能完善阶段之间的儿童，即小于 18 岁的人，该方案的局限性在于可能仅适用于该机构内受过培训的学员继续进入专业训练阶段，这一阶段无法进行机构外招生工作）⑤；体育训练方案（在除运动康复阶段外的所有阶段实施。该计划在由俄罗斯体育部制定的联邦体育训练标准的基础上，对每一项体育运动项目都适用）。在这一阶段可根据机构领导对该机构的目的和要求，从而与其他计划相结合。这种方案的结合能够解决长期以来部门内积累的问题，如：如何按项目确定开始训练的最低年

---

① 马忠利，叶华聪，陈浩等.苏联解体后俄罗斯体育政策的演进及启示[J]. 上海体育学院学报，2014，38(1)：12—17.

② http://sport-rezerv.ru/konferencia2015.html.

③ http://www.minsport.gov.ru/sport/podgotovka/82/27469/.

④ Закон об образовании в РФ，ст. 75.

⑤ приказ Минспорта России от 12.09.2013 № 730.

龄问题?可以通过普及发展方案解决(该方案几乎可以招收到任何年龄段的孩子)。

(三) 按年度分阶段推进政府的竞技体育政策

为了保证竞技体育政策的落实,俄罗斯制定了详细的年度工作目标,按年度实施各项工作。2014 年为法律法规实行和检验年。2015 年首先致力于形成新的法律法规和教学方法的基础,目的在于保证体育培训机构所使用的教学方法的统一性,以及明确每一名培训过程参与者的角色和任务。今年应当完成体育运动领域工作人员的社会保障制度的建立和立法工作。2016 年计划在立法层面将继续教育机构从可进行体育训练的机构清单中去除,并且改变联邦政府要求内容,用国家职业化培养方案代替完善体育技能阶段。2017 年为改革完成年,这标志着俄罗斯联邦合同制在体育领域的最终形成。

完成上述措施可以完善运动员制度,使其能够在体育不同培训机构内完成不同阶段的培训,并且保证其培训的连贯性,最大程度上降低体育后备力量培养中心、奥林匹克后备青少年专业体育学校和青年体育学校的职能上的重复性,也就是很大程度上提升俄罗斯体育后备力量培养的工作效率。

三、德　国

(一) 形成了一套成熟和有效的竞技体育管理体制

统一后德国竞技体育的遵循的基本组织原则是体育自治原则和政府协作原则。其中,社会自治占据主导地位,政府只扮演协作者的角色,并通过法律保护社会体育组织的高度自治性。①在体育管理方式上属于比较标准的水平分化的管理方式,这种管理方式责任和分工明确,功能交叉少,等级差别不明显,既避免了人员浪费,节约政府开支,又提高了工作效率。此外,体育自治最主要的特点就是体育管理的多样化,同时

① 邓杰;吴彩荣.德国竞技体育发展模式研究[J].体育文化导刊,2013,(12):49—50.

彰显了多样化体育管理影响下管理体制的诸多文化功能。首先，人们通过各种媒体观看和欣赏体育比赛，增强了民族认同感和凝聚力；其次，通过高水平竞技体育运动员的榜样作用，使人们对于体育的认识不只限于强身健体的方面，而是通过体育活动的参与得到更多的精神享受；再次，通过组织各俱乐部之间不同层次和不同级别的联赛，不仅增强了竞技体育的体育水平，更是增进了人与人之间的交流，为社会的和谐作出贡献。总之，在体育自治的原则下，统一后德国的竞技体育管理体制不仅创造了一种浓厚的文化氛围，而且大大促进了传统体育文化的融合与发展。

（二）具备了与本国市场经济体制相适应的市场化运作机制

进入21世纪，德国经济突飞猛进，人们的生活水平日益提高，人们的精神需求也不断增强。在市场经济体制的带动下，德国的竞技体育逐渐步入商业化和职业化的时代。市场化的运作模式也更多的渗透到大型体育赛事当中去。此外，德国是典型的社会主导型体育体制，总的体育经费中政府所给予的经费只占很小的比例，其中60%以上的经费是社会团体通过市场手段获得的。它的经费来源有：体育彩票、社会捐助、商业赞助和媒体转播收益等。从表10-1可以得知，德国在统一后初期已经形成了多渠道、多方位筹款格局，至今这一格局体系已经逐渐完善，通过市场获得的体育赞助总体上呈现出不断增长趋势。①此外，德国在体育市场化的运作机制下，还具有比较完善的体育市场监督机制，以避免体育市场一些不良现象的出现。市场监督机制主要来自两个层面：第一是社会公众层面的监督。包括社会公民监督和社会舆论的监督；第二是体育组织自身层面的监督。政府设有专门的体育组织监督机构对体育进行监督和管理。

（三）高度完善和有效的竞技体育发展保障体系

首先，强而有力的体育科学保障系统。统一后不久，德国政府就以体育为纽带将运动系统和科学系统这两个完全不同的系统结合在一起，

---

①　李向东.中国与德国的体育管理体制的比较研究[J].体育文化导刊.2005，(6)53—55.

表 10-1　1992—2003 年德国体育赞助市场

年份	数额(单位:10 亿欧元)	增长
1992	0.71	+15%
1993	0.77	+7%
1994	0.86	+12%
1995	0.92	+8%
1996	0.98	+6%
1997	1.07	+9%
1998	1.14	+2.23%
1999	1.22	+2.4%
2000	1.3	+2.54%
2001	1.33	+2.3%
2002	1.28	−1.5%
2003	1.28	+0.3%

(据德国《体育赞助商信息》整理。)

并在它们之间建立了新的联系，大大地完善了运动训练的社会科学保障系统。政府还采取了一系列的措施，不断提高和改善体育科学的研究大环境。一方面，政府对体育科研机构进行了统一调整与建设。统一后德国政府保留了原东德的三大运动科学机构，并允许其以合法的任何形式从事科学研究，并由内政部直接领导，主要出发点在于保障在国际比赛中有突出表现的运动员能够进入与科学系统有关的精英运动系统。

与此同时，政府还通过科学支持，来加强体育与运动科学研究的联系，联邦机构的领导人担任运动训练系统的科学顾问和董事会的主席等职务，保证应用训练科学和运动器材研发机构继续从事运动科学的实践研究。并在联邦政府的支持下和运动科学机构的直接领导下，重新建立了一个兴奋剂检测分析和运动生物化学的实验室，并作为一个机构经过了国际奥林匹克协会的认证，使统一后的德国拥有 2 个通过国际奥林匹克协会认证的兴奋剂实验室。另一方面，政府制定了严格的教练员培训制度，以此来保证运动训练系统的科学性和完整性。制度中有明确的规定，职业教练员必须达到 A 级标准才能在专业的俱乐部从事专门的培训活动,而且每3年有一次考试考核认定资格,以此促进教练员不断更新知识[①],提高自身的执教水平。高素质的教练员能够更多地掌握科学的训练方法和手段,在很大程度上提高了运动系统的科学性。

除此之外,政府主管部门还通过投入大量科研经费从事运动康复、运动营养、运动心理学等方面的研究,从训练到预防性的医疗服务等全方位支持竞技体育发展,保证了竞技体育运动训练系统科学的运行机制。譬如,通过对新运动器材的研发,来丰富训练内容,增加训练过程中的趣味性,并选用舒适的材料保护运动员的安全。对运动绩效和运动环境的评估体系展开检测研究,目的主要是提高监控力度和训练与比赛的评估,减少运动给运动员带来的伤害。总之,德国政府在训练系统迈向科学化的发展道路上所提供的科学援助、资金支持等,对保障新世纪德国竞技体育运动训练系统的科学性具有重大和深远的影响意义。

其次,健康公正的运动竞赛大环境。统一后德国竞技体育运动竞赛系统逐渐迈向"人道主义"道路。新世纪以来,德国更是把体育科研放在非常重要的位置,投入了大量时间和金钱来加速体育科研的发展[②],其中包括反兴奋剂试验的研究,打破了对兴奋剂检测能力的局限性,更好地保证竞技体育竞赛系统的公正性,维护了竞技体育竞赛"人道主义"的初衷。此外,德国非常重视反兴奋剂的研究工作,在国际上德国的反兴奋剂技术研究也是遥遥领先,这对于维护运动竞赛的公平、公正秩序起到了关键性的作用。这在运动员的道德约束方面也起到了不容小觑的作用,奥运会中长跑冠军鲍曼就是一个典型的例子。[③]

最后,成熟高效的足球联赛后备人才培养体系。足球,对于德国人而言,是民族文化的象征,是民族精神的体现,更是社会文化的精髓。在某个特定的历史时期,它曾经作为一种文化的纽带,将德国人民的心紧紧连在了一起。在德国,足球已经成了人们不可或缺的生活方式,为德

① 张建新,孙麒麟,毛丽娟.美德澳高校竞技体育人才培养及其启示[J].体育文化导刊,2009,8:96.

② Gretchen Vocel. Funding for Germany's Elite Science. 2004,(304):1579.

③ 冯喆.欧洲体育发展方式改革研究[D].上海:华东师范大学学位论文,2013:44.

国足球的发展提供了良好的社会基础。德国足球之所以几十年来保持长盛不衰的辉煌，与日耳曼民族文化中特有的顽强意志和近乎完美的组织纪律性分不开。①

德国作为世界足球强国之一，具有国内最高水平的职业联赛，尤其是德国足球甲级联赛，是目前欧洲五大联赛之一。德国是目前为止唯一一个包揽男、女足世界杯冠军，并曾经四次夺得世界杯冠军和三次夺得欧洲国家杯冠军的国家。德国足球运动的成功，究其原因，在于德国具有一套完整成熟高效的足球联赛后备人才培养体系。

（四）重视竞技体育的社会功能和教育功能

德国是后起文明国家，它的崛起是从教育和强身开始的。②因此，德国高度重视国民健康和青少年的全面发展，把体育与教育融为一体，并以此作为国家振兴的基础。体育不仅能培养体魄强健、道德完善、精神健全的合格人才，而且能培养一种相互协作、相互依靠的社会责任感。德国的体育俱乐部虽然有培养优秀运动员的作用，但俱乐部真正目的是要调动大众参与社会公共服务的热情，提高公民对社会公共生活的参与意识，以此增加民族的凝聚力。可以说，德国充分认识到了以奥林匹克为代表的竞技体育，追求更高、更快、更强，目的是超越自我、挑战极限，以明星的力量带动青少年的体育，为社会提供娱乐，满足民众精神需要，培养身心两健、全面发展、适应社会的和谐人，高度重视解决大众健康问题、特别是青少年体质问题。

四、英　国

（一）体育管理改革职能由社会自治转变为政府与社会协同治理，由此强化英国了竞技体育发展动力

在历史上，英国竞技体育管理体制经历了从松散的社会自治模式到

---

① 彭国强，舒盛芳.德国足球成功崛起的因素及启示[J]. 体育学刊.2015，22(5)1—5.

② 缪佳.论德国近代体育之父古兹姆茨对学校体育发展的贡献[J]. 体育与科学.2011，32(6)107—109.

集权的社会自治模式再到政府与民间合作的混合管理模式进程。20世纪60年代之前的英国竞技体育管理体制是松散的社会自治模式，并没有专门负责竞技体育管理的政府组织，社会组织层面也极其薄弱。但得益于英国发达的大众体育系统对精英体育的支持，以及西方世界普遍盛行的竞技体育社会自治传统，英国精英竞技体育基本可以在战前保持奥运会世界前5名左右的排名，而经历二战的英国随着国力的相对衰败以及苏联、东欧社会主义国家的崛起，英国凭借原有的竞技体育管理模式也能保持在世界10名左右。这一时期，除了英国奥委会履行组建英国奥运会代表团、协调与其他机构的关系、募集公共资助和商业赞助、推广奥林匹克运动、提供技术医疗服务、促进竞技体育与大众体育共同发展等职责外，鲜有专门组织对竞技体育予以支持，而政府更是对竞技体育不予拨款。

进入20世纪60年代以后，英国竞技体育管理体制开始发生微妙变化，先是英格兰体育运动委员会（兼管大不列颠综合性事务），苏格兰体育运动委员会和威尔士体育运动委员会等具有竞技体育管理职能的地方性组织于1965年在政府授权下成立，1972年则成立了全国性的大不列颠体育委员会。1973年在北爱尔兰也设立了北爱尔兰体育运动委员会。由此英国竞技体育管理体制逐渐走向了全国性和地方性相结合的社会自治模式体系，然而由于该时期政府疏于对竞技体育的治理，即使是非政府组织的体育运动委员会也逐渐呈现出官僚作风浓厚、办事效率低下、职能履行不足、权利高度集中等问题，该时期英国竞技体育发展方式并没有得到根本改善，精英竞技体育在奥运会的表现仍然无实质改观，反而遭遇了亚特兰大的历史惨败。

最近20年来，英国的体育管理体系经历了重大和频繁的改组。英国政府仍然不设专门的体育部，而是归属于一个“文化、媒体和体育部”。在实际运作方面，政府设立了一个“体育内阁”负责确定战略重点、宏观监控。

体育内阁成员是文化、媒体和体育部大臣；英国四大行政区（英格兰、威尔士、苏格兰、北爱尔兰）分工负责体育的地方政府部长；四区体育理事会主席作为观察员旁听部分会议。1993 年英国政府决定把英格兰、威尔士、苏格兰和北爱尔兰的体育理事会确定为体育政策的执行机构,扩大了他们的行政权力。

1996 年,政府依照颁布皇家宪章的形式设立了英国体育理事会,全面负责重大比赛和发展高水平竞技体育。

(二) 体育公共服务职能由单一的场地设施供给转变为多元化的竞技体育服务供给,由此提升了英国竞技体育发展层次

1909 年英国费边社向政府提出要求在教育、就业、医疗、养老等领域提供公共服务的建议,首次引起了英国政府与民众对公共服务的看法。1942 年《贝弗里奇报告》从英国战时社会保障视角提出实行全面的保健方案、消除大众失业现象和建立家庭津贴制度三原则的社会服务国家建设模式,为战后英国从社会自由竞争、自给自足的公共服务模式转向政府无所不能、无所不包的“福利”模式提供了理论基础。然而体育作为公共体育服务内容的作用和影响一开始并没有得到英国政府的重视。直到 20 世纪 70 年代,在“英国病”的侵袭下,公民社会心理、生活方式和体质健康等问题遭遇挑战,体育的健康干预功能得到政府的关注,因此体育被升级为政府公共服务建设的内容之一。

1975 年发布的《体育和娱乐白皮书》确定了体育和娱乐在福利国家的合法地位,由此,体育设施建设成为当时国家和地方政府建设体育公共服务的首要内容,为地方居民提供最好的体育设施成为各地方政府的重要服务目标,地方当局兴建的体育和娱乐中心迅速膨胀,由 1970 年的 4 处迅速上升到 70 年代末的 1 000 处。①然而,由于政府并没有充分了解公民的体育服务需求,数量规模庞大的体育设施并没有带来高质量的公共体育服务和公民的服务满意度,反而造成了资源的浪费和服务效率的低下。撒切尔执政以后,开始引入公共体育服务的市场竞争机制,相当程度上提高了公共体育服务的供给效率,提升了体育资源的利用率,丰富了公共体育产品类别,大大提升了公民体育参与率。然而,撒切尔政

① 汤际澜.英国公共服务改革和体育政策变迁[J].南京体育学院学报(社会科学版),2010,24(2):43—47.

府并没有进一步深化挖掘体育的公共服务职能，更没有看到竞技体育作为公共体育服务内容属性的巨大价值。在撒切尔看来，参与体育的人需要为此而付费，精英体育特别是足球更多的时候制造的是问题而不是荣誉。①而正是其对竞技体育尤其是足球运动的漠视成为后来撒切尔政府社会民意走低的重要原因。

其继任者梅杰上台后，鉴于撒切尔的失败教训，对竞技体育的公共服务职能有了新的认识，无论是对政府体育机构的改革还是在体育政策的颁布上都加大了对竞技体育的扶持力度，同时加大了英国竞技体育市场的开发力度，1992 年英格兰足球超级联赛的诞生便是足球作为公共体育服务产品层次提升的重要标志，在足球产业的带动下，英国商业竞技体育和精英竞技体育作为公共服务的潜力被不断激发。1997 年布莱尔政府更是加大了竞技体育的改革力度，高度诠释了竞技体育的公共服务职能，于 2000 年推出了公共服务的绩效评定标准，其中体育的最佳价值被认为有四个方面，分别是国际价值、社会价值、经济价值和环境价值。②并将政府提供竞技体育产品服务作为实现这些价值的突破口和关键点。

而事实证明，英国竞技体育服务职能的开发和实现也极大提升了英国公共体育服务的层次，如在国际价值上，伦敦奥运会的成功举办以及英国代表团的杰出表现成功地重建了英国体育的国际形象；在社会价值上，精英竞技体育与大众体育的互动为运动员、志愿者、社会体育组织提供了前所未有的快速发展和价值实现契机；在经济价值上，得益于英国竞技体育实力的巨大提高，英国体育产业创造了丰厚利润；在环境价值上，英国体育竞技体育的飞速发展极大地拉动了旅游业、体育产业、相关服务业以及科技创新产业的发展，加快了国家经济转型的步伐，大大提升了英国的投资环境、经济环境、科技环境、自然环境和人文环境。

---

① Houlihan, B. Sporting excellence, schools and sports development: the politics of crowded policy spaces[J]. European Physical Education Review, 2000, 6(2), 171—193.

② 凯文·希尔顿.体育发展：政策、过程与实践[M]. 北京：北京体育大学出版社，2007：71—73.

(三)体育人才培养职能由传统的俱乐部和学校培养转变为系统性的高水平精英人才培养模式,由此夯实了英国竞技体育发展基础

培养单一型的高水平竞技体育人才容易,但要培养具有完整社会人格、健全公民素质、高度文化水平、专业职业技能的社会复合型竞技体育人才则是一项重大的社会课题。二战以来困扰英国竞技体育发展的难题就是高水平竞技体育人才培养力度的不足,因此造成英国竞技体育的世界竞争力不佳。英国传统的竞技体育人才培养模式主要是以学校为基础,以俱乐部为载体,以社会非营利组织的服务为保障的社会自治模式,20 世纪 90 年代以前,政府对竞技体育人才培养并没有系统规划。然而,1997 年英国体育理事会成立以后,青少年精英竞技体育发展得到政府的重点支持,政府的主要职能表现为与高校、科研机构合作进行运动器材开发、运动技术创新等研究工作;推荐高水平教练员上岗,组织教练员培训学习;发现天赋运动员,建立奥运竞技人才数据库,督促各理事会进行系统培养,并跟踪运动员发展情况;监督下拨的精英运动员专项资金使用情况等。①

1998 年,英国体育理事会开始着手研究运动员的文化教育和职业发展问题,并借鉴了澳大利亚的做法,通过聘请专业顾问、联系相关部门、借助商业伙伴等途径为运动员建立广泛的就业网络。2002 年英国政府发布《游戏计划》,提出 2020 年体育发展战略,通过顶层设计来构建高水平竞技体育人才培养模式成为英国 2020 年体育发展战略的重要目标和内容。其中高水平运动员培养的长期发展模式(The long term athlete development model,简称 LTAD 模式)成为英国新世纪英国精英竞技体育人才培养的核心内容。该模式从四个方面系统阐述了英国竞技体育人才培养的战略方向。其一是运动员培养规律,认为总体时间需要 8—12 年,并分为乐趣阶段、为训练而训练阶段,为比赛而训练阶段、为赢而训练阶段,还阐述了不同阶段的科学训练规律。其二是精细分工不同组织在运动员培养过程中的功能和作用、不同组织的无缝衔接、不同组织

① 唐丽,吴希林等.英国竞技体育人才培养及启示[J]. 体育与科学,2014, 35(5): 80—84.

间相互合作关系和要求，构建形成了精英运动员培养的复杂网络系统。其三是培养经费的来源、分配、资助、使用、奖励、标准等的科学设计。其四是运动员文化教育、退役就业、转型分流、职业培训、学术深造等运动员出路的系统规划。①其反映的重要思想核心是确保运动员在追求运动梦想时，不会牺牲他们的教育或未来的职业发展。

2004 年英国体育理事会启动了名为“高成就的生活方式规划”，要求在重大赛事期间，运动员要以备战训练为主，赛事结束 1 到 2 年内，主要以工作和学习为主，然后再逐渐加大训练量和参加比赛的数量，其目标是延长运动员运动寿命的同时让运动员更好地规划人生，体现出竞技体育人才培养的人性化方向。上述英国政府对竞技体育人才培养的一系列动作充分表明，英国高水平竞技体育人才培养是一个开放性的社会系统工程，是建立在充分依托和发挥社会各个行业效能基础之上的。而英国政府本身的职能在于系统设计和规划竞技体育人才培养方案和方向，并不直接介入和包办竞技体育人才培养过程。

英国政府这种“依托社会，回馈社会”的人才培养职能转变思路大大提高了竞技体育人才培养效益，夯实了竞技体育发展新方式的根基，深度促进了英国竞技体育的可持续发展，其竞技体育发展方式转型的效果也通过奥运会的成绩变化得到了充分显现，自 2000 年奥运会以来，英国体育代表团的成绩一路提升，2000 年悉尼奥运会获得 11 枚金牌，28 枚奖牌；2004 年雅典奥运会获得 9 枚金牌，30 枚奖牌；2008 年北京奥运会获得 19 枚金牌，47 枚奖牌；2012 年伦敦奥运会则获得 29 枚金牌，65 枚奖牌；世界总排名依次为第 10、第 9、第 4、第 3，不仅重新成为欧洲体育强国的引领者之一，更是再次跻身世界竞技体育强国前列，综合竞技体育实力也有了挑战美国、中国的资本。

(四) 竞技体育逐步面向更多人群

像世界上很多国家一样，英国刚开始也存在着明显的阶级划分、种族歧视与性别歧视。80 年代英国增加体育设施后，开始重视弱势群体的

---

① 卢文云，陈宁，龚文平.英国高水平竞技体育人才培养的 LTAD 模式研究[J]. 体育与科学，2013，05：62—68.

体育参与机会。此时体育协会对体育公平的定义如下:体育公平、使用的平等、承认不公平并逐步解决这些不公平。改变体育组织与文化来保证社会中的每一个人公平参与,不管他们的额年龄、种族、性别与能力水平。为了应对1981年伯明翰与伦敦市中心暴乱,出台了"15体育行动计划",旨在提高特殊群体参与体育活动,如妇女与残疾人参与体育运动的机会。①1998年,出版物《体育发展规划》中,提出不管年龄、种族和天赋等原因,英国体育协会都应该为每一个人提供参与体育运动的机会。一系列措施保证了英国体育参与的公平性。此外,针对同一项目,英国提供等级不同的赛事,完善竞技体系,为不同水平运动员设置合理的赛事,如英国国内足球赛事包括英超、英甲、英乙等,国际赛事包括世界杯、欧冠等。

不止如此,在为社会公民提供平等参与机会后,英国政府从实处出发,提供各种奖学金与设施,保证英国运动员从小就可以参与到科学训练中,如成立体育中学,为义务教育阶段儿童提供训练机会;职业联盟内成立特殊学校,如足球学校,提供科学合理的青训制度与文化教育。同时,为了保证运动员训练的科学性,体育中学与单项运动协会、国家运动训练中心合作,提供有关运动科学、运动医疗、教练员等方面的支持。②这些措施使得英国竞技体育与社区体育、学校体育之间有一个良性衔接。

五、法　国

(一) 官民混合管理,民间竞技体育机构独立有序运转

官民体育组织间具有相互合作的紧密联系。

1. 卫生体育部与奥委会、单项体育联合会的关系。奥委会管理单项联合会,与卫生体育部独立,但是体育部对奥委会有监督作用。在管理

① Daniel Bloyce, Andy Smith, Sport Policy and Development: An Introduction [M]. Routledge, 2009, 8.

② 卢文云,陈宁,龚文平.英国高水平竞技体育人才培养的LTAD模式研究[J].体育与科学,2013, 05:62—68.

人才方面，除了奥委会选举出来的领导外，其余负责具体工作的人员都是卫生体育部来领导，同时卫生体育部还指派教练员进入奥委会。并且卫生体育部下拨给奥委会基础经费。在政策制定方面，先由奥委会提出意见，上报卫生体育部审定之后再出台。卫生体育部与单项体育运动联合会的关系中有一个很重要的角色，这就是国家教练员。国家教练员代表国家指导单项运动联合会，国家教练员不仅从运动技术上对运动员进行管理，并负责招聘一些教练员开展具体工作，同时监督财务，相当于单项运动的总经理。此外国家总教练负责组织选拔下属各教练所带训的运动员。①

2. 法国体育学院与奥委会、单项体育联合会的关系。奥委会、单项联合会是民间机构，法国体育学院属于卫生体育部，但是他们的关系非常密切，共同进行诸多合作。比如，法国体育学院需要研究科研课题，就需要单项体育运动联合会提供主体。同时单项体育运动联合会遇到问题，也会向法国体育学院的学者们请教，等学者们研究清楚后再反馈回去。另外，学者的研究成果，也需要找运动员试点，需要教练员、运动员以及医务人员同意。可以说，法国体育学院和奥委会之间的关系，比与卫生体育部还要密切。法国体育的精英教育、高等教育放在法国体育学院重点培养，奥委会负责专业管理，单项体育运动联合会负责实际操作。企业赞助在 2008 年之前，只赞助奥委会和单项体育运动联合会。从 2008 年开始改革，一些权力下放给法国体育学院院长，学院将原来的国际部更名为公共国际部，负责赞助事宜。另外，法国体育学院下属单位——培训中心(简称 CREPS)，由体育部直接管理。CREPS 有两个部分，一部分是对奥委会、体育运动单项联合会开放。另一部分是对俱乐部、协会以及民间组织、省政府开放。现在体育部把 CREPS 划归法国体育学院管理。法国的各个专项，都是由国内的名单项体育联合会管理，各单项体育联合会基本上都会进驻培训中心，一些重要的单项体育联合

① 国家体育总局干部培训中心编.高水平竞技体育后备人才训练管理研究——国家体育总局 2010 年竞技人才训练管理研修班赴法国学习考察报告[M]. 北京：北京体育大学出版社，2012.3：156—160.

会还要在培训中心常驻，其他一般项目是按照一定时间进驻。①

3. 地方政府与单项体育联合会的关系。视法国各地区情况差异，各地方政府对体育的重视也不同。如大区给运动员提供奖学金；地方政府对于俱乐部、协会和中小学的支持力度非常大，每年都有很多的预算。一般通过两种方式来实施，一种是地方自治管理委员会来组织活动。法国没有我们国内类似省运会性质的活动，但是地方政府会根据自身的实际情况来组织活动，单项体育运动联合会和俱乐部都会积极参与其中。如果在一个地区内有某个单项体育联合会的基地，那么地方政府就会提供资金与设施支持这个基地。第二种方式是各个协会组织体育活动，由协会向地方政府提出活动计划并申请经费，得到批准后举办活动。正是在这种职能明确，任务清晰，关系顺畅，相互信任的竞技体育管理体系下，法国竞技体育系统才能如同精密的机器一样有序运转，形成现代化的体制保障。

（二）高精尖的学院化高水平运动员培养模式

高精尖的学院化高水平运动员培养模式是法国竞技体育人才培养的重要特色，法国体育学院、法国军事体育学院和相关单项联合会共同组成了法国的学院化培养体系。作为法国顶尖训练单位，法国体育学院与奥委会、单项联合会建立了密切的合作关系，联合培养运动员。各单项联合会实行运动员推荐职能，运动员成绩达到大众三级以上标准即获得推荐机会。每年 4 到 5 月，各单项联合会对运动员进行选拔，成绩优秀者推荐到法国体育学院，再由法国体育学院的审核委员会对推荐名单进行审核。每年 500 名左右的顶尖运动员获得在法国体育学院训练并可能获得参加奥运会的机会，法国 50％的奥运会冠军也出自该学院。2009 年法国对法国体育学院重新定位，赋予其管理全国高水平训练中心的功能。学院有责任把它的训练方法和研究成果，通过各种方式传授给其他训练单位。作为法国唯一的军事培训中心，法国军事体育学院于 1967 年

① 国家体育总局干部培训中心编.高水平竞技体育后备人才训练管理研究——国家体育总局 2010 年竞技人才训练管理研修班赴法国学习考察报告[M]. 北京：北京体育大学出版社，2012.3：156—160.

成立，有32个培训项目，每年有1 000多人参加培训。军事体育学院与单项运动联合会有协议，部分想参军的高水平运动员可以来此训练，另外也在军人中选拔一些优秀体育人才。军事体育学院与各学校也有合作，负责学生（高水平运动员、国家希望队）学习之余的训练。

另外，诸如足球协会，网球协会等部分经济状况和培训能力比较成熟的单项体育联合会也自己承担培养高水平运动员的训练任务。法国培养高水平运动员有四个重要目标：1.长远发展计划。运动员入学前，学院与运动员的发展目标及退役后的就业方向达成一致，如运动员的理念与学院有矛盾时，由学院负责与其他训练基地或院校联系安排其运动员的训练、学习和生活；2.提高运动成绩；3.高水平运动员退役后的保障；4.高水平运动员的训练生活保证。正是在这样的目标追求下，法国的学院化高水平运动员培养模式形成了自身特点。①

（三）财政资助理性化、体育法制化、产业化

1. 进行了针对性的财政支持。自20世纪80年代以来，法国经济逐渐从石油危机中复苏，密特朗当政后主张用社会主义加自由来改造法国的政治体制。在经济上，主张通过“社会合作”，增加对巨富的征税，以缩小社会的不公正和日趋严重的不平衡。②在竞技体育发展上，密特朗政府明显提高了对竞技体育的财政支持力度，但基于法国竞技体育项目间市场化程度的差异性以及联合会之间出现收入差距两极分化的事实，法国国家体育财政系统开始针对性、区别性的资助不同竞技体育项目的发展，如对市场化程度较高的项目降低资助的力度，而对市场化长度较低的则相应提高资助比例。这种针对性的资助模式不仅大大满足了市场化较低的法国传统和优势竞技体育项目的生存发展之需要，也保障了这些项目运动员进行科学化、系统化训练的财政所需。

2. 完善了体育法律体系。早在1940年法国便颁布了《体育宪章》。进

---

① 国家体育总局干部培训中心编.高水平竞技体育后备人才训练管理研究——国家体育总局2010年竞技人才训练管理研修班赴法国学习考察报告[M]. 北京：北京体育大学出版社，2012.3：89—90，196—204，233—238.

② 环球网.朗德将前往雅尔纳克　追念前总统密特朗[EB/OL]. http://world.huanqiu.com/exclusive/2016-01/8341987.html.

入第五共和国以后，法国体育立法进程加快，尤其是20世纪80年代以来随着法国竞技体育改革的深化发展和职业体育的快速推进，颁布施行了多部特别法，1984年7月16日颁布了《组织和促进法国大众与竞技体育运动法》(1994年9月修订)；1992年7月13日通过了新的《体育法》，强化了法国奥林匹克委员会的管理地位并初步建立了前置调解制度；2004年12月15日颁布了《职业体育运动法》；2012年2月1日颁布了《加强体育职业伦理和体育运动权利法》，为方便民众查阅所有有关于体育活动的法律及其实施规则，法国政府还于2006年将所有相关的法律和法规编撰成了《体育法法典》，其中还编入了其他与体育活动相关的法典节录，比如《公共卫生法法典》中有关运动员的健康保护和禁止使用兴奋剂的内容①，《体育法法典》以法律汇编的形式将所有相关的体育法律汇编成册，变成一部法国体育法律大全，形成了相对完善的法国体育法律体系。

3. 法国日渐强大的体育产业是支撑法国竞技体育发展方式转型的重要基石。到2000年法国的体育产业总产业便占到了国民生产总值的1.09%，到2009年法国体育产业总产业已达349亿欧元，占到了法国国民生产总值的1.9%，近几年法国的体育产业总值也基本维持在400亿欧元左右。②虽然绝对数量还无法和美国、德国、英国等国家相比，但法国体育产业发展有自身的特色。如法国有欧洲第二大的体育用品市场，有关资料显示法国体育用品零售市场在2009年达到了91亿欧元，基本保持着4%的年增长率，这和强大的国民体育消费密切相关，据相关数据显示，超过3 400万法国人经常参与运动，其中1 800万人喜欢骑自行车、1 400万人喜欢游泳、1 260万人远足、800万人慢跑步，另外有700万人滑雪，法国人每年在运动方面的花费超过270亿欧元。

另外，法国体育彩票业走在欧洲前列③，早在20世纪80年代初法国就开始发行体育彩票，法国彩票种类较多，有赛马彩票、足球彩票、六合彩

① 张云.法国体育争议解决制度刍议[J]. 体育科研，2013，34(2)：6—11.

② Kirstin Hallmann，Karen Petry. Comparative Sport Development—Systems，Participation and Public Policy[M]. Springer New York Heidelberg Dordrecht London，2013：68.

③ 华奥星空.2 500亿，法国体育产业蓬勃发展原因是什么？[EB/OL]. http://industry. sports.cn/news/others/2015/0602/105026.html.2015-06-02.

等。全国大约有70%—80%的居民经常购买各种彩票。法国体育彩票业的发达也为竞技体育提供了重要的资金收入,如每年法国奥委会都会从体育彩票资金中抽取一部分用于发展竞技体育事业,国家体育基金会70%的资金也来源于体育彩票。此外,法国的体育竞赛表业市场相当发达,法国尤其善于举办大型体育赛事,包括巴黎两次举办夏季奥运会,三次在不同城市举办冬季奥运会,1984年举办足球欧洲杯,1998年举办足球世界杯,2007年举办英式橄榄球世界杯,2016年举办新改制后的首届足球欧洲杯,这些大赛对法国体育产业及相关行业发展具有巨大的推动作用,而年度常规赛事环法自行车赛、法国网球公开赛、法国足球甲级联赛也早已经成为法国体育赛事产业的重要名片,并产生巨大经济效应,据英国BBC统计,2012年的环法赛所有赞助商的投入总计达到21亿美元。①

体育产业的其他部分如体育会展、体育旅游、体育广告、体育制造业等,法国也具有较强的世界影响力。正是基于这样一个庞大的体育产业市场,不断扩大了法国竞技体育生存和发展的空间,创造了数以万计的竞技体育相关的工作和就业机会,如2009年就有21.9万个全职和兼职的工作机会直接和体育部门和体育的公共管理有关②,大大提高了体育行业在法国的社会地位,从事竞技体育相关工作获得了更高的社会认同,越来越多法国优秀人才愿意投身到法国竞技体育事业发展之中,进而成为推动法国竞技体育发展方式转型的重要基石,需要指出的是传统的法国社会心理对体育的认同度远低于当前。

六、澳大利亚

(一) 青少年体育与竞技体育协调发展

1980年联邦政府出版了白皮书《澳大利亚体育总体规划》,旨在进一

① 新浪体育.环法进入一个缺乏英雄年代　过度商业化成赛事隐忧[EB/OL]. http://sports.

② Megherbi, D. Le poids économique du sport en 2009[R]. Paris: Bulletin de statistiques etd'études, 2012.

步促进精英竞技体育和大众体育的协调发展。1983年政府再次出台白皮书《竞技运动与休闲：前进中的澳大利亚》，其中重要决议是巩固推进先前精英竞技体育发展规划的同时推进社区体育的发展，促进精英体育与大众体育的良性互动。1986年政府发起了《澳洲人体育计划》，即将青少年体育发展提上议事日程，注重运动乐趣、自我表达和个性差异而重新设计的运动形式与内容被引入学校，不仅在学校体育组织质量上得到了提高，对青少年的身体和社会性发展也起到了积极影响，并且更有利于他们向高一级的体育运动发展领域转变。①

（二）政府大力支持，并形成了较为完善的竞技体育管理系统

从1980年代始，澳大利亚联邦政府出台政策，由政府主导建立国家级竞技体育专业机构，目标是建设专业化的竞技人才培养系统。1994年专门针对悉尼奥运会在参赛目标、人才培养、资金分配等方面做了详细规划与部署。2001年则吸取备战经验，进一步从高水平竞技运动、竞技体育组织结构、竞技体育参赛环境和群众体育参与四大方面对新世纪的澳大利亚体育发展进行了规划②，使得高水平竞技体育和群众体育更为协调发展。

（三）发挥体育学院的人才培养作用

1981年，澳大利亚体育学院便宣告成立。虽然一开始体育学院过于集中一方，不能满足全国各地普遍的竞技体育发展需求，但随后在各州成立分院和训练中心的做法较好地解决了这一问题。③澳大利亚在布里斯班、昆士兰等全国8个州分别设立了8所分院，加之各州的州级训练基地的纷纷建立，以及全国各地竞技体育组织管理专业化程度的提高，澳大利亚精英运动员培养系统网络逐渐形成。作为政府资助性质的机构，

① The Australian Sports Kit[R]. National Sport Information Centre of Australian Sports Commission, 1989.

② Bob Stewart, Matthew Nicholson, Aaron Smith, Hans Westerbeek. Australian Sport: Better by Designp—The evolution of Australian sport policy[M]. Routledge Taylor & Francis Group London and New York, 2004:58—78.

③ 潘志琛，郭荣，于洪臣等.对英、法、德、澳四国竞技体育管理体制的考察与调研[J]. 中国体育科技，2004, 40(6):1—4.

其重要职能便是培养青少年为主的精英运动员，一方面为其在校学生提供完善的学术性和就业教育，另一方面提供 29 个竞技项目的运动训练，并为优秀学员提供奖学金和生活费，优秀学员的主要流向是进入国家队或者职业队，运动成绩一般的则继续攻读学位或者接受职业培训并最终进入相关领域工作。①另外，体育学院还负责运动科学研究、教练员管理、奥运项目资助以及联系协调全国单项体育协会等工作。

澳大利亚基层训练系统，其主要载体为普通中小学校和体育俱乐部，而其主要职能并不以运动员培养为最终目的，而是充分发挥体育育人功能的同时为教练员系统提供广泛的选材空间，因而澳大利亚基层教练群体相当部分精力则集中在科学选材上，被选中的有特殊潜能和天赋的青少年则会被输送到澳大利亚体育学院接受更高层次的教育以及更高水平的专业训练。这种训练模式虽然带也有一定的封闭性，但属于学院化培养，是以教育与职业发展为先导的，而非单纯的运动员培养。

七、日　本

（一）政府管理与社会管理有机结合

日本竞技体育管理是政府和社团结合型的机制设计，可以称得上半举国体制，政府专门组织也干预竞技体育的运作，但重心主要放在国家队和少数顶尖项目和运动员身上。其他的竞技体育要素的管理是通过市场化的激励举措来进行。2009 年日本“国家训练中心”的建成、2010 年《体育立国战略》的颁布实施，使日本竞技体育选手强化训练在政策法规、场地设施和科研信息等方面得到保障。日本竞技体育管理职能发挥的一些主要策略就是，明确管理清单和建设协调组织机制，以解决竞技体育发展中政府主导和市场的结合问题；基于问题导向加强国家竞技体育政策的战略性设计；发挥重点强化项目的核心引领作用；特别重视体育科学的研究和自主创新体系的建设，另外各种民间社会组织在竞

① Active Australia A National Participation Framework[R]. National Sport Information Centre of Australian Sports Commission, 1997.

技体育管理上也发挥着作用。日本奥委会下设的医学科学委员会与各单项相会密切合作，在选手训练状态跟踪和成绩分析方面积累了较多的经验，也取得了较好的效果，近年来又增设了体育信息情报学的分析和利用。

日中两国在竞技体育发展中的政府管理职能模式结构上基本一致，都是采取政府主导型的管理模式，但主导的机制和管理取向上不同，中国大体上是基于结果管理，日本崇尚的是过程管理，并且在一些理念和细微处理方式上不同，这些不同可表现为：

1. 关于竞技体育的定位上有一定的差距，因而对竞技体育效能的期待不太相同，即使都重视竞技体育的政治价值，但度有所不同，自然在政府参与竞技体育竞争力培育的方式不一样。日本更关注竞技体育发展中的基础性的公益性的因素，而中国较关注竞技体育表现中的关键性的博弈因素。

2. 中国的竞技体育发展中的政府职能体现更多的是通过补贴、办赛、点对点的制定规则，直接的深度干预较多，而日本则基于地方自治制度，去推进竞技体育发展问题事情的解决而管理。民主法治的意味较浓一点，但也不是没有多头管理的问题。日本竞技体育发展中政府合理的机构设置、健全的人事制度、得力的咨询组织和完善的协调机制从体制上为其宏观体育管理的成功提供了重要保证。

3. 政府职能发挥的组织基础不一样。日本以文部省为主，规制的内容比较明确，在日本，除文部科学省主要负责体育行政管理外，还有数个行政机构承担着体育行政管理的职责，如厚生劳动省负责残疾人体育及健康增进事业；国土交通省负责都市公园（含体育设施）的建设与运营；经济产业省主要负责体育产业等，有多个行政机构参与体育行政管理，有体育界内部的行政壁垒之虞，但总体上日本的竞技体育管理有组织层次明确、岗位责任关系清楚、集权与分权结合适度的特点。

4. 实行审议会制度是日本政府管理宏观体育的一个重要特点。审议会是日本政府根据法律规定设立的就某事项进行调查审议的合议机关和咨询机关，其主要职责是应政府长官的咨询，就某一领域内的重大问题进行审议，然后提出报告，向有关大臣及长官提出建议。审议会具有一定的权威性，其组织成员中包括各方、各界知名人物和有名望的专家学者和企业家占了很大比重。他们不仅为政府体育决策提供知识和信息，而且对其体育政策进行审议和评价，所提报告和建议常常成为政府有关部门制定体育政策、法令、措施的重要参考或依据。如1989年关于发展竞技体育和职业体育的审议报告，2000年“体育振兴基本计划”的出台都和专门的体育审议会的举办有关。在日本的竞技体育发展中政府职能发挥离不开社会专门组织的专业贡献。

（二）学校体育、群众体育与竞技体育的有机结合

日本体育协会有27个中央竞技团体。在县级和市级行政区均设有地方协会，其终端是各个俱乐部实体，包括初中、高中、大学、企业、民间和社区的各种体育俱乐部。这使得日本在广泛的大众体育参与基础上层层选拔，提供了源源不断的竞技体育后备人才，使竞技体育的可持续性发展有了组织制度上的保证。1962年日本体育协会以创立50周年为契机下设了“体育少年团”，协会在多个地域都设立了青少年团，截至2010年全日本的青少年团从最初的22个团753人发展到36 000个团88万人。日本初高中男女学生加入学校运动部参与学生体育竞赛活动，截至2011年也分别达到了64.1％和42.1％①，体育社团活动的参与成了影响日本青少年学生体育价值观的最重要因素②，为日本体育界培养竞技体育后备人才打下了基础，并架起了沟通学校体育、群众体育、竞技体育的桥梁。

日本政府设置有专门管理竞技体育、终身体育、学校体育的机构。从1995年起，通过十几年来的大力推广和建设，到2010年，日本已经在1 050多个市町村建立了3 114个地域综合型体育俱乐部，综合性俱乐部的设置率达到了71.4％，极大地促进了社区居民的体育活动，提高了社区公民的身体健康，同时也推动了区域竞技体育的发展，进一步完善了

① 中澤篤史.学校運動部活動の戦後史：実態と政策の変遷[J].一橋社会科学，2011(3)：32—45.

② 日本文部科学省.スポーツ立国戦略の推進[J].文部科学時報，2010(10)：13.

日本群众体育与竞技体育获得统一发展的地域制度基础。这些也在一定程度上反映了学校体育、群众体育与竞技体育之间存在有畅通的连接通道。

（三）企业体育的兴起和转型

日本竞技体育的发展历程中,日本的企业体育可以说是一种较特殊的影响因素,它源于“单位体育”,但多样化的存续价值又辐射于单位体育之外,在日本竞技体育水平向上和地域体育振兴中发挥着特殊的作用。日本野村综合研究所2006年的报告显示,亚特兰大奥运会的54%、巴塞罗那奥运会的52%以及悉尼奥运会48%的选手都是由企业体育选手构成,而且90%以上的日本区域体育联赛的组成团体是企业体育团队。企业体育成了日本职业体育选手的供给源之一,在宏观意义上,也发挥着体育市场培育主体的功能,直接或间接推动着日本体育文化和竞技体育的发展。

日本的企业体育可追溯到二战前的1925年,为了企业社员的娱乐和福利而组建的,当时称为实业团。二战后。随着经济的复苏和高度成长,由于政府主导的体育设施还非常有限,于是出台了企业对体育设施的投资免税的政策,于是企业不惜投入大量资金,建设体育场地设施,提高运动员的待遇,使日本企业体育迅猛发展,成为日本体育的重要组成部分。

随着泡沫经济的崩溃,一大部分企业内部的体育俱乐部被解散,从1995年开始的十年期间,仅仅从报纸上公布的大约有253家之多,而实际情况比这个数字要多。企业俱乐部解散以后,有的被尚存的俱乐部合并,有的特定的非营利组织法人重组,改建为市民体育俱乐部。许多高水平的运动员如果不能成功转型,只有提前退役。分析日本企业体育的“废部”原因,主要有5个方面即:竞技力逐渐低下,广告媒体机能的下降,回归和重视本业而撤退,企业体育保有意义的稀薄化以及多个企业体育组织的核心化发展之需而撤退的。5种原因综合起来看说是企业体育发展中的“内隐性”问题也不为过,可以说,20余年的经济停滞发展现状使得日本的企业体育面临着巨大的生存考验。

但从另一个角度来讲，企业从体育中撤出会使俱乐部产生重组而提供了新的发展机会。例如，新日本钢铁基地的男排原来是联盟的企业队，解散重组为地域里企业、自治体、市民的共同支援下的队伍，形成了最高水平的地域综合体育俱乐部，成了成功转型的企业俱乐部的代表。这种重新组建的地域型综合俱乐部具有以下三个特点：一是此俱乐部从儿童到老年人均可参加，年龄跨度大。二是有各种项目的场地器材可供会员选择，项目多。三是各种水平的人员都可以加入此俱乐部，水平不一。

第二节　对中外竞技体育发展方式差异的审视与启示

各国竞技体育发展经验表现出共性和个性交相辉映的特征。国外竞技体育发展的共性经验强烈地表现出了竞技体育发展的内部规律和转变方向，个性特征则充分说明各国竞技体育发展道路的创造性和特殊性。中外竞技体育发展方式构成要素在发展主体、发展方向、发展服务对象、发展路径和发展形态上存在一定的差异。中外竞技体育发展中的政府作用的差异主要表现在管理机构设置、管理政策法规、资源配置方式、管理主体关系四个层面。

一、管理机构设置层面的差异

除美国外，各国政府都设有竞技体育行政机构，在行政机构的领导下，各国形成了不同的竞技体育管理方式，部分国家通过政府代理机构负责与社会体育组织建立广泛协作，如英国、澳大利亚等；部分国家通过政府行政机构直接领导社会竞技体育组织，如法国、日本等。另外，大部制是各国政府体育行政机构的重要特点，如法国体育与卫生部、日本文部省、德国内务部、英国文化、媒体和体育部等，这有利于协调各种行业的行政资源和提高行业机构在发展竞技体育事务上的协作效率。

二、管理政策法规层面的差异

各国的政策法规重点有所区别，中国以政府行政文件和规划为主要形式，重点领域是竞技体育的事业规划、职业体育的制度章程等，行政色彩较高；国外则主要是基于立法机构颁布的正式法律文件为重点，司法性较强，社会适用性较高。另外针对大众体育和高水平竞技体育协调发展的体育发展规划是国外政府调控竞技体育发展的重要手段，这些规划具有一定的周期性，较强的引导性和评估的科学性。

三、资源配置层面的差异

中国竞技体育发展的资源配置手段，开始逐步向市场化方向的行政计划和市场调节混合配置转变。国外竞技体育的资源配置具有市场化和多元化特征，政府对竞技体育的资助具有不同形式，直接性的财政拨款和间接性物质资助都对竞技体育发展至关重要。另外，彩票、赞助、捐助、赛事营销等都竞技体育发展资源获得的重要来源，市场化、社会化程度越高，往往收入渠道越广。

四、管理主体关系层面的差异

中国由政府直接管理、干预向宏观管理及推进项目协会实体化运作方向进行探索性改革，美国各竞技体育管理机构的性质都是社会团体，其在业务上独立开展工作，互不干涉，属于“三权分立”模式的竞技体育组织管理体制，权力通过立法形式予以保护。其他国家政府行政机构与非政府机构之间则形成了“合同”关系，各司其职、各尽其责，具有民主协商、相互制衡的特点，政府的调控、监督和扶持必不可少，非政府组织专业化、独立化和社会化运营，并对各自行为和关系负责，形成了明确和清晰的职能边界和范畴。

各国政府都不同程度地认识到了现代竞技体育的政治功能的重要性，在进一步发展完善其经济和社会功能的基础上，挖掘其政治功能为国家利益服务。各国政府也都不同程度地参与了竞技体育的发展，但参与的方式和程度有所差别。共同之处在于均重视社会和市场机制的作用，并给他们留下了参与发展的空间。各国政府与竞技体育发展方式之间的关系受制于国家的经济、政治、社会、文化背景，并通过机构设置来强化领导机制，制度设计来强化国家意愿和引导发展取向，资金投入导向来强化具体实施效果。政府的干预会随着发展环境和条件的变化而有所调整，这种调整主要反映在关联方式和程度上。当国家要强化竞技体育的“竞技争光”功能时，关联方式和程度会加强。民众的呼声、舆论的压力、国家的国际政治地位等是影响政府调整自身干预方式的关键性因素。

我国政府与竞技体育发展方式之间具有直接关联且关联度高。政府与竞技体育发展方式之间是一种单向性的、具有决定性意义的影响与被影响的关系。政府主要通过机构设置、政策法规、资金投入、考核评价等来影响竞技体育发展的方向、服务对象、路径的选择。政府通过影响竞技体育发展的目标取向、内容序列、理念要求等来影响发展方向的选择，通过影响竞技体育发展的服务对象的主次、服务内容的向度等来影响发展服务对象的选择，通过影响竞技体育发展的动力、手段、道路等来影响发展路径的选择。

第三节　中国竞技体育发展方式的未来选择

一、政府职能向服务型与调控型转型，构建政府、社会、第三方机构三位一体的治理结构体系

历史证明，政府管办一体的全能型职能角色在市场经济条件下对提高竞技体育资源配置、流动、利用、开发等效率将产生负面牵制性，会严重挫伤社会力量投入竞技体育发展的积极性。我国政府作为竞技体育

发展方式转型的主心骨和领导力量,政府职能向服务型和调控型转型是必然趋势,其职能转变程度直接关系着竞技体育发展方式转型的幅度、深度和高度。首先,应从简政放权开始推动项目协会的自治化。对于已经具备市场化运作基础的运动项目,政府的管理职能更多应以政策、法律为主导,行政与道德伦理为辅助的方式推动竞技体育社会化的规范健康发展,做到从简政放权到还政于民的职能过渡,促使项目协会承担并具备治理项目发展的义务与职能,能够承担起该项目领域内公共体育服务与产品的供给职能,最终提高竞技体育发展的社会自治能力。其次,应推动运动项目协会实体化。自治更多是权力和社会导向的产物,而实体则是经济和业务导向的。因此,项目实体化则要求协会具备独立的法人资格,形成规范的协会章程和以章程为核心的各项工作制度,通过构建科学合理的组织机构,形成一支集业务、信誉、效率、协作、市场敏锐度于一体的强大的协会工作团队,并具备自负盈亏、自我生存、自我发展的市场生存能力,承担起推动该项目领域产业经济运营与发展的职能。再次,引入第三方代理机构,加强政府与社会的沟通机制建设。政府应通过理事会、监事会第三方代理机构监管和治理上述项目协会及其所属的社会团体的运作活动,促使其工作透明化、公正化和效率化。政府本身的职能更多应体现在提供完善的政策规划、财政拨款、法律服务以及重点着力于青少年竞技体育的推广和发展工作,并进一步构建政府、社会组织团体和第三方机构间稳定、牢固、常态化的联络沟通机制。总之,政府职能转变的关键在于强化政府对竞技体育发展的宏观调控职能,弱化政府对竞技体育发展的具体管办职能,通过上述三者责任主体间的严密分工,最终形成三位一体、民主决策、紧密协作的多中心竞技体育治理结构体系,铸造竞技体育发展方式转型的新体制和新动力。

二、重视挖掘竞技体育多重价值功能,将竞技体育展有机纳入公共体育服务建设范畴

对金牌、奖牌等竞技体育成绩的追求本身是奥林匹克格言“更快、

更高、更强”所倡导的永不满足、追求卓越精神的价值体现，然而由于竞技体育畸形政绩观、金牌第一的锦标主义观、经济至上的商业主义观等极端的竞技体育发展思维的作祟，我国竞技体育的价值功能曾被部分利益群体严重扭曲和偏激化，造成竞技体育发展方式凌驾于国民利益需求之上。然而竞技体育本身承载价值功能多元化的，包括经济、文化、生态等综合功能理应惠及民生，也就是说，我国当前竞技体育发展方式转型的核心价值取向应是将转型产生的竞技体育功能红利分享于全民。因此，首先，应建立竞技体育大众化和产业化的发展观。《国务院关于加快发展体育产业促进体育消费的若干意见》明确指出到 2025 年，我国将基本建立布局合理、功能完善、门类齐全的体育产业体系，体育产品和服务更加丰富，体育产业总规模超过 5 万亿元，体育产业将成为推动经济社会持续发展的重要力量。因此我国竞技体育发展观应实现由传统的“事业性”价值观向市场导向的“产业性”价值观的理性转移，充分考虑大众多层次的竞技体育服务需求。其次，政府层面应做到弱化竞技体育的政治功能，强化竞技体育经济、社会、文化和生态功能，将竞技体育发展资源进行重新整合与分配，加大竞技体育发展成果向公共体育服务领域转化的力度。从国家到地方政府都应将竞技体育的社会服务功能有机纳入公共体育服务建设范畴，加快对竞技体育服务社会功能的监督机制和考核机制的建立，加强市场对竞技体育资源的调配力度，将政府直接投入竞技体育的资源理性转移到公共体育服务供给上来，引导竞技体育服务民生功能的逐渐实现。再次，社会层面对竞技体育产业的投资力度应得到充分的扶持，通过政府购买公共服务等模式培育强大的竞技体育社会供给机制。如 2022 年北京—张家口冬奥会将是推进我国冬季运动公共服务的历史契机，也是升级我国竞技体育社会化的历史机遇，因此应大力培育社会组织在冬季运动后备人才培养、民间竞技赛事开发、冬季运动文化推广等方面的体育发展职能，为全面转型竞技体育发展方式铺路。

三、转变竞技体育后备人才培养模式，以社会适应为导向，科学设计不同阶段运动员培养与转型的方式

传统举国体制下竞技体育人才的培养模式一直以来是困扰我国竞技体育发展方式转型的重要阻碍，也就是说，人才培养模式的转型不到位，就不可能有真正的竞技体育发展方式转型。例如，英国等国竞技体育后备人才培养建立在本身发达的学校体育和社区体育基础之上，但如果没有英国政府职能部门对精英运动员培养的系统性与科学性设计，也无法达到当今的高度。因此，我国竞技体育人才培养首先应转变发展思路，坚决从传统体制内走出，构建依托教育系统、社会体育社团系统、职业俱乐部系统的社会化人才培养体制。

首先，地方政府应鼓励基层系统提高业余训练的普及性，以乐趣培养和天赋选手发现为导向建立体育档案数据库，加大基层教练的业务培训力度并奖励其人才发现行为。

其次，进入中学阶段以后的青少年则应在训练上给予科学化、专业化指导，在学业上给予个性化、人性化支持，注重市场导向的职业培训和大学导向的学术培养间的理性分流。我国应该进一步综合利用中职教育、高职教育、大学教育和研究生教育灵活服务于竞技运动员培养。

再次，运动员职业过渡需精心设计，要始终做好运动员社交能力和积极生活方式的养成，根据其专业特长适时提供职业规划指导、就业咨询等服务工作，并利用广大的竞技体育商业资源和企业合作伙伴等社会资源，为运动员就业提供强大的网络支持，最大限度促进运动员实现二次人生价值。

综上所述，我国竞技体育发展方式转型需要把握重要的历史契机。转型需要建立在我国政府强有力的社会体制机制改革与重组、有利的宏观性和中观性经济发展指标、产业结构的深化调整以及国民的消费能力转型与文化素养提升等综合要素基础之上，缺乏这些宏观要素的重要支撑，转型可能无法达到预期目标。

我国竞技体育发展方式转型必然是社会经济发展方式转型的缩影。我国竞技体育发展方式的转型需要建立在更多社会力量参与和政府竞技体育权力适度下放的基础上。社会体制改革的走向将直接影响竞技体育体制的走向与形态，故竞技体育发展方式转型必须和经济社会的发展方式转型建立内在的逻辑联系。

我国体育法制化、产业化和职业体育发展的高度提升是我国竞技体育发展方式转型的必备条件。竞技体育发展方式的转型在一定程度上是治理理念和治理方式的转型，而新的治理需要建立在更为合乎历史逻辑和行为逻辑的价值判断基础上，竞技体育的法制理念和法制方略必须渗透到竞技体育发展的任何层面，因而建立一整套理性的竞技体育法制体系是当务之急。另外，体育产业及职业体育发展则是竞技体育发展方式赖以生存的根基，是竞技体育可持续发展之根本，一旦缺乏，我国竞技体育发展方式转型将缺乏重要物质基础和强大的社会支撑，当然，竞技体育发展方式的转型要追求经济效益与社会效益间的最佳平衡点。

参考文献

一、专著

[1] 国家体育总局政策法规司编.体育事业“十二五”规划文件资料汇编[M]. 北京:人民体育出版社,2011.

[2] 郭树勇著.中国软实力战略[M]. 北京:时事出版社,2012:75—77.

[3] 刘青.政府体育事业职能界定[M]. 成都:电子科技大学出版社,2004:28—30.

[4] 国家体育总局干部培训中心编.高水平竞技体育后备人才训练管理研究——国家体育总局2010年竞技人才训练管理研修班赴法国学习考察报告[M]. 北京:北京体育大学出版社,2012:156—160.

[5] 梁晓龙,鲍明晓,张林.举国体制[M]. 北京:人民体育出版社,2006.

[6] 颜天民.竞技体育的意义——价值理论研究探微[M].北京:北京体育大学出版社,2003:30—31.

[7] 全国体育学院教材委员会.体育理论[M]. 北京:人民体育出版社,1981:6.

[8] 全国体育学院教材委员会.运动训练学[M]. 北京:人民体育出版社,1990:5.

[9] 伍绍祖主编.中华人民共和国体育史(1949—1998)综合卷[M]. 北京:中国书籍出版社,1999.

[10] 乔耀章.政府理论[M]. 苏州:苏州大学出版社,2003:16.

[11] 张琢.发展社会学[M]. 北京:中国社会科学文献出版社,2001:

135—136.

[12] 郭强主编.新发展方式研究[M]. 北京:中国时代经济出版社,2010.

[13] 刘永福.价值哲学的新视野[M]. 北京:中国社会科学出版社,2002:97.

[14] 熊晓正,夏思永,唐炎等.我国竞技体育发展模式的研究[M]. 北京:人民体育出版社,2008.

[15] 颜绍泸主编.竞技体育史[M]. 北京:人民体育出版社,2006.

[16] 国家体育总局.改革开放 30 年的中国体育[M]. 北京:人民体育出版社,2008.

[17] 高雪峰主编.中国竞技体育管理变革之路:中国竞技体育管理主体多元化研究[M]. 北京:人民体育出版社,2007:93.

[18] 颜绍泸,周西宽.体育运动史[M].北京:人民体育出版社,1990.

[19] 任海.奥林匹克运动[M]. 北京:人民体育出版社,2005:144.

[20] 国家体委政策研究室主编.体育运动文件选编(1982—1986)[M]. 北京:人民体育出版社,1989:15.

[21] 国家体育总局政策法规司编.中国体育哲学社会科学研究(1978—2010)[M]. 北京:人民体育出版社,2013:275.

[22] 国家统计局社会和科技统计司编.中国社会统计年鉴 2009[M]. 北京:中国统计出版社,2009:199.

[23] 凯文·希尔顿.体育发展:政策、过程与实践[M]. 北京:北京体育大学出版社,2007:71—73.

[24] 何培森著.体育体制转型期非营利组织与体育社团改革[M]. 长沙:中南大学出版社,2006:22—23.

[25] 王大超.中国奥运金牌成本的经济学研究.2008 年北京奥运会的理论与实践[M]. 北京:人民体育出版社,2005:10.

[26] 列宁.列宁全集(第八卷)[M]. 北京:人民出版社,1972:606.

[27] 田麦久,刘大庆主编.全国体育院校教材委员会审定.运动训练学[M]. 北京:人民体育出版社,2012:3.

[28] 鲍明晓.中国职业体育述评[M]. 北京：人民体育出版社，2010.

[29] 弗朗索瓦·佩鲁.新发展观[M]. 张宁，丰子仪译.北京：华夏出版社，1987.

[30] 孙立平.博弈：断裂社会的利益冲突与和谐[M]. 北京：社会科学文献出版社，2006.

[31] 李学文.中国袖珍百科全书 社会科学卷[M]. 北京：长城出版社，2001：774.

[32] 王振华.列国志——英国[M]. 北京：社会科学文献出版社，2003：366，219，367.

[33] 改革发展研究院编.30 位著名经济学家会诊中国经济发展方式[M]. 海南：中国友谊出版公司，2010：372.

[34] 薛薇.SPSS 统计方法及应用[M]. 北京：电子工业出版社，2004.

[35] 刑来顺.德国文化解读——人类文化苍穹的双子星座[M]. 济南：济南出版社 2005：136—138.

[36] 盐野宏，行政组织法[M]. 北京：北京大学出版社，2008.

二、学位论文

[1] 李海明.党中央转变经济发展方式思想的演进研究[D]. 长春：长春理工大学硕士学位论文，2010：3—5.

[2] 李艳翎.经济体制转轨时期中国竞技体育运行的研究[D]. 北京：北京大学博士学位论文，2000：20.

[3] 张晓琳.中美竞技体育管理体制与运行机制的比较研究[D]. 北京：北京体育大学博士学位论文，2011：57—59.

[4] 赵权忠.我国学校竞技体育体制研究[D]. 长春：东北师范大学博士论文，2011：54.

[5] 周红云.村级治理中的社会资本因素分析——对山东 C 县和湖北 G 市等地若干村落的实证研究[D]. 北京：清华大学博士论文，2004：62—90.

[6] 胡科.社会精英、民间组织、政府之于群众体育运行研究——三

个个案的考察[D]. 上海:上海体育学院博士论文,2012:13.

[7] 方贤超.美国三大竞技体育组织研究[D]. 上海:上海体育学院硕士学位论文,2009:13—25.

[8] 王英峰.英国体育管理组织体系研究[D]. 北京:北京体育大学博士学位论文,2011:17—20.

[9] 冯喆.欧洲体育发展方式改革研究——以英、法、德为例[D]. 上海:华东师范大学硕士学位论文,2013:12.

[10] 王艳丽.校企合作动力机制及其合作模式研究[D]. 太原:太原科技大学硕士学位论文,2010:6, 7, 36.

[11] 舒盛芳.大国竞技体育崛起及其战略价值研究[D]. 上海:上海体育学院博士学位论文,2010:72—77.

[12] 孙雪.英国精英运动员培养体系研究[D]. 北京:北京体育大学硕士学位论文,2013:28, 30, 38, 41.

[13] 邹月辉.美国得克萨斯州大学生运动员人才培养研究[D]. 北京体育大学博士学位论文,2011:37.

[14] 韩磊磊.转型期中国体育发展方式转变研究[D]. 湖南师范大学博士学位论文,2014.

[15] 李秀媛.英国竞技体育政策决策研究[D]. 北京体育大学硕士学位论文,2013.

三、期刊论文

[1] 马冠楠,刘桂海.大国崛起背景下的体育准备[J]. 南京体育学院学报(社科版),2011, 25(4):76.

[2] 徐宪平.加快转变经济发展方式努力开创科学发展新局面——“十二五”规划纲要解读[J]. 中国机构改革与管理,2011(2):17—18.

[3] 郭树勇.中国崛起的进程与意义[J]. 江海学刊,2009(5):155.

[4] 舒盛芳.大国体育崛起及其启示——兼谈中国体育“优先崛起”的战略价值[J]. 体育科学,2008, 28(1):76—81.

[5] 朱建清.试论科学发展观与体育发展方式的转变[J]. 体育科学,

2010，30(7)：62—70.

[6] 杨桦，任海.转变体育发展方式由"赶超型"走向"可持续发展型"[J]. 北京体育大学学报，2013，36(1)：1—9.

[7] 刘玉，丁亚兰.转变体育发展方式基本理论架构与分析[J]. 上海体育学院学报，2012，36(4)：27—31.

[8] 马德浩，季浏.新时期的三大改革对中国体育发展方式改革的影响[J]. 体育科学，2011，31(5)：14—19.

[9] 刘玉.论新中国 60 年体育发展方式的演进与转变[J]. 西安体育学院学报，2012，29(1)：25—31.

[10] 杨桦，任海.我国体育发展新视野：整体思维下的跨界整合[J]. 北京体育大学学报，2014，37(1)：1—8.

[11] 马德浩，季浏.基于"顶层设计"的中国体育发展方式改革构想[J]. 成都体育学院学报，2011，37(7)：7—12.

[12] 栾开封.转变体育发展方式，树立新的体育发展观[J]. 体育学刊，2012，19(4)：1—6.

[13] 贾文彤，郝军龙.共生理念下体育发展方式转变研究[J]. 山东体育科技，2014，36(1)：6—9.

[14] 姜同仁，宋旭，刘玉.欧美日体育产业发展方式的经验与启示[J]. 上海体育学院学报，2013，37(2)：19—24.

[15] 董翠香，朱美珍，季浏.发达国家学校体育发展方式及其对我国的启示[J]. 体育学刊，2012，19(4)：72—76.

[16] 董传升.论中国体育发展方式的公共转向：从国家体育到公共体育[J]. 北京体育大学学报，2013，36(1)：14—19.

[17] 霍红，王洪珅.我国少数民族传统体育发展方式转变研究[J]. 成都体育学院学报，2012，38(7)：41—44.

[18] 刘梅英.农村体育三种发展方式的理性选择[J]. 南京体育学院学报(社会科学版)，2011，25(6)：72—76.

[19] 姜同仁，侯晋龙，刘娜.中国体育产业发展方式转变的 3 大结构障碍与战略调整[J]. 天津体育学院学报，2012，27(6)：473—478.

[20] 刘国永.转变发展方式,实现群众体育新跨越[J]. 体育文化导刊,2012(5):22—26.

[21] 丁亚兰.体育发展方式转变中的政府行为分析[J]. 西安体育学院学报,2012, 29(3):272—276.

[22] 王杰,刘玉.体育发展方式转变背景下的体育利益表达机制研究[J]. 上海体育学院学报,2011, 35(6):5—9.

[23] 董翠香,茹佳,季浏.体育强国视阈下中国学校体育发展方式探究[J]. 北京体育大学学报,2011, 34(11):88—92.

[24] 马玉芳.关于我国竞技体育发展方式转变若干问题的研究[J]. 体育与科学,2012, 33(2):102—105.

[25] 骆先鸣.我国竞技体育发展方式转变若干问题的思考[J]. 中国体育教练员,2011(2):38—42.

[26] 陈洪.竞技体育发展方式转变的多中心治理路径[J]. 首都体育学院学报,2014, 26(1):3—6.

[27] 鲍明晓,李元伟.转变我国竞技体育发展方式的对策研究[J]. 北京体育大学学报,2014, 37(1):9—23.

[28] 吴建喜,池建.论我国竞技体育发展方式转变中体教结合向体教融合的嬗变[J]. 北京体育大学学报,2014, 37(4):88—93.

[29] 翟丰,张艳平.从"体教结合"到"体教融合"——体育发展方式转变研究[J]. 成都体育学院学报,2013, 39(10):54—56.

[30] 刘爱杰.创新训练方法转变发展方式——关于竞技体育发展机遇与挑战的思考[J]. 体育科研,2011, 32(4):12—18.

[31] 南尚杰,武浩文,刘志等.日本《体育基本法》对我国政府体育管理职能转变的启示[J]. 上海体育学院学报,2013, 37(2):13.

[32] 马志和,戴健.论政府体育管理职能的转变与制度创新[J]. 上海体育学院学报,2003, 27(3):14—17.

[33] 闵健,李万来,卿平等.社会公共体育产品的界定与转变政府职能的研究[J]. 体育科学,2005, 25(11):3—10.

[34] 沈定珠.论新时期体育发展中的政府职能转变问题[J]. 体育与

科学,2006,27(5):52—54.

[35] 白晋湘.从全能政府到有限政府——市场经济条件下政府体育职能转变的思考[J]. 体育科学,2006,26(5):7—11.

[36] 苗治文,秦椿林,黄今等.新时期我国体育政府管理职能的界定及其转变[J]. 北京体育大学学报,2007,30(10):1303—1305.

[37] 郇昌店,肖林鹏,李宗浩等.我国体育行政部门建设服务型政府的价值取向与路径研究[J]. 山东体育学院学报,2009,25(9):5—8.

[38] 戴永冠,王家宏,罗林.体育强国建设中转变政府职能的分析[J]. 北京体育大学学报,2013,36(8):1—5.

[39] 李建国.加快政府职能转变与我国体育创新发展研究[J]. 体育科研,2014,35(1):10—12.

[40] 刘青.转型时期中国体育管理的发展与改革[J]. 成都体育学院学报,2007,33(6):1—6.

[41] 胡科,金育强.试论体育举国体制改革[J]. 西安体育学院学报,2007,24(6):10—14.

[42] 胡科,黄玉珍.重新认识体育举国体制[J]. 山东体育学院学报,2008,24(2):5—8.

[43] 卢元镇从北京到伦敦:举国体制如何向前走[J]. 体育学刊,2012,19(6):1—4.

[44] 胡小明.中国体育改革的突破口——打开转变发展方式的制度性瓶颈[J]. 体育与科学,2013,34(1):26—27,20.

[45] 潘志深,郭荣,于洪臣等.对英、法、德、澳四国竞技体育管理体制的考察与调研[J]. 中国体育科技,2004,40(6):1—4,21.

[46] 马志和,徐本力.中外政府竞技体育管理职能的比较研究[J]. 山东体育学院学报,2005,21(4):1—3,13.

[47] 王宏江,刘青.美国、澳大利亚和日本竞技体育管理模式研究[J]. 成都体育学院学报,2007,33(3):7—11.

[48] 刘波.德国体育体制研究对进一步完善我国体育体制的启示[J]. 北京体育大学学报,2011,34(11):5—9.

[49] 刘芳,刘青.转型时期我国政府在竞技体育发展中的基本作用方式与实现途径[J]. 成都体育学院学报,2004, 30(3):6—8.

[50] 刘芳.转型时期政府竞技体育管理方式变革的动力、阻力及其方向[J]. 北京体育大学学报,2007, 30(7):870—872.

[51] 马志和,戴健.社会转型期我国政府竞技体育管理职能的定位[J]. 上海体育学院学报,2006, 30(1):6—9.

[52] 陈慧敏.论政府的职能及对竞技体育的干预[J]. 武汉体育学院学报,2008, 42(12):11—15.

[53] 张贵敏,曹继红,林勇虎等.转型期我国竞技体育市场化与行政干预的若干问题研究[J]. 沈阳体育学院学报,2009, 28(6):4—7.

[54] 戴健."后奥运时代"政府竞技体育管理职能转变的目标选择[J]. 上海体育学院学报.2010(34)6:1—3.

[55] 马志和.戴健.刘林箭.我国政府竞技体育管理职能转变探析[J]. 上海体育学院学报,2010(34)5:1—3.

[56] 郭铁群,苏明理,谢英.中国竞技体育服务产品供给与政府管理转型——基于制度经济学视角[J]. 西安体育学院学报,2011, 28(6):641—644.

[57] 周爱光.试论"竞技体育"的本质属性——从游戏论的观点出发[J]. 体育科学,1996, 16(5):4—12.

[58] John W. Loy 著,吕继光,孙桂秋译.竞技运动的本质含义[J]. 体育文史,1998(4):51—53.

[59] 韩丹.论斯泡特(SPORT)的源流、发展和当代形态[J]. 体育与科学,2006, 27(2):4—11.

[60] 任海."竞技运动"还是"精英运动"? ——对我国"竞技运动"概念的质疑[J]. 南京体育学院学报(社会科学版),2011, 25(6):1—6.

[61] 熊斗寅.论奥林匹克理想[J]. 北京联合大学学报(人文社会科学版),2007, 5(2):50—53.

[62] 熊斗寅.顾拜旦论大众体育及其他——顾拜旦体育思想研究系列之六[J]. 体育与科学,2004, 25(3):22—23.

[63] 周文翠.论政府职能转变的两个维度——应对风险社会的视角[J]. 中共福建省委党校学报，2012(3)：33—38.

[64] 徐晓林，朱国伟.中央政府核心职能的理论逻辑[J]. 复旦学报(社会科学版)，2011(6)：91—98.

[65] 蒋瑛.政府职能的演进及其理论——新中国成立 60 年来的探索[J]. 行政与法，2009(10)：4—7.

[66] 罗峰.渐进过程中的政府职能转变：价值、动因与阻力[J]. 学术月刊，2011，43(5)：23—30.

[67] 张曦.发展理论及其源流[J]. 云南民族大学学报(哲学社会科学版)，2011，28(6)：66—67.

[68] 杨乔文，曾启富.发展的含义[J]. 西北民族学院学报(哲学社会科学版)，1983(2)：20—24.

[69] 毛建儒.论发展的含义及其机制[J]. 理论探索，1997(6)：16—18.

[70] 李周国，鲁来.发展的含义及评价体系的演进与全面小康社会建设[J]. 中国农村观察，2006(2)：2—7.

[71] 简新华，李延东.中国经济发展方式根本转变的目标模式、困难和途径[J]. 学术月刊，2010(42)8：67.

[72] 高亮华.技术理性问题探讨[J]. 哲学研究，1993(2)：64—70.

[73] 钱俊生，曾林.技术理性的人文反思[J]. 自然辩证法研究，2003，19(8)：49—52.

[74] 赵海峰.法兰克福学派"技术理性批判"之困境及启示[J]. 学术交流，2012(9)：21—24.

[75] 李振国.国家体育总局运动项目管理体制改革回顾[J]. 体育文化导刊，2008(4)：3.

[76] 葛扬.基于六十年整体视角的计划经济模式历史评价[J]. 福建论坛(人文社会科学版)，2009(9)：5.

[77] 潘志琛，郭荣，于洪臣等.对英、法、德、澳四国竞技体育管理体制的考察与调研[J]. 中国体育科技，2004，40(6)：1—4.

［78］谭华.新中国体育的重大转折——1978年以后体育战线的三年调整［J］. 体育文史，1999(5)：12—14.

［79］肖林鹏，李宗浩，裴立新.中国竞技体育与群众体育协调发展战略回顾［J］. 体育学刊，2002，9(3)：13.

［80］陈玉忠.体育强国概念的缘起、演进与未来走向［J］. 天津体育学院学报，2010，25(2)：143.

［81］吴周礼.体育资源配置方式变迁及相关问题分析［J］. 体育文化导刊，2007(3)：53—55.

［82］刘东峰.对我国单项运动协会实体化改革演进的思考［J］. 体育学刊，2008，15(9)：21—25.

［83］司虎克，蔡犁，陈培基等.我国竞技体育发展与科技进步关系的研究［J］. 体育科学，1999，19(4)：38.

［84］吴贻刚.近30年我国运动训练理论研究述论［J］. 上海体育学院学报，2008，32(4)：15—17.

［85］李宁.伦敦奥运会我国获奖牌特征研究［J］. 体育文化导刊，2013(1)：42.

［86］张玉超.我国体育彩票近十年发行现状与对策研究［J］. 北京体育大学学报，2004，27(5)：608.

［87］韩振勇，张波涛.我国职业体育赛事营销策略研究［J］. 经济研究导刊，2013(5)：123.

［88］楼小飞.全运会市场开发的历史沿革、主要问题及对策研究［J］. 西安体育学院学报，2009，26(1)：9.

［89］董海军，王兴，司虎克等.科技强体进程中体育科技进步的贡献及其影响因素［J］. 上海体育学院学报，2013，37(4)：17—18.

［90］姜承红.我国政府职能六十年的变迁与展望［J］. 北京行政学院学报，2009(4)：29—32.

［91］何士青.新中国政府职能转换的历史回顾与法学反思［J］. 国家行政学院学报，2006(2)：51—54.

［92］何颖.中国政府机构改革30年回顾与反思［J］. 中国行政管理，

2008(12):21—27.

[93] 韩丹.谈本世纪前期我国体育大变革的趋向[J]. 体育与科学,2005,26(1):11—12.

[94] 倪京帅,肖焕禹.中国体育数字崇拜的嬗变:由工具理性转向价值理性[J]. 武汉体育学院学报,2012,46(12):24—28.

[95] 卢元镇.中国竞技体育现行管理体制的制度性代价[J]. 体育学刊,2010,17(3):7—12.

[96] 卢元镇,张新萍,周传志.2008年后中国体育改革与发展的理论准备[J]. 体育学刊,2008,15(2):1—6.

[97] 邹月辉,于文谦.对我国竞技体育发展中非均衡现象的分析[J]. 武汉体育学院学报,2007,41(5):13—16.

[98] 何珍文,王群.试论北京奥运会志愿服务活动对建立和完善我国社会志愿服务体系的影响[J]. 北京体育大学学报,2008,31(3):297—299.

[99] 冯卫.奥运会志愿者招募情况的解读——以伦敦运会和近几届奥运会为例[J]. 沈阳体育学院学报,2012,31(4):19—21.

[100] 任海,王芳,赵卓.论体育强国的国际影响力[J]. 中国体育科技,2010,46(1):4.

[101] 谢琼桓.论北京奥运后中国竞技体育的价值取向和策略取向[J]. 首都体育学院学报,2012,24(1):8.

[102] 张新萍.前奥运举办国对北京奥运会后中国体育改革与发展的启示[J]. 武汉体育学院学报,2007,41(1):23—28.

[103] 马忠利.俄罗斯体育重归政府管理的过程及缘由探析[J]. 成都体育学院学报,2008,34(3):8—11.

[104] 王志威.英国体育政策的发展及启示[J]. 上海体育学院学报,2012,36(1):7.

[105] 周传志.体育发展的非正常代价分析[J]. 北京体育大学学报,2007,30(8):1024—1026.

[106] 孙涛,刘颖.全球化时代的政府角色与服务型政府建设[J]. 天

津社会科学,2006(1):50—55.

[107] 施雪华."服务型政府"的基本涵义、理论基础和建构条件[J]. 社会科学,2010(2):3—11.

[108] 陶学荣,黄元龙.论公共服务型政府建设途径[J]. 甘肃社会科学,2005(3):235—237.

[109] 胡小明.分享运动——体育事业可持续发展的路径[J]. 体育科学,2010, 30(11):3—8.

[110] 田雨普.努力实现由体育大国向体育强国的迈进[J]. 体育科学,2009(3):3—8.

[111] 王诚安.毛泽东关于建设社会主义现代化强国的思想及其发展[J]. 理论导刊,1991(9):11.

[112] 谢和平.建设教育强国与大学的使命[J]. 中国高等教育,2008(1):25.

[113] 陈勇军,邹国忠,王正伦等.论大众竞技运动与精英竞技运动的协调发展[J]. 南京体育学院学报(社会科学版),2003, 17(3):23—27.

[114] 熊斗寅.论奥林匹克运动[J]. 体育文化导刊,2007(2):30—34.

[115] 张环宙,黄超超,周永广.内生式发展模式研究综述[J]. 浙江大学学报(人文社科版),2007, 37(2):62—65.

[116] 邓万春.内生或内源性发展理论[J]. 学术论坛,2011(4):44—46.

[117] 邵润堂,张华.比较优势、竞争优势及国际竞争力[J]. 经济问题,1999(4):9—11.

[118] 邓秋云.竞争优势相关概念辨析[J]. 财经科学,2002(4):95—96.

[119] 张传辉.基于新凯恩斯主义的政府角色重新定位[J]. 行政论坛,2011, 18(2):43—47.

[120] 胡科,黄玉珍.评《建议停止"举国体制"的提法》一文兼论什么是体育举国体制[J]. 体育学刊,2007(7):5—9.

[121] 田野.对我国体育科技工作若干问题的思考[J]. 体育科学,

2009，29(2)：3—7.

[122] 熊晓正，邹月辉，刘媛媛.以科学发展观审视我国竞技体育发展的经验[J]. 武汉体育学院学报，2008，42(8)：5—9.

[123] 程静静，何明，刘运洲等.运动员自我控制能力问卷的编制与应用[J]. 北京体育大学学报，2010，33(6)：120.

[124] 缪佳.美俄法澳四国竞技体育体制的组织结构比较[J]. 上海体育学院学报，2009，33(2)：34—39.

[125] 张嘉伟.美国高水平竞技体育发展与存在问题研究[J]. 体育文化导刊，2012(10)：62.

[126] 肖霞，肖水平，王公法等.苏联解体后俄罗斯竞技体育管理体制的发展研究[J]. 体育与科学，2006，27(1)：57—60.

[127] 邱凌云.再议体育"举国体制"的转型及选择——俄罗斯体育体制转型及其对我国体育改革的启示[J]. 经济体制改革，2011(6)：178—180.

[128] 张天白.英国竞技体育的调研与思考[J]. 体育文化导刊，2004(8)：7—10.

[129] 李远乐，张海军.英国竞技体育振兴之路探究[J]. 山东体育学院学报，2009，25(2)：1—3.

[130] 汤晓波.当代英国体育发展模式的转变——基于政府与民间组织合作的视角[J]. 体育学刊，2013，20(3)：56—60.

[131] 张海军，张海丽.英国竞技体育与伦敦奥运会[J]. 体育文化导刊，2009(5)：154—155.

[132] 王英峰.英国体育管理及体育政策的演进研究[J]. 天津体育学院学报，2011，26(3)：252—253.

[133] 刘波.德国统一前后竞技体育发展特点研究[J]. 北京体育大学学报，2010，33(10)：25—28.

[134] 刘波.德国体育俱乐部体制与竞技体育关系的研究[J]. 体育与科学，2007，28(6)：68.

[135] 张雄.试析我国竞技体育改革与发展的几个理论与实践问题

[J]. 南京体育学院学报(社科版),2012, 26(2):1—5.

[136] 马立涛.论高等教育的社会服务功能[J]. 社会科学家,2009(1):126.

[137] 郭德怀,徐白梅.校企合作育人彰显人才培养特色[J]. 中国高校科技,2011(7):79—80.

[138] 沈云慈.市场经济视角下校企合作的问题及其化解[J]. 中国高等教育,2010(15、16):42—44.

[139] 胡科,虞重干.政府购买体育服务的个案考察与思考——以长沙市政府购买游泳服务为个案[J]. 武汉体育学院学报,2012, 46(1):43—51.

[140] 彭智,胡科.全民健身与奥运同行——湖南卫视“奥运向前冲”的启示[J]. 体育学刊,2009, 16(2):33—36.

[141] 倪京帅,季艺,赵波.对首届上海市民运动会的透析及思考[J]. 体育科研,2013, 34(3):27—31.

[142] John W. Loy 著;吕继光,孙桂秋译.竞技运动的本质含义[J]. 体育文史,1998(5):49—52.

[143] 辜德宏.整体完善与优势凸显:中国的体育强国之路[J]. 南京体育学院学报(社科版),2009, 23(5):45—49.

[144] 辜德宏,谢明,刘云朝.体育强国辨义及相关问题[J]. 西安体育学院学报,2010, 27(5):536—539.

[145] 辜德宏,吴贻刚,王金稳.新时期我国竞技体育发展中的政府职能[J]. 北京体育大学学报,2013, 36(10):16—20.

[146] 辜德宏,吴贻刚,刘次琴.从“中国星跳跃”看我国竞技体育的大众化发展[J]. 成都体育学院学报,2013, 39(10):41—45.

[147] 王志威.二战后英国体育政策进展[J]. 体育文化导刊,2012(8):17—21.

[148] 陈珊,肖焕禹.伦敦奥运周期英国体育政策[J]. 体育文化导刊,2013(12):18—20.

[149] 张康平.英国青少年体育政策的演进及启示[J]. 体育文化导

刊，2015(5)：36—39.

[150] 甄媛圆，缪佳.英国体育政策的嬗变及启示[J]. 西安体育学院学报，2015，32(3)：264—268.

[151] 王磊，司虎克，张业安.以奥运战略引领大众体育发展的实践与启示——基于伦敦奥运会英国体育政策的思考[J]. 体育科学，2013，33(6)：23—30.

[152] 吕俊莉.美、德体育政策嬗变的经验与启示[J]. 体育与科学，2014，35(2)：19—23.

[153] 龚正伟，肖焕禹，盖洋.美国体育政策的演进[J]. 上海体育学院学报，2014，38(1)：18—24.

[154] 金涛，王永顺，高升.美国《业余体育法》解读与启示[J]. 体育学刊，2014，21(2)：56—60.

[155] 李好.法国体育政策动态分析[J]. 才智，2014(18)：324.

[156] 缪佳.德国体育和竞技体育发展的特点研究[J]. 体育与科学，2010，31(6)：68—70.

[157] 吴舒屏.东正教与俄罗斯体育管理机制转型新探[J]. 西伯利亚研究，2012，39(6)：54—58.

[158] 殷鸣灿."宪政转轨"下的俄罗斯竞技体育[J]. 沈阳师范大学学报(社会科学版)，2014，38(5)：174—176.

[159] 邹月辉，马颖竹.美国大学运动队的发展阶段及基本特征[J]. 北京体育大学学报，2011，34(10)：99—103.

[160] 邓杰，吴彩荣.德国竞技体育发展模式研究[J]. 体育文化导刊，2013(12)：49—52.

[161] 周传志.当代美国体育发展的特点及启示[J]. 体育文化导刊，2006(4)：78—80.

[162] 吴新炎，李芙蓉.论德国竞技体育后备人才培养中政府的作用[J]. 学理论，2011(15)：228—229.

[163] 蔡俊五.民主德国和联邦德国体育领导管理体制社会化的成功经验[J]. 体育科学，1989(2)：82.

[164] 刘波.德国体育政策的演进及启示[J]. 上海体育学院学报，2014，38(1):1—8.

[165] 陈丛刊，卢文云等.英国公共体育服务供给体系建设的经验与启示[J]. 成都体育学院学报，2012，37(1):28—32.

[166] 李佐惠，孙细英.民权运动对美国体育发展的影响[J]. 体育文化导刊，2008(12):99—102.

[167] 张云.法国体育争议解决制度刍议[J]. 体育科研，2013，34(2):6—11.

[168] 李丹阳，柳鸣毅，胡法信.美国大学竞技体育生存之道:坚持业余性[J]. 南京体育学院学报(社会科学版)，2011，25(2):59—62.

[169] 许秋红.美国体育发展的特点及启示[J]. 体育与科学，2012，33(6):67—72.

[170] 卢元镇，马廉桢.观念与体制相互依攀的怪圈——东德体育教训之五[J]. 体育文化导刊，2005(10):55.

[171] 贾文彤，孙焕江，梁灵艳.命令与契约——论英国体育管理[J]. 山东体育学院学报，2009(1):1—4.

[172] 赵歌.18、19 世纪法国体育运动的发展历程——阅读三大卷巨著《身体的历史》札记[J]. 成都体育学院学报，2014，40(4):11—17.

[173] 许晓光，论明治维新前后日本对西方文化的大力吸收[J]. 四川师范大学学报，2009(3):116—118.

[174] 周兰君.美国政府参与体育管理方式之研究[J]. 西安体育学院学报，2009(1):22—26.

[175] 姜熙，谭小勇.美国职业体育赛事转播权销售的反托拉斯政策分析[J]. 武汉体育学院学报，2011(4):44—51.

[176] 缪佳.试论文化传统对法国竞技体育发展的影响[J]. 南京体育学院学报(社会科学版)，2011，26(2):56—58.

[177] 缪佳.论德国近代体育之父古兹姆茨对学校体育发展的贡献[J]. 体育与科学.2011，32(6):107—109.

[178] 彭国强，舒盛芳.德国足球成功崛起的因素及启示[J]. 体育学

刊.2015，22(5)：1—5.

[179] 汤际澜.英国公共服务改革和体育政策变迁[J]. 南京体育学院学报(社会科学版)，2010，24(2)：43—47.

[180] 唐丽，吴希林等.英国竞技体育人才培养及启示[J]. 体育与科学，2014，35(5)：80—84.

[181] 卢文云，陈宁，龚文平.英国高水平竞技体育人才培养的 LTAD 模式研究[J]. 体育与科学，2013，34(5)：62—68.

[182] 杨榕斌.澳大利亚体育体制与政策研究及对我国的启示[J]. 浙江体育科学，2014，36(5)：24—28.

[183] 刘鹏.我所了解的德国体育——在德国体育联合会和奥委会实习片断[J]. 体育文化导刊，2006(10)：72—74.

[184] 陈珊，肖焕禹.伦敦奥运周期英国体育政策研究[J]. 体育文化导刊，2013(12)：18—20.

[185] 周旺成.法国体育体制的特点[J]. 天津体育学院学报，1995，10(1)：26—27.

[186] 李向东.中国与德国的体育管理体制的比较研究[J]. 体育文化导刊.2005(6)：53—55.

[187] 张建新，孙麒麟，毛丽娟.美德澳高校竞技体育人才培养及其启示[J]. 体育文化导刊，2009(8)：96.

[188] 陈宝祥.民主德国是怎样发展体育运动的(上)[J]. 体育科研.1984(8)：38—39.

[189] 张时.民主德国的竞技体育运动[J]. 上海体育学院学报，1989(1)：38—40.

[190] 李寅生，凌平.联邦德国体育管理体制及其特征[J]. 天津体育学院学报.1994，9(2)：31—36.

[191] 刘波.德国体育联赛体系的研究[J]. 体育与科学.2007，28(5)：59—64.

[192] 黄文敏，张扬文.从北京奥运会奖牌榜剖析世界体坛竞争格局[J]. 体育学刊，2008，15(12)：75.

[193] 丁一,姚颂平.美国职业体育联盟管理模式对我国职业体育改革的启示[J]. 辽宁体育科技,2012, 34(6):1—6.

[194] 齐立斌.俄罗斯总统体育委员会研究[J]. 体育文化导刊,2014(2):23—26.

[195] 彭国强,舒盛芳.日俄体育战略嬗变的经验与启示[J]. 西安体育学院学报,2016, 33(3):288—294.

[196] 李振彪.德国体育俱乐部及其面临的问题[J]. 天津体育学院学报.1998, 13(3).

四、电子文献

[1] 人民网.图解 2013 年国务院机构改革[EB/OL]. http://lianghui.people.com.cn/2013npc/n/2013/0310/c357329-20738585.html, 2013-03-10.

[2] 中国政府网.大数据看"两会"之简政放权[EB/OL]. http://www.gov.cn/zhuanti/jzfq2014.htm#xzsp.

[3] 羊城晚报.政府职能转变是改革的核心[EB/OL]. http://news.ycwb.com/2013-03/11/content_4362371.html, 2013-03-11.

[4] 中国奥委会官方网站.奥运争光计划纲要(1994—2000 年)[EB/OL]. http://www.olympic.cn/rule_code/code/2007-10-11/1276916.html, 2007-10-11.

[5] 国家体育总局官网.中华人民共和国体育法[EB/OL]. http://www.sport.gov.cn/n16/n1092/n16819/312031.html, 2008-05-07.

[6] 中国体彩网首页.体彩 20 年历程,与你一路同行[EB/OL]. http://20.lottery.gov.cn/.

[7] 国家体育总局官网.2001—2010 年体育改革与发展纲要[EB/OL]. http://www.sport.gov.cn/n16/n1152/n2463/127323.html, 2003-08-08.

[8] 中国体育政策法规大全中国网.中共中央国务院关于进一步加强和改进新时期体育工作的意见[EB/OL]. http://www.china.com.cn/

zhuanti2005/node_5883938.htm.

[9] 法律图书馆.《2001—2010 年奥运争光计划纲要》[EB/OL]. http://www.law-lib.com/law/law_view.asp?id=229104，2001-11-19.

[10] 国家体育总局官网.体育事业“十一五”规划[EB/OL]. http://www.sport.gov.cn/n16/n1077/n1452/701256.html，2001-03-12.

[11] 国家体育总局官网.体育事业发展“十二五”规划[EB/OL]. http://www.sport.gov.cn/n16/n1077/n1467/n1843577/1843747.html，2011-04-01.

[12] 国家体育总局官网.关于印发《2011—2020 年奥运争光计划纲要》的通知[EB/OL]. http://www.sport.gov.cn/n16/n1152/n2448/1917247.html，2011-05-17.

[13] 新浪体育.足协将出后备人才培养规划四 U 字号仅剩 3 千人可选[EB/OL]. http://sports.sina.com.cn/c/2013-12-09/08286924197.shtml，2013-12-09.

[14] 国家体育总局官网.第一届全国青年运动会介绍[EB/OL]. http://www.sport.gov.cn/n16/n1122/n1983/n5168091/5171107.html，2014-03-18.

[15] 山西省体育局官网.2008 年奥运争光行动计划[EB/OL]. http://www.sxsport.gov.cn/show_hdr.php?dname=0P78G11&xname=6QR8D11&xpos=2，2005-08-25.

[16] 中华人民共和国民政部门户网站.2012 年社会服务发展统计公报[EB/OL]. http://cws.mca.gov.cn/article/tjbg/201306/20130600474746.shtml，2013-06-19.

[17] 新浪体育.环法进入一个缺乏英雄年代过度商业化成赛事隐忧[EB/OL]. http://sports.sina.com.cn/o/2013-07-03/10496651430.shtml.

[18] 中华人民共和国教育部官网.体育卫生与艺术教育司介绍[EB/OL]. http://www.moe.edu.cn/s78/A17/moe_884/201001/t20100131_82443.html.

[19] 中国学生体育网.秘书处介绍[EB/OL]. http://www.sports.edu.cn/NewsInfo.aspx?pk=32.

[20] 国家体育总局.2001—2010 年体育改革与发展纲要[EB/OL].

http://www.sport.gov.cn/n16/n1092/n16864/1434629.html，2010-02-03.

[21] 国家体育总局官网.现行有效体育法律法规目录.[EB/OL]. http://www.sport.gov.cn/n16/n1092/n789910/1764475_2.html，2011-01-05.

[22] 广州城市志愿者.开幕倒计时30天，志愿者准备好了[EB/OL]. http://blog.163.com/gzv_city/blog/static/133052957201091481918412/，2010-10-14.

[23] 国家统计局.2013年GDP(国内生产总值)初步核算情况[EB/OL]. http://www.stats.gov.cn/tjsj/zxfb/201401/t20140121_502731.html，2014-01-21.

[24] 国家统计局.《2013年统计公报》评读[EB/OL]. http://www.stats.gov.cn/tjsj/sjjd/201402/t20140224_514990.html，2014-02-24.

[25] 中国政府网.国务院办公厅关于印发中国足球改革发展总体方案的通知[EB/OL]. http://www.gov.cn/zhengce/content/2015-03/16/content_9537.htm.

[26] 国家体育总局官网.2011—2020年奥运争光计划纲要.[EB/OL]. http://www.sport.gov.cn/n16/n1077/n1467/n1918952/1919010.html，2011-05-17.

[27] 人民网-理论频道.习近平关于实现中华民族伟大复兴的中国梦论述[EB/OL]. http://theory.people.com.cn/n/2013/1205/c40555-23756883.html，2013-12-05.

[28] 江苏省体育局官网.省体育局关于调整行政审批事项办理部门的通知[EB/OL].

[29] 环球网.朗德将前往雅尔纳克追念前总统密特朗[EB/OL]. http://world.huanqiu.com/exclusive/2016-01/8341987.html.

[30] 德国奥林匹克体育联会.[EB/OL]. http://www.dosb.de/de/olympia/olympia-datenbank/，2010-08-09.

[31] 张力.德国奥委会主席谈两德统一前东德兴奋剂问题难除[EB/OL]. http://sorts.titan24.com/other/2009-11-09/52586.html，2009-11-10.

[32] 刘波.撒切尔夫人——坚定的变革者[EB/OL]. http://www.21com.net/articles/qqsw/qqgc/article_2013041381232.html. 2013-04-13.

[33] 百度百科.第三条道路[EB/OL]. http://baike.baidu.com/link?url= urmcq3SzR8EcVUUgImr_zyVSNT_fla07n8BpDv-srCRUE7P4Td-trjeTJU0z_bCSd-7LafsTJLmp90H65GJKpv_.2015-12-09.

[34] 百度百科.法国体育[EB/OL]. http://baike.baidu.com/link?url=MVUSc1MQocY9n6UvzpPYCN5n4sh2-IMTq4XZrzeblixR-fEL_2ey-ixO2_qtZwbm2_3exb3d6cqjpEgcMAyXnSK.2016-01-27.

[35] 澳大利亚的政治体制[EB/OL]. http://goabroad.sohu.com/74/62/article203616274.shtml.

[36] 华奥星空.2 500 亿，法国体育产业蓬勃发展原因是什么？[EB/OL]. http://industry.

五、外文文献

[1] H. W. Arndt Economic Development and Cultural Change[J]. University of Chicago Press, 1981, 29:57—66.

[2] W. Benson. The Economic Advancement of Under development Areas in The Economic Basis of Peace[M]. London: National Peace Council, 1942.

[3] Escobar A. Anthropology and the Development En-counter: the Making and Marketing of Development Anthropology[J]. American Ethnologost, 1991, 18(4):658—682.

[4] Crewe, Emma and Elizabeth Harrison. Whose development? An Ethnography of Aid[M]. London and New York: Zed Books, 1998.

[5] Bob Stewart, Matthew Nicholson, Aaron Smith, Hans Westerbeek. Australian Sport: Better by Designp—The evolution of Australian sport policy[M]. Routledge Taylor & Francis Group London and New York, 2004:58—78.

[6] Barrie Houlihan, Mick Green. Routledge handbook of Sports de-

velopment[M]. Routledge 2 Park Square, Milton Park, Abingdon, Oxon OX14 4RN, 2011:379—383.

[7] Adelman, I. and C. T. Morris. A Factor Analysis of the Interrelationship Between Social and Political Variables and Per Capita Gross National Product[J]. The Quarterl-y Journal of Economics, 1965, 79(4): 555—578.

[8] Adsera, A. and D. Ray. History and Coordination Failure[J]. Journal of Economic Growth, 1998, 3:267—276.

[9] Easterly, W. and R. Levine. Africa's Growth Tragedy: Policies and Ethnic Divisions[J]. Quarterly Journal of Economics, 1997, 112: 1203—1250.

[10] Engerman, S. L., S. H. Haber, K. Sokoloff. Inequality, Institutions, and Differential Paths of Growth among New World Economies [M]. Manuscript, 1999.

[11] Chirot, Daniel, Thomas D. Hall. World-System Theory[J]. Annual Review of Sociology, 1982, 8:81—106.

[12] Chase-Dunn, Christopher, Peter Grimes. World-Systems Analysis[J]. Annual Review of Sociology, 1995, 21:387—417.

[13] Nerfin, M. Another Development. Approaches and Strategies [M]. Uppsala: Dag Hammarsk Foundation, 1977.

[14] Barke, M., Newton, M. The EU Leader Initiative and Endogenous Rural Development: the Application of the Program in Two Rural Areas of Andalusia, Southern Spain[J]. Journal of Rural Studies, 1997, 13(3):319—341.

[15] Sergio, B. Is There Room For Local Development in a Globalized World [J]. Cepal Review, 2005, 86:45—60.

[16] Ray, C. Endogenous Socio-Economic Development and Trusiful Relationships: Partherships, Social Capital and Indioidual Agency. Centre for Rural Economy Working Paper Series, Working Paper 45 [EB/OL]. http://

www. nel. ac. uk/cre/publish/pdfs/wp49a. pdf，2000.

[17] Paul M. Romer. The Origins of Endogenous Growth[J]. The Journal of Economic Perspectives，1994，8(1)：3—22.

[18] Grossman，Gene M. & Helpman，Elhanan. Endogenous Innovation in the Theory of Growth[J]. Journal of Economic Perspectives，1994，8(1)：23—44.

[19] Andrew J. Elliot，Marcy A. Church. A Hierarchical Model of Approach and Avoidance Achievement Motivation[J]. Journal of Personality and Social Psychology，1997，72：1，223.

[20] Digel Helmut，Fahrner Marcel. Utz Andreas：Hochleistungs sport in den USA[M]. Weilheim/Teck：Bruer，2005：290—310.

[21] В. В Кузин Оптимизация системы упровленияотраслью. физическая культура и спорт в России врыночныхусловиях[J]. Теория и практика физической культуры，2000(01).

[22] Frank Reichelt. Das System des Leistungssport in der DDR [M]. Marburg，2006：52，143.

[23] Mick Green，Shane Collins. Policy，Politics and Path Dependency：Sport Development in Australia and Finland[J]. Sport Management Review，2008，11：225—251.

[24] Alana Thomson，Simon Darcy，Sonya Pearce. Ganma theory and third-sector sport-development programmes for Aboriginal and Torres Strait Islander youth：Implications for sports management[J]. Sport Management Review，2010，13：313—330.

[25] Mick Green. Power，Policy and Political Priorities：Elite Sport Development in Canada and the United Kingdom[J]. Sociology of Sport Journal，2004，21：376—396.

[26] Houlihan，B. (1997). *Sport*，*policy*，*and politics*：*A comparative analysis*. London：Routledge.

[27] Bergsgard，N. A.，Houhhan，B.，Mangset，R.，Nodland，

S. I., & Rommetvedt, H. (2007). *Sport policy: A comparative analysis of stability and change*. Oxford: Butterworth-Heinemann.

[28] Jefferys K. Sport and Politics in Modern Britain: The Road to 2012[M]. London: Palgrave Macmillan, 2012: 53.

[29] Green, M., & Houlihan, B. (2005). *Elite sport development: Policy learning and political priorities*. London: Routledge.

[30] Houlihan, B., & Green, M. (Eds.). (2008). *Comparative elite sport development: Systems, structures and public policy*. Oxford: Butterworth-Heinemann.

[31] Houlihan, B. (2005). Public sector sport policy: Developing a framework for analysis. *Interactional Review for the Sociology of Sport*, *40(2)*, 163—184.

[32] Green, M., & Oakley, B. (2001). Elite sport development systems and playing to win: Uniformity and diversity in intemational approaches. *Leisure Studies*, *20*, 247—267.

[33] De Bosscher, V., Bingham, J., Shibli, S., van Bottenberg, M., & De Knop, P. (2008). *The global sporting arms race: An interactional comparative study on sports policy factors leading to interactional sporting success*. Oxford: Meyer and Meyer Sport.

[34] Bernard Nuss, Das Faust—Syndrom, Ein Versuch über die Mentalität der Deutschen, Bouvier Verlag, Bonn Berlin, 1993, S. 38.

[35] Howlett, R., & Ramesh, M. (1995). *Studying public policy cycles and policy sub-systems*. New York: Oxford University Press, 27.

[36] Pierson, P. (2000). Increasing returns, path dependence, and the study of politics. *American Political Science Review*, *94*, 251—267.

[37] Deeg, R. (2001). Institutional change and the limits of path dependency: The case of German finance(Discussion Paper). Cologne: Max-Planck-Institute fur Gesellschaftsforschung.

[38] Kay, A. (2005). A critique of the use of path dependency in

policy studies. *Public Administration*, *83*, 553—571.

[39] Peter Smolianov, Dwight Zakus, Joseph Gallo, Sport development in the United States [M]Routledge, 2014, 9.

[40] Gerald Gems, Linda Borish, Gertrud Pfister, Sports in American History: From Colonization to Globalization [M] Human Kinetics, 2008, 8.

[41] Выдрин В. М. История и методология науки о физической культуре: монография /М. В. Выдрин. — СПб, 2002.

[42] Г. С. Деметер. Очерки по истории отечественной физической культуры и олимпийского движения. Москва: Советский спорт, 2005.

[43] Кулинко И. Ф. История и организация физической культуры.... Учеб. пособие для учащихся пед. уч-щ по спец. № 1910 «Физ. воспитание». —М. : Просвещение, 1982. — 223 с.

[44] Пельменев В. К., Конеева Е. В. История физической культуры: Учебное пособие / Калнингр. ун-т. - Калининград, 2000.

[45] Царик А. В. О культуре физической и духовной. Учебник/Под ред. В. И. Ильинича. - М. : Гардарики, 2004.

[46] The Australian Sports Kit[R]. National Sport Information Centre of Australian Sports Commission, 1989.

[47] Yarris, Elizabeth. "Counseling", In Renrz, Audrey L., & Saddlemire, Geraild L. Student Affairs Functions in Higher Education, Charles C. Thomas Publisher, 1988:104—108.

[48] Зуев В. Н. Регулирование нормативно правовых документов в отечественной сфере физической культуры и спорта. -СПб, 2001.

[49] Уловистова Н. В. Нормативно-правовое регулирование в сфере физической культуры и спорта. - М, 2003.

[50] Зуев В. Н. Нормативно-правовое регулирование отечественной сферы физической культуры и спорта: Советский спорт; Москва; 2008.

[51] Новокрещенов В. В. Управление сферой физической культуры и

спорта：правовые основы и организационные основы взаимодействия：Монография. Ижевск，2006.

[52] Houlihan，B. Sporting excellence，schools and sports development：the politics of crowded policy spaces[J]. European Physical Education Review，2000，6(2)，171—193.

[53] James Riordan，Arnd Krüger. European Cultures in Sport [M]. intellect™ Bristol，UK Portland，OR，USA. 2003:113—120.

[54] Maintain the Momentum Australian Government Sports Policy：1992 to 1996[R]. National Sport Information Centre of Australian Sports Commission，1992.

[55] Olympic Athlete Program Making Great Australians[R]. National Sport Information Centre of Australian Sports Commission，1994.

[56] Backing Australia's Sporting Ability A More Active Australia [R]. Australian Sports Commission，2001.

[57] Australian Sport：emerging challenges，new directions[R]. Australian Government，2008.

[58] Australian Sport the pathway to success[R]. Australian Government，2010.

[59] 前橋明，体育スポーツ史[M]. 岡山:西日本法规出版，2001，5.

[60] Г. С. Деметер. Очерки по истории отечественной физической культуры и олимпийского движения. Москва：Советский спорт，2005.

[61] Некрасов，П. А. История физической культуры и спорта：учебно-методический комплекс. -Ухта：УГТУ，2009. —55 с.

[62] Столбов，В. В. История физической культуры и спорта：учебник / В. В. Столбов，Л. А. Финогенова，Н. Ю. Мельникова. -3-е изд.，перераб. и доп. -М. ：Физкультура и спорт，2000.

[63] Кузнецов И. С Спортивное право как отрасль Российского законодательства. Спорт，экономика，право，управление. - 2004.

[64] Grupe O, Krüger M. Einführung in die Sportpädagogik [M]. Schorndorf: Verlag Hoffman, 1997.

[65] Prohl R. Grundriss der Sportpädagogik [M]. Wiebelsheim: Limpert Verlag, 2006.

[66] Röthig P, Prohl R. Sportwissenschaftliches Lexikon [M]. Schorndorf: Verlag Hoffman, 2003.

[67] Постановление Правительства РФ от 11. 01. 2006 г. №7 «О Федеральной целевой программе развития физической культуры и спорта в Российской Федерации на 2006—2015 годы».

[68] Алексеев С. В. Спортивное право России. Правовые основы физической культуры и спорта: Учебник для вузов / Под ред. д. ю. н., проф. П. В. Крашенинникова. М. : ЮНИТИ-ДАНА; Закон и право, 2012.

[69] Green M. Elite sport development: policy learning[M]. New York: T & F Press, 2005:154.

[70] Digel Helmut, Kruse Alexander. Hochleistungs Sport in Australien[M]. Weil heim/Teek: Bruer, 2004:259—266.

[71] Виноградов П. Фетисов В. Физическая культура и спортв Российской Федерации: Документыиматериа лы (1999—2006 годы). Издательство: Советский спорт. 2006.

[72] Daniel Bloyce, Andy Smith, Sport Policy and Development: An Introduction [M]. Routledge, 2009, 8.

[73] Kirstin Hallmann, Karen Petry. Comparative Sport Development—Systems, Participation and Public Policy[M]. Springer New York Heidelberg Dordrecht London, 2013:68.

[74] Megherbi, D. Le poids économique du sport en 2009[R]. Paris: Bulletin de statistiques etd'études, 2012.

[75] Active Australia A National Participation Framework[R]. National Sport Information Centre of Australian Sports Commission, 1997.

[76] 中澤篤史. 学校運動部活動の戦後史:実態と政策の変遷

[J]. 一橋社会科学，2011(3)：32—45.

[77] 日本文部科学省. スポーツ立国戦略の推進[J]. 文部科学時報，2010(10)：13.

[78] Patrick WC LAU，Eric CH CHAN. A Comparsion of Australia，Singapore & Hong Kong Sport policy[J]. Asian Journal of Education & Recreaion，2012，18(1)：58—74.

[79] "Основы законодательства Российской Федерации о физической культуре и спорте"（утв. ВС РФ 27. 04. 1993 N 4868-1）（ред. от 24. 12. 1993).

[80] Федеральный закон от 29. 04. 1999 N 80-ФЗ（ред. от 30. 06. 2007）"О физической культуре и спорте в Российской Федерации".

[81] ROLAND NAUL，KEN HARDMAN. Sport and Physical Education in Germany[M]. USA and Canada：Routledge，2002：196.

[82] David Crawford. The Future of Sport in Australia[M]. Parliament House Canberra，2009.

[83] Часть 2 статьи 24 Федерального закона от 12. 01. 1996 № 7-ФЗ «О некоммерческих организациях»（редакция от 21. 02. 2014).

[84] Assemblée Nationale Française. Question No：119268（13. législature）de Marc Dolez. Réponse de M. le ministre des sports，Paris，03 Jan 2012.

[85] Gretchen Vocel. Funding for Germany's Elite Science. 2004，(304)：1579.

[86] USTA. UTSA Athletics Mission Statement[EB/OL]. http://www.goutsa.com/View Article.dbml?DB_OEM_ID.2008-12-18.

[87] Struktur des DOSB[EB/OL]. [2013-07-02]. http：// www.dosb.de/de/organisation/organisation/.

[88] Australian Institute of Sport. [EB/OL] http://www. ausport.gov.au/ais.

[89] Australian sport commission. Wikipedia，the free encyclopedia[EB/

OL]. http://en.wikipedia.org/wiki/Australian_Sports_Commission.

[90] TSV Friedland 1814. [EB/OL]. http://www.tsv-friedland-1814.de/, 2010-08-12.

[91] Deutsche Olympische Gesellschaft. Goldener Plan [EB/OL]. http://www.dog-bewegt.de/foerderverein/historie/goldener_plan.html, 2010-06-20.

六、其他

[1] "国家体委关于体育体制改革的决定(草案)",体育运动文件汇编(1982—1986 年)[G]. 国家体委政策研究室,1986:68.

[2] 中国体育运动委员会.现行体育法规汇编(1949—1988)[G]. 北京:国家体育总局政策法规司,1989:279.

[3] 中国社会科学院语言研究所词典编辑室编.现代汉语词典[Z]. 北京:商务印书馆,2002:353, 340.

[4] 国家体委计划财务司编.体育事业统计年鉴[Z]. 北京:国家体委内部资料,1994:102.

[5] 黎莎.俄罗斯体育体制转型及其对我国体育体制改革的影响[R]. 国家体育总局体育社会科学研究项目,2008.

[6] 上海市青少年训练管理中心.2011 年上海市青少年十项系列赛竞赛规程总则[R]. 上海:上海市青少年训练管理中心,2011.

[7] 上海市青少年训练管理中心.2011 年上海市青少年十项系列赛资料汇编[R]. 上海:上海市青少年训练管理中心,2011.

[8] 上海市青少年训练管理中心.2012 年上海市青少年十项系列赛总结表彰资料[R]. 上海:上海市青少年训练管理中心,2012.

[9] 上海市青少年训练管理中心.2013 年上海市青少年十项系列赛工作总结报告[R]. 上海:上海市青少年训练管理中心,2013.

[10] 翟学伟.进步的观念与文化认同的危机[A].王伟光总主编.潘维,廉思主编.中国社会价值观变迁 30 年(1978—2008)[C]. 北京:中国社会科学出版社,2008:19—22.

[11] 胡伟:“中国模式”的深层涵义与世界意义[N]. 解放日报,2009,10(09).

[12] 中华人民共和国国民经济和社会发展第十二个五年规划纲要[N]. 人民日报,2011,03(17).

[13] 胡锦涛.高举中国特色社会主义伟大旗帜,为夺取全面建设小康社会新胜利而奋斗[N]. 人民日报,2007,10(25):5.

[14] 郑铁,陈晨曦.行政的手,还要伸多久(体坛聚焦·关注赛事审批之弊③)[N]. 人民日报,2014,04(24):15.

[15] http://vadim-galkin. ru/sport-2/legal-basis/kachestvennyj-zakon-o-fizicheskoj-kulture-i-sporte-kakim-on-dolzhen-byt/.

[16] http://www.minsport.gov.ru/sport/podgotovka/82/1452/.

[17] http://www.teamusa.org/.

[18] http://cinref.ru/razdel/01200filosofia/01/2491.htm.

[19] http://sport-rezerv.ru/konferencia2015.html.

[20] http://www.minsport.gov.ru/sport/podgotovka/82/27469/.

[21] http://base.garant.ru/194365/.

[22] sports.cn/news/others/2015/0602/105026.html.2015-06-02.

[23] http://olympic. ru/upload/documents/about-committee/activities/roc_activities.pdf.

[24] http://www.sportsovet.ru/sostavsovet02082012.html.

后　记

竞技体育是全人类的共同文化形式，是没有国界的。其科学知识以及运动技术等作为一种文化是人类的共同财富。尽管世界各国的政治制度和意识形态有很大差别，但在竞技体育领域则可以找到更多的共同点。从某种意义上说，竞技体育已经成了人类无声的语言。人类通过竞技体育比赛进行交流，加强了解，增进友谊，促进了世界和平与发展。

现代竞技体育已成为一个国家、民族的政治、经济、文化、科学技术等综合实力的"窗口"之一。竞技体育比赛的胜负不仅关乎运动员个人的荣誉，也关乎一个国家和社会团体的荣誉。在我国建设体育强国的新时代，对各国竞技体育进行研究，把握竞技体育的时代脉搏，有助于对我国竞技体育发展特色的认识。

本人从儿童少年时代即进入业余体育学校参加运动训练，后来进入体育学院专攻竞技体育的理论，本人从自己接受竞技体育教育，到今天以竞技体育教育为职业，已历40余年。从最初对参加运动的喜爱，到对竞技体育的认识不断深化，到对竞技体育研究具有深厚的兴趣，积累了很多的资料，有一些心得。基于上述原因，早就想把自己对竞技体育的热爱和认识用文字系统地记录下来，也许是命运的安排，在我博士毕业20年时，这一愿望得以实现。

竞技体育作为世界性的语言，要进行各国竞技体育的比较，写作过程绝对是非常艰辛的。因为比较研究资料获取的困难，很多问题的论述写作超出了我的预想，一方面要厘清写作的思路和观点，另一方面是缺乏外国的资料。在写作的过程中，往往几天写不出几行字。有时候感觉那支笔是那样沉重，重得使人怀疑写作的可能性，经常产生放弃的念头。写作过程中，我深深体会到了创作劳动对生命和时间的消磨程度。四年来，我与我的中国学生、外国学生们的时间和生命几乎都耗在了这本书中。为了这本书，我们阅读和浏览了150余部体育及其他方面的著作，硕士和博士学位论文，查阅了上千篇中、英、德、俄文相关文章，为了这本书，我本人曾远赴美国、英国、俄罗斯、法国、澳大利亚、德国进行为期一年零三个月的调研学习。为了这本书，几年来，晚上和节假日几乎都用在了写作上。

此书能够完成并出版，得到了不少热心人的帮助和支持。首先要感谢北京体育大学蔡有志教授，他对本书的写作过程给予了很多的关心，倾注了不少心血。此外要感谢湖南师范大学体育学院李艳翎教授，美国得克萨斯大学（奥斯丁）格林（Green）教授，美国得克萨斯大学（奥斯丁）邓小芬副教授，华东师范大学体育与健康学院刘桂海教授，上海体育学院体育理论教研室缪佳教授，上海体育学院体育教育理论教研室罗平副教授，上海体育学院留学生办公室邹文华馆员等，他们分别在信息、咨询、资料等方面给我提供了不少便利和支持。还要感谢我的俄罗斯博士研究生莲花在俄罗斯竞技体育发展部分所做的工作。还有研究生杨蒙蒙帮助对书稿进行了认真的校对。还有必要提到我的妻子谢丹霞，为了支持我的研究和写作，她承担了几乎全部的家务。书稿完成后，上海体育学院宣传部十分重视，委托虞重干教授、吴雪萍教授对全书进行了审核，并写出了评审意见，对本书给予了积极的评价和肯定。对于他们的工作，我深表谢意。

本书来源于国家社会科学基金的研究项目，研究历经五年，需要特别指出的是，本书所引用的有关资料截至2020年11月，资料全部来自公开出版物，并吸收借鉴了国内外体育界专家学者们的有关成果，主要参考文献附录书后，在此一并表示谢忱。

吴贻刚

2020年12月于上海体育学院老教学楼

图书在版编目(CIP)数据

中外竞技体育发展方式及政府职能研究：管理体制、政策与投资/吴贻刚，辜德宏，浦义俊著.—上海：上海人民出版社，2021
(体育文化丛书)
ISBN 978-7-208-17208-1

Ⅰ.①中… Ⅱ.①吴… ②辜… ③浦… Ⅲ.①竞技体育-体育事业-发展-研究-世界 Ⅳ.①G811

中国版本图书馆 CIP 数据核字(2021)第 132794 号

责任编辑 陈佳妮
封面设计 胡　斌　刘健敏

体育文化丛书
中外竞技体育发展方式及政府职能研究：管理体制、政策与投资
吴贻刚　辜德宏　浦义俊 著

出　　版 上海人民出版社
(200001　上海福建中路 193 号)
发　　行 上海人民出版社发行中心
印　　刷 上海商务联西印刷有限公司
开　　本 635×965　1/16
印　　张 15
插　　页 4
字　　数 198,000
版　　次 2021 年 8 月第 1 版
印　　次 2021 年 8 月第 1 次印刷
ISBN 978-7-208-17208-1/G·2076
定　　价 62.00 元